Stundenblätter Deutsch
mit CD-ROM

Rainer Könecke

Goethes »Werther«
und die Literatur des Sturm und Drang

Sekundarstufe II

Ernst Klett Schulbuchverlag Leipzig
Leipzig Stuttgart Düsseldorf

Die Seitenangaben im Stundenblätterheft beziehen sich auf folgende Textausgabe:

Klett Editionen
Johann Wolfgang von Goethe: Die Leiden des jungen Werther.
Text mit Materialien. Ausgewählt und eingeleitet von Doris Bonz-Ammon.
Stuttgart 2002. Klett-Nummer 351911

Bei dem vorliegenden Band handelt es sich um eine aktualisierte und rechtschreibreformierte Bearbeitung des Titels „Stundenblätter Goethes ‚Die Leiden des jungen Werther‘ und die Literatur des Sturm und Drang“, Klettbuch 927329

CIP-Vermerk
Die Deutsche Bibliothek verzeichnet diese Publikation in der Deutschen Nationalbibliografie; detaillierte bibliografische Daten sind im Internet über http://dnb.ddb.de abrufbar.

1. Auflage   A 1 5 4 3 2 1 | 2008   2007   2006   2005   2004

© Ernst Klett Schulbuchverlag GmbH, Leipzig 2004
Internetadresse: http://www.klett-verlag.de
Alle Rechte vorbehalten.

Herstellung: Judith Fuhrmann
Umschlagsentwurf: MetaDesign, Berlin
Layout: Sandra Schneider
Satz: Ernst Klett Schulbuchverlag Leipzig GmbH, Leipzig
Repro: Meyle & Müller GmbH + Co. KG, Pforzheim
Druck: Medien Druck Unterland, Flein

ISBN 3-12-927475-8

Inhaltsverzeichnis

Meiner Schwester
Ingrid

1 Epoche und Werk

Sturm und Drang/Empfindsamkeit

In den meisten neueren Gesamtdarstellungen zur deutschen Literaturgeschichte wird eingestanden, dass die Periodisierung und damit der Epochenbegriff problematisch geworden sind. Sowohl die exakte Trennung zwischen unterschiedlichen Stilepochen als auch die Zuordnung des Einzelwerks zu einer bestimmten Epoche bereiten mehr Schwierigkeiten, als oft angenommen wird. Überschneidungen, Einflüsse aus ausländischer Literatur, einander widersprechende Tendenzen, »Vorläufer« usw. schaffen ein so differenziertes Gesamtbild, dass der Begriff der Epoche darüber vielfach grob und unscharf erscheint. Noch willkürlicher und unbefriedigender geraten Bemühungen, einzelne Autoren bestimmten Epochen zuzuordnen – das beste Beispiel für die Unsinnigkeit solcher gewaltsamen Versuche einer Katalogisierung ist wohl Goethe.

Trotz dieser Einschränkungen und Bedenken gibt es im Bereich der Literaturwissenschaft und erst recht in der Literaturdidaktik kaum jemanden, der ernsthaft auf die traditionellen und vertrauten Epochenbegriffe als Orientierungsrahmen verzichten möchte, mögen auch über die jeweiligen Geltungsbereiche unterschiedliche Auffassungen bestehen. Relativ einheitlich wird die Phase des Sturm und Drang zeitlich eingegrenzt durch das Erscheinen von Herders »Fragmenten über die neuere deutsche Literatur« (1767) und Goethes erste Italienreise 1786 als Beginn der Klassik. Ob der Sturm und Drang als produktive Weiterentwicklung und als Vollendung der Aufklärung oder als Gegenbewegung, als scharfe Kritik an deren Vernunft und Regelgläubigkeit gesehen werden muss, darüber gab es in der Forschung eine lange Debatte, in der sich die erstere Auffassung im

Ganzen als die schlüssigere erwiesen hat. Schwierig und im Einzelfall unmöglich ist eine genaue Abgrenzung des Sturm und Drang gegen die Empfindsamkeit, die ihre Quellen in der englischen Literatur (Sterne, Goldsmith, Richardson u. a.) und im deutschen Pietismus hat. Die Empfindsamkeit wird oft als eine dem Sturm und Drang vorausgehende Phase vorgestellt, manchmal als parallel verlaufende Bewegung behandelt und in einigen Literaturgeschichten gar nicht gesondert aufgenommen.

Die hier nur knapp angedeuteten Probleme einer Epochenbestimmung und -einteilung ergeben sich naturgemäß auch im Unterricht, wenn, wie in der Sekundarstufe II allgemein üblich, Literatur unter historischem Aspekt behandelt werden soll, um Kontinuität und Wandel sichtbar zu machen. Für die »Leiden des jungen Werther« erweist sich die Frage der Zuordnung als kompliziert, denn ungeachtet der Tatsache, dass der Jugendroman Goethes häufig zu Recht als authentischer Ausdruck der Tendenzen des Sturm und Drang herausgestellt worden ist, verweisen doch Kennzeichen wie etwa die Briefform und literarische Reminiszenzen (Klopstock, Goldsmith, Bibel) darauf, dass der »Werther« seine Wurzeln ebenso in der Empfindsamkeit hat. Beide Epochen, die mitunter gar nicht scharf zu trennen sind, müssen also Thema einer Unterrichtseinheit zum »Werther« sein, wobei sich die Chance ergibt, Bestrebungen und Tendenzen einer kurzen, aber für die deutsche Literaturgeschichte überaus wichtigen Periode differenziert und umfassend in den Blick zu bekommen.

Der Name »Sturm und Drang« verdankt sich dem gleichnamigen Drama von Friedrich Maximilian Klinger, das 1776 noch unter dem Titel »Der Wirrwarr« erschienen war. Die beiden Substantive können bereits als programmatisch-metaphorische Umschreibung wesentlicher Charakteristika dieser Epoche gelten. Ihre meist jugendlichen Vertreter setzten sich stürmisch für eine Abkehr von bisher gültigen Normen der künstlerischen und insbesondere der literarischen Tradition ein, die in der Aufklärung vor allem durch Johann Christoph Gottscheds »Versuch einer Critischen Dichtkunst vor die Deutschen« (1730) begründet worden war. Für Gottsched waren Vernunft und Moral die entscheidenden Kriterien für die Schaffung und Beurteilung von Poesie, die sich auf die Nachahmung der Natur zu beschränken hatte. Die Befolgung bestimmter Regeln wurde für unerlässlich erklärt, weshalb die aufklärerische Poetik auch als Regel- oder Musterpoetik bezeichnet wird.

Gegen die einseitige Betonung der Vernunft (Ratio) stellten die Vertreter des Sturm und Drang als Gegengewicht bzw. als Ergänzung die Aufwertung der Subjektivität, die sich in Gefühl und Leidenschaft äußert. Schwärmerei und Wahnsinn, Trieb und Sinnlichkeit sollten die engen, vom Verstand gezogenen Grenzen durchbrechen und ein neues Gefühl von Freiheit begründen. Auf Grund dieser Tendenzen des Sturm und Drang wurde in polemisch gemeintem Sinn auch gelegentlich die Bezeichnung »Irrationalismus« für diese Bewegung gebraucht. Die Vokabeln »Herz« und »Seele«, die ursprünglich dem pietistischen Sprachgebrauch entstammten, wurden nun zu Schlagwörtern einer Zeit, für die auch die Bezeichnung »Empfindsamkeit« verwendet wird – dieses Wort empfahl Lessing zur Übersetzung des englischen »sentimental« in Sternes Roman »Sentimental Journey« (1768), der großen Einfluss auf die deutsche Literatur hatte. Während aber mit »Empfindsamkeit« die beschauliche Seite des Gefühlskultes jener Jahre angesprochen wird (Briefkultur, Tagebuch, Subjektivismus, Freundschaftskult usw.), kennzeichnet den Sturm und Drang das Element des Aufbegehrens, des Protests gegen vorgefundene soziale, politische und ästhetische Normen und Erstarrungen (Ständegesellschaft, Absolutismus, bürgerlicher und kirchlicher Dogmatismus u. a.). Der Anspruch auf Selbstverwirklichung und unbedingte Dignität des Subjekts kristallisierte sich in dem zentralen Begriff des »Genies« oder »Originalgenies«, der der Epoche gelegentlich auch den Namen »Geniezeitalter« gab. Das Genie, der unverwechselbare, einmalige »Kraftkerl«, der nur aus sich selbst heraus originär und unnachahmlich schöpferisch tätig ist und dessen Vorbild der Titan Prometheus war, galt als das Ideal dieser Epoche: Der wahre Dichter musste ein Genie sein!

Die jugendlichen Stürmer und Dränger verehrten als ihre Leitbilder vor allem Johann Gottfried Herder und Friedrich Gottlieb Klopstock. Herder hatte sich intensiv mit dem Volkslied beschäftigt, in dem er den Ausdruck von »Naturpoesie« sah. Er glaubte, dass dem sprachlichen Material dieser bis dahin nicht als Kunst betrachteten Gattung eine elementare Kraft, Unmittelbarkeit und Unverfälschtheit zugrunde lag, die einer von ihm angestrebten nationalen Literatur zur Grundlage dienen könnte. Insbesondere der junge Goethe, mit dem Herder in Straßburg zusammentraf, wurde durch Herder angeregt (Sesenheimer Lieder 1771). Er orientierte sich an den schlichten Formen des Liedes, die unmittelbar das Gefühl ansprechen sollten und die, obwohl formal genau kalkuliert und künstlerisch durchgestaltet, jeden Eindruck von Künstlichkeit vermeiden sollten. Neben dem Lied zählte infolge ihres volkstümlichen Ursprungs und Charakters die Ballade zu den bevorzugten Gattungen der Lyrik des Sturm und Drang; hier sind vor allem die sozialkritischen oder politischen Balladen Goethes, Gottfried August Bürgers und Christian Friedrich Daniel Schubarts zu nennen. Daneben orientierten sich einzelne Dichter an Klopstock, der mit seinen Hymnen in freien Rhythmen eine von der Regelpoetik gänzlich losgelöste Form des Erhabenen entwickelt hatte, die u. a. von Goethe (»Prometheus«, »Ganymed«) und den Mitgliedern des Göttinger Hains (Hölty, Voss, Boie, die Brüder Stolberg u. a.) aufgegriffen wurde.

Schwerpunkt der Dichtung des Sturm und Drang war indes nicht die Lyrik, sondern das Drama. Auf der Bühne konnte der Kraftkerl gleichsam persönlich in Erscheinung treten und sich darstellen. Wichtige Impulse für eine dramatische Kunsttheorie gab auch hier wiederum Herder, der die bis dahin übliche strikte Befolgung der aristotelischen und in deren Nachfolge der klassizistischen französischen und der aufklärerischen Regeln kritisierte. Am Beispiel Shakespeares, der erst zu dieser Zeit wieder entdeckt wurde, zeigte Herder die Einbindung des Dramas in die nationalen und historischen Umstände auf und verwarf allgemeingültige Gesetze einer Dramenpoetik; Herder entwickelte somit im Bereich der Ästhetik ein Geschichtsbewusstsein. Sein Aufsatz »Shakespear« in der für die bewusst unsystematische Kunsttheorie des Sturm und Drang bedeutsamen Textsammlung »Von deutscher Art und Kunst. Einige fliegende [!] Blätter« (1773) ist bahnbrechend für das Sturm-und-Drang-Drama, als dessen Prototyp Goethes »Götz von Berlichingen« (1773) gelten kann. Hauptthemen der Dramatik der Epoche waren der Anspruch auf individuelle Freiheit und Selbstverwirklichung und die Kritik politischer und moralischer Missstände. Weitere bedeutende Dramen des Sturm und Drang sind Goethes »Clavigo« (1774) und »Stella« (1776), Lenz' »Der Hofmeister« (1774) und »Die Soldaten« (1776) sowie Klingers »Der Wirrwarr« (1776), Wagners »Die Kindermörderin« (1776) und Schillers »Die Räuber« (1781). Als letztes Drama der Epoche wird meist Schillers »Kabale und Liebe« (1784) angesehen.

Insgesamt weniger wichtig für die Zeit des Sturm und Drang war die Prosadichtung. Hier allerdings liegt mit den »Leiden des jungen Werther« ein Werk vor, das in vieler Hinsicht typische Merkmale und Tendenzen der Empfindsamkeit und des Sturm und Drang gleichermaßen spiegelt.

»Die Leiden des jungen Werther«

Johann Wolfgang Goethes »Die Leiden des jungen Werther« erschien zuerst anonym im Herbst 1774 in der Weygandschen Buchhandlung in Leipzig in einer zweibändigen, mit Vignetten von Adam Friedrich Oeser ausgestatteten Ausgabe. Goethe hatte nach eigenen Angaben nicht mehr als vier Wochen (Februar/März 1774) für die Fertigstellung benötigt. Anlass des Schreibens war für ihn das Bemühen, durch eine Art »Generalbeichte« (Dichtung und Wahrheit; Editionen »Werther«, S. 127) wieder zu sich selbst zu finden, indem er die Erfahrungen und Vorgänge der letzten Jahre verarbeitete; »erleichtert und aufgeklärt fühlte« er sich hinterher, »die Wirklichkeit in Poesie verwandelt zu haben« (a. a. O., S. 130). Aufgrund der enthusiastischen Aufnahme seines Romans (Werther-Fieber, Selbstmorde in Werther-Manier usw.) sah sich Goethe schon für die zweite Auflage 1775 genötigt, dem »Werther« ein warnendes Motto (»und folge mir nicht nach.«) voranzustellen. Im Jahre 1787, während der Weimarer Zeit also, kam eine zweite Fassung des Romans heraus, in der einige Umänderungen und Erweiterungen vorgenommen wurden. Obwohl diese Fassung nicht die authentische der Sturm und Drang-Periode ist, wird sie heute den meisten »Werther«-Ausgaben zugrunde gelegt.

»Die Leiden des jungen Werther« haben Goethes Ruhm begründet und sind neben dem »Faust« sein bekanntestes Werk geblieben. Der Roman ist ein Produkt aus Goethes »Geniezeit« und trägt zugleich deutliche Spuren der Empfindsamkeit. Mit dem Sturm und Drang war der junge Jurastudent 1770 in seiner Straßburger Zeit durch Johann Gottfried Herder bekannt geworden, der ihm Ossian, Homer, Pindar und Shakespeare nahe brachte. Nach Ablegung des Doktorexamens ließ sich Goethe eine kurze Zeit in Frankfurt nieder, ging aber vor allem seinen schriftstellerischen Neigungen nach. Im Februar 1771 wurde er in Darmstadt in einen »Kreis von Empfindsamen« eingeführt, der sich insbesondere mit Klopstock beschäftigte und Goethe Anregungen für seine Hymnen gab. Auf Empfehlung des Vaters meldete sich Goethe im Mai 1772 am Reichskammergericht in Wetzlar, um ein juristisches Referendariat abzuleisten. Hier traf er u. a. mit Karl Wilhelm Jerusalem sowie mit Johann Georg Christian Kestner zusammen und lernte auch dessen Verlobte Charlotte Buff kennen, mit der er im Mai einen Ball in Volpertshausen besuchte.

Goethe, der wusste, dass er sich auf Lotte keine Hoffnungen machen durfte, empfand zärtliche Gefühle für die junge Frau und Freundschaft für Kestner. Die drei verbrachten einen gemeinsamen Sommer, bis Goethe am 11. September 1772 überraschend und ohne Abschied aus Wetzlar abreiste.

Mitte September hielt sich Goethe in Ehrenbreitstein bei Sophie von La Roche auf, deren Briefroman »Das Fräulein von Sternheim« (1771) großen Anklang beim Publikum gefunden hatte. In die 16-jährige Maximiliane (»Maxe«) von La Roche verguckte sich der junge Gast, ohne jedoch Lotte schon ganz vergessen zu haben. Auch nachdem Maxe im Januar 1774 mit dem mehr als 20 Jahre älteren Frankfurter Kaufmann Brentano verheiratet worden war, unterhielt Goethe Beziehungen zu der jungen Frau und wurde deshalb von dem eifersüchtigen Ehemann aus dem Hause gewiesen.

Bereits am 30. Oktober 1772, kurz nach Goethes Abreise aus Wetzlar, hatte sich Jerusalem mit einer von Kestner geliehenen Pistole erschossen. Goethe nahm starken Anteil am Schicksal des unglücklichen Gesandtschaftssekretärs und ließ sich von Kestner die genauen Umstände seines Todes mitteilen. Nach seiner peinlichen Ausweisung aus dem Hause Brentano hatte Goethe nun genügend Stoff, den lange geplanten »Werther« in kürzester Zeit niederzuschreiben. Später schrieb er: »Ich hatte mich durch diese Komposition, mehr als durch jede andere, aus einem stürmischen Elemente gerettet, [...].« (Dichtung und Wahrheit; Editionen »Werther«, S. 127).

Goethe verfasste in Anlehnung an Richardson, Rousseau, La Roche u. a. den »Werther« als Briefroman, wobei er im Unterschied zu diesen Vorbildern eine monologische Form verwandte, insofern er ausschließlich Werthers Briefe aufnahm. Im zweiten Band gegen Ende tritt an die Stelle der Briefe der Herausgeber als Berichterstatter, der Werthers Ende mitteilt und seine letzten Briefe kommentiert.

Werther ist ein junger bürgerlicher Intellektueller, der, um einer unangenehmen Beziehung zu einem Mädchen zu entfliehen und eine Erbschaftsangelegenheit zu regeln, im Mai 1771 aus der Stadt aufs Land zieht. Hier gibt er sich den als herrlich empfundenen Erscheinungen der Natur und der von ihm bevorzugten Literatur hin. Er gewinnt dadurch ein Glücksgefühl, in dem die Utopie von einer allseitigen Harmonie mit dem All, seinen Mitmenschen und sich selbst aufscheint. Trotz der euphorischen Gestimmtheit einzelner Briefe klingt jedoch immer wieder die Skepsis gegenüber den eigenen Illusionen durch, denn Werther erkennt klar die überall vorhandene Begrenztheit der äußeren Verhältnisse, die ihn zunehmend bedrängen und mit denen er sich unmöglich abfinden kann. Schon früh fasst er deshalb die Möglichkeit des Selbstmordes ins Auge. Als Werther die junge Amtmannstochter Lotte kennen und lieben lernt, scheint es für einen Augenblick, als ob sich sein Glücksverlangen erfüllen ließe und seine Sehnsucht befriedigt werden könnte. Da aber einerseits die eher konventionelle Lotte trotz ihrer Sympathie für den jungen

Verehrer ihre gesicherte Zukunft an der Seite des beamteten Albert nicht aufgibt, andererseits die Erfüllung seiner Sehnsucht Werther nur in neue Sehnsüchte treiben würde, sieht sich dieser auch im Bereich der Liebe enttäuscht. Er flieht aus der Nähe Lottes und Alberts und verlegt sich zunächst auf eine ihm im Grunde verhasste Tätigkeit am Hofe. Infolge seiner Weigerung bzw. Unfähigkeit, sich den dort geltenden Vorschriften und Regeln zu fügen, und infolge einer demütigenden Ausweisung aus einer geschlossenen Adelsgesellschaft flieht Werther abermals. Schon bald zieht es ihn zu der inzwischen verheirateten Lotte zurück. Obwohl er weiß, dass seine Aussichten auf sie noch geringer sind als zuvor, versteigt er sich in eine sich verselbstständigende und immer größer werdende Leidenschaft zu Lotte, aus der es schließlich kein Entrinnen mehr für ihn gibt. Um seinen Anspruch, keine Kompromisse einzugehen, aufrechtzuerhalten und um ein Leben zu beenden, das innerhalb der gegebenen Verhältnisse nicht sinnerfüllend sein und die subjektiven Bedürfnisse befriedigen kann, erschießt sich Werther (mit Alberts Pistole), womit er ein letztes Tabu durchbricht und zugleich seine »Leiden« beendet.

Wie in der Inhaltsangabe schon anklang, werden im »Werther« mehrere Themen angeschlagen, die ein Licht auf eine in Aufbruchstimmung befindliche Epoche werfen: die Bedeutung von Regeln und Konventionen für das Zusammenleben der Menschen und die damit verbundenen Beeinträchtigungen der Freiheit und Selbstbestimmung; die Bedeutung der Literatur zur Bewältigung des Lebens und die Gefahren der Illusionen und Selbsttäuschungen; die Verklärung der Natur zu einem unverdorbenen, alternativen Raum, in dem die Einheit von Ich und Welt wiederhergestellt werden soll; die Liebe im Spannungsfeld zwischen permanenter Illusion und unbefriedigender Erfüllung; der Selbstmord als letzte Möglichkeit der Gewinnung von Freiheit durch Selbstzerstörung und Tabudurchbrechung.

Für die zeitgenössische Rezeption des »Werther« lassen sich grob drei Gruppen unterscheiden. Die jungen Stürmer und Dränger äußerten ihre Begeisterung ganz im Tone und im Stil der Zeit. Sie lasen den Roman mit Tränen in den Augen, identifizierten sich gar mit dem unglücklichen Helden und lobten seinen Verfasser in den höchsten Tönen (Schubart, Heinse, Lenz, Bürger). Die Aufklärer wie Lessing, Lichtenberg, Nicolai usw. standen dem »Werther« eher distanziert bis ablehnend gegenüber; sie empfanden die Titelfigur als überspannt und übertrieben und vermissten eine klare moralische Verurteilung der Werther'schen Exentrik und seiner Kritik der Vernunft. In scharfer Form verdammt wurde der Roman durch die orthodoxen Kirchenvertreter, die (wie Götze und Ziegra) den »Werther« als Verspottung der Religion und den Schluss als frevelhafte Apologie des Suizids interpretierten, weshalb sie ein Verbot des Romans forderten; dem wurde in Leipzig bis ins Jahr 1825 entsprochen.

2 Zur Konzeption der Unterrichtseinheit

Zur Frage der Lesemotivation

»Nach zwei Seiten schoss ich den Vogel in die Ecke. Leute, das konnte wirklich kein Schwein lesen. Beim besten Willen nicht.« So wie Edgar, der Held aus Ulrich Plenzdorfs Roman »Die neuen Leiden des jungen W.«, reagieren gewiss einige junge Leser auf die ersten Leseeindrücke zum »Werther«. Die Behandlung dieses Romans im Unterricht galt deshalb viele Jahre lang als ausgesprochen problematisch.

Als Grund für die Vorbehalte der Schüler dem »Werther« gegenüber wurden in der Regel die übersteigerte Gefühlsbetontheit des Helden sowie die damit zusammenhängende, als übertrieben und gekünstelt empfundene sprachliche Ausdrucksweise benannt, Inhalt und Stil schienen weltfern und antiquiert und waren auch am Fach Deutsch ansonsten interessierten Schülern äußerst fremd. Diese Distanz war allerdings nicht nur Goethes Roman, sondern auch anderen älteren Werken des 19. und besonders des 18. Jahrhunderts gegenüber zu beobachten und von den Lehrern meist nur schwer zu überwinden.

Gelegentlich wurde versucht, über einen Umweg das Interesse der Schüler zu wecken. Das einzelne Werk sollte nicht mehr (immanent) für sich betrachtet, sondern in einen größeren Zusammenhang gestellt werden. Aufgrund der spezifischen Umstände seiner Entstehung und Aufnahme beim Publikum bot sich für den »Werther« der rezeptionsästhetische Ansatz an. Eine andere Möglichkeit, sich dem »Werther« zu nähern, bestand in der Lektüre des Romans von Plenzdorf. Auf Grund der salopp-jugendlichen Sprache und der leicht erfassbaren und zugänglichen Thematik wurden »Die neuen Leiden des jungen W.« sehr positiv aufgenommen; viele Jugendliche vermochten in bestimmten Bereichen ihre Probleme in den »neuen Leiden« Edgars wiederzuerkennen. Wie Edgar, der sich nach anfänglicher Distanzierung von »Old Werther« immer stärker mit diesem identifiziert, ihn sogar laufend für die eigene Lebenspraxis zitiert, bauten auch die Schüler ihre Vorbehalte gegenüber dem »Werther« und der Titelfigur allmählich ab bzw. waren auf die Lektüre von Goethes Roman eingestimmt und vielleicht sogar neugierig.

Derartige didaktische Umwege und methodische Kniffe sind in aller Regel heutzutage nicht mehr erforderlich, um die Motivation der Schüler für »Die Leiden des jungen Werther« im Unterricht zu gewinnen. Abgesehen von gelegentlichen und auch verständlichen Einleseproblemen stellen sich dem Lehrer die genannten Schwierigkeiten nur noch selten, wofür m. E. mehrere Gründe angeführt werden können.

Wie ein Blick auf die Deutsch-Rahmenrichtlinien der meisten Länder zeigt, hat die Behandlung von Literatur im geschichtlichen Kontext in der Sekundarstufe II erheblich an Bedeutung gewonnen, wodurch die so genannten »Klassiker« natürlich aufgewertet werden. Überhaupt scheinen diese vor dem Hintergrund eines neuen Bewusstseins von »Bildung« und Geschichtsbewusstseins einen weit besseren Ruf zu genießen als in den späten 60er- und in den 70er-Jahren, als die Literatur vor allem zum Transport politischer Botschaften sowie für die Bewältigung aktueller Probleme benutzt wurde und nur so überhaupt ihren didaktischen Stellenwert behaupten konnte.

Dass im Zuge einer Renaissance der Klassiker der »Werther« eine besondere Bedeutung erlangt hat, liegt einmal daran, dass er zu Recht als repräsentativ für die kurze, aber wichtige Epoche des Sturm und Drang angesehen wird. Noch wichtiger aber dürfte sein, dass »Werther« eine Reihe von Themen enthält, für die heutige Leser sehr sensibel geworden sind: Freiheitsbedürfnis angesichts ständig erfahrbarer Einschränkung, der Anspruch auf Selbstverwirklichung, das Verhältnis zur Natur, Verantwortung und Realitätsflucht usw. Ein weiterer und vielleicht der entscheidende Grund für die Wiederentdeckung des »Werther« mag die von vielen Menschen eingenommene veränderte Haltung zu Gefühlen und deren Äußerung sein: Seit den 80er-Jahren des zwanzigsten Jahrhunderts wird von einer Bewegung der »neuen Innerlichkeit« gesprochen, die in gewisser Weise an die Epoche der Empfindsamkeit anknüpft. Werther nimmt sich, was heute kaum noch als »sentimental« und »weich« abgetan werden kann, ungeniert die Freiheit, offen seine Gefühle mitzuteilen. Diese Fähigkeit als Schwäche zu kritisieren, wie Friedrich Engels es tat, als er von einem »schwärmerischen Tränensack« sprach (Editionen »Werther«, S. 145), ist in unserer Zeit unangemessen. Im Gegenteil: Innere Regungen und Bedürfnisse, auch Schwächen preiszugeben, gilt mehr denn je als Ausdruck von Offenheit, Ehrlichkeit, »Tiefgang« und Selbstbewusstsein, die das menschliche Miteinander humaner machen.

Die Aufwertung der Subjektivität schlägt sich auch in der Literatur nieder: Das Ich des Schreibenden hat, wie eine Reihe von Veröffentlichungen (insbesondere auch von Frauen) zeigen, einen hohen Stellenwert gewonnen (autobiographische Romane, Briefsammlungen, Bekenntnisschriften), weil die Bereiche der Subjektivität und der Kommunikation gefährdet erscheinen. Den Grund dafür kann man leicht in der zunehmenden Verunsicherung und Verängstigung des modernen Menschen angesichts einer von vielen Bereichen ausgehenden globalen Bedrohung der Menschheit ausmachen. Eine ähnlich bedrückende Verunsicherung und das Gefühl der Ohnmacht und des Ausgeliefert-

seins hatte viele Menschen auch im Zuge der Herausbildung der bürgerlichen Verkehrsformen ergriffen, was zu einer stärkeren Wendung des Individuums nach innen führte (Pietismus, Empfindsamkeit). Vor dem Hintergrund – dieser zugegebenermaßen etwas grob skizzierten – Parallelen wird verständlich, warum der »Werther« heute mit anderen Augen gelesen wird als noch vor einigen Jahrzehnten. Durch den neuen Subjektivismus und seine Ursachen hat der Roman an Aktualität gewonnen, und der Zugang zu ihm ist leichter geworden, was die Arbeit im Unterricht fruchtbarer werden lässt.

Ziele der Behandlung

»Werther« ist unter vielen Fragestellungen von Interesse:

- literaturgeschichtlich (Bedeutung des Werks für Sturm und Drang und Empfindsamkeit),
- poetologisch (Besonderheit der Gattung, der Form und des Stils u. a.),
- rezeptionsästhetisch (auf welchen Erwartungshorizont trifft der Roman, welche Wirkung löst er aus?),
- soziologisch (Roman als Produkt und Abbildung von gesellschaftlichen Konflikten).

Die Frage nach der didaktischen Relevanz erübrigt sich, nicht aber die nach der Begründung im Einzelnen.

»Werther« ist nicht nur ein bedeutendes Werk der Weltliteratur und der Erstlingsroman und größte Prosa-Erfolg des vielleicht bekanntesten deutschen Dichters; der Roman ist darüber hinaus ein zeitgeschichtliches Ereignis von hohem Rang, das in inhaltlicher und formaler Hinsicht neue Maßstäbe gesetzt hat. Die Form des Briefromans war zu Beginn der 70er-Jahre des 18. Jahrhunderts zwar keineswegs neu, wurde durch Goethe aber in einer Weise radikalisiert, dass Konsequenzen für den

Inhalt entstanden. Durch die monologischen Briefe wurde die Betonung der Subjektivität gleichsam auf die Spitze getrieben und für den Leser die Fiktion erzeugt, gleichsam als Empfänger der Briefe in das Innere des leidenden Ichs schauen zu können. Der Roman ist damit einmal ein eindrucksvolles Dokument der Epoche der Empfindsamkeit, ebenso aber auch eines des Sturm und Drang, insofern Werther seinen Protest über die das Individuum (genauer: das Genie) beschränkenden Fesseln der äußeren Welt zum Ausdruck bringt. Die für den neuzeitlichen Menschen seit der Herausbildung der bürgerlichen Gesellschaft typische Erfahrung der Vereinzelung, der Ohnmacht und Einsamkeit wird im »Werther« gleichsam programmatisch gestaltet und bis zu einem Grad, der von der historischen Situation – und der jeweiligen Gestimmtheit des Lesers abhängt – nachvollziehbar gemacht. Als Roman eines sehr jungen Autors mit einem jungen Helden spricht »Werther« natürlich vor allem Jugendliche an. Identifikation und Distanz zugleich sollen das Verhältnis des Lesers zur Romanfigur bestimmen, und Ziel der Besprechung kann es sein, dass die Schüler über eine Auseinandersetzung mit Werther einen Schritt näher zu sich selbst gelangen. Literatur und Leben sind bei diesem Prozess jedoch als zwei getrennte Bereiche durchaus auseinanderzuhalten. Den Unterschied zwischen poetisch gestalteter und konkret gelebter Wirklichkeit, den Werther immer wieder aus den Augen verliert, gilt es im Unterricht stets bewusst zu halten. Nur wenn dies gelingt, wird den Schülern verständlich, dass »Werther« ein Beispiel gibt für eine der bedeutsamsten Funktionen, die Literatur überhaupt hat: Kristallisation und Kompensation des Leidens am und im Leben zu sein.

Die Ziele der einzelnen Stunden und Doppelstunden finden sich im Anschluss an die jeweiligen Kommentare zum Unterrichtsverlauf. Die groben Ziele der Unterrichtseinheit ergeben sich im Wesentlichen aus den vorangestellten Überlegungen und bestehen darin, dass die Schüler

- wichtige Tendenzen, Ideen und Bestrebungen der literaturgeschichtlichen Epochen des Sturm und Drang und der Empfindsamkeit erarbeiten und kennen,
- Goethes Roman »Die Leiden des jungen Werther« als ein charakteristisches Zeugnis dieser Zeit kennen lernen und einordnen können,
- den Inhalt und die zentralen Themen der »Leiden des jungen Werther« in ihrem inneren Zusammenhang kennen,
- das poetische Werk als Ergebnis von zeitgeschichtlichen Verhältnissen, biographischem Hintergrund und individuellem Gestaltungswillen erkennen,
- die Wirkung des Romans auf die Zeitgenossen kennen lernen und beurteilen,
- genau lesen lernen und dabei erfahren, dass auch das scheinbar Nebensächliche in einem kunstvoll gestalteten Roman Aussagekraft besitzt,
- sich intensiv und über einen längeren Zeitraum hinweg unter verschiedenen Aspekten mit einem literarischen Werk auseinandersetzen und dabei erfahren, dass erst die u. U. mühsame exakte Analyse Erkenntnisse und Einsichten über ein literarisches Werk und seine Epoche zutage fördert,
- die besonderen gestalterischen Elemente des »Werther« aufdecken und in einen Form-Inhalt-Zusammenhang stellen können,
- über die Auseinandersetzung mit einer Romanfigur sich mit sich selbst und anderen auseinandersetzen und dabei die Differenz von Poesie und Leben bewusst halten,
- erfahren, dass Schreiben (für Goethe, Werther, evtl. auch für sich selbst) Entlastung von einer als bedrückend empfundenen Realität bedeuten kann und selbst schreibend kreativ werden und dabei erfahren, dass die produktive

Auseinandersetzung mit einem literarischen Werk in Form eigener Schreibversuche Erkenntnisse über das Werk hervorzubringen vermag.

Methodische Hinweise

Ziel der vorliegenden Unterrichtseinheit ist eine wechselseitige Erhellung von Werk und Epoche, den »Leiden des jungen Werther« und dem Sturm und Drang/der Empfindsamkeit. Der inhaltliche Aufbau der Unterrichtseinheit und die Auswahl der Materialien trägt dieser Absicht in zweierlei Weise Rechnung. Zunächst wird den Schülern, nach einer Einführung zur Textlektüre (Sequenz 1) in drei einführenden Doppelstunden anhand von kürzeren Texten bzw. Textausschnitten ein erster Eindruck von wesentlichen Merkmalen der Literatur der Epoche vermittelt (Sequenz 2). Im Hauptteil der Unterrichtseinheit (Sequenz 3) erfolgt dann die ausführliche Besprechung des »Werther«, in deren Rahmen immer wieder auf Charakteristika der Epoche abgehoben wird, sodass ein komplexes Verständnis vom Zusammenhang beider Bereiche gewonnen wird.

Auf die im Literaturunterricht sonst übliche Vorstellung des Autors vor Behandlung des Werkes wird hier bewusst verzichtet – die Verknüpfungen zwischen biographischen und poetischen Elementen werden erst später (vgl. 29./30.Stunde und die dort vorgelegte Begründung) vorgestellt.

Die Methoden der Erarbeitung sind zu einem großen Teil auf Textanalyse hin angelegt, wobei neben dem Unterrichtsgespräch die Partnerarbeit sowie die Gruppenarbeit eine wichtige Rolle spielen. Hinzu kommen Referate und die Gruppen oder Einzel-Präsentation von Arbeitsergebnissen aus dem Unterricht und aus der häuslichen Vorbereitung. Dem Umstand, dass in den letzten Jahren aus guten Gründen zunehmend auch handlungs- und produktionsorientierte Verfahren im Deutschunterricht an Bedeutung gewonnen haben, wird in einzelnen Phasen der Erarbeitung Rechnung getragen. Goethes Roman bietet schon aufgrund seiner formalen Struktur als Briefroman vielfältige Möglichkeiten, die Schüler produktiv ins Geschehen eingreifen zu lassen. Neben der Anfertigung von Rollenprofilen und der Erstellung von Standbildern sollen auch Leerstellen gefüllt, z.B. zusätzliche Briefe etwa von Wilhelm und von Albert verfasst werden. Diese Phasen bieten nicht nur ganz spezifische Erkenntnismöglichkeiten, sondern eignen sich auch gut als Auflockerung im Ablauf des Unterrichts, um ein einseitig textanalytisch orientiertes Arbeiten zu vermeiden.

Vor Beginn von Sequenz III muss der Roman von den Schülern ganz gelesen worden sein. Ein abschnittweises Vorgehen widerspricht in gewisser Weise der Romanstruktur, die als in sich geschlossene Einheit angelegt ist (trotz des gegenteiligen äußeren Eindrucks): Den »Werther« sollte man »in einem Zug« und darauf noch einmal gründlich durchlesen. Diese Empfehlung gibt der Lehrer den Schülern, verbunden mit dem Appell, evtl. sich einstellende Unlustgefühle nach Lektüre der ersten Seiten zu überwinden. Ein »Überfliegen« des Romans bzw. das »Diagonallesen« sollte unbedingt vermieden werden. Ob der Lehrer, um dies zu verhindern, vorsorglich einen informellen Test ankündigt (vgl. S. 152 f.), muss von Fall zu Fall entschieden werden. Natürlich kann nicht erwartet werden, dass die Schüler alle für die zu behandelnden unterrichtlichen Schwerpunkte wichtigen Passagen nun parat haben; es wird deshalb immer wieder notwendig sein, dass einzelne Briefe und Textauszüge zu Hause oder auch in den Stunden nachgelesen werden.

Die Besprechung des »Werther« geht von einer thematischen Schwerpunktbildung aus, wobei die vorgeschlagene Reihenfolge der einzelnen Themen nicht abgeändert werden sollte, da diese inhaltlich aufeinander aufbauen. Dass es dabei zu Überschneidungen kommt, bereits Bekanntes in anderen Zusammenhängen aufgegriffen wird, sollte indes nicht als Nachteil gesehen werden: Die Schüler erhalten so Gelegenheit, ihre erworbenen Kenntnisse im Rahmen eines neuen Themas einzubringen, zu überprüfen und so zu weiterführenden und vertiefenden Einsichten über Werk und Epoche zu gelangen.

Die Darstellung der Doppel- und Einzelstunden ist jeweils in Sachanalyse und Kommentar zum Unterrichtsverlauf aufgeteilt. In der *Sachanalyse* finden sich Interpretationshilfen, die sich auf die inhaltliche Gestaltung des Unterrichts beziehen und z. T. auch darüber hinausgehen. Dass es sich dabei nur um erste Zugriffe und nicht um erschöpfende Analysen handeln kann, versteht sich schon im Hinblick auf den begrenzten Umfang dieses Bandes und der im Unterricht zur Verfügung stehenden Zeit von selbst.

Der *Kommentar zum Unterrichtsverlauf* enthält die genauen Begründungen und Beschreibungen zu den einzelnen Phasen, Zusätzen, Hausaufgaben usw. Im Zusammenhang der inhaltlich-didaktischen und der methodischen Kommentare kommt es zu gelegentlichen Wiederholungen aus der Sachanalyse, die sich nicht vermeiden ließen. Die Beilageblätter (vgl. CD-ROM) enthalten den Unterrichtsverlauf noch einmal in übersichtlicher, tabellarischer Form.

Die für die Doppel- und Einzelstunden vorgelegte Planung der Phasen geht von dem Idealfall aus, dass die gesamte Unterrichtszeit für die thematische Erarbeitung bereitsteht. Falls organisatorische, kursinterne oder allgemeine schulische Belange diese Zeit beschränken, muss evtl. eine weitere Stunde eingeplant oder der Wegfall einzelner Unterrichtsabschnitte in Kauf genommen werden. Auf solche und ähnliche sich ergebende Störungen bzw. Abweichungen vom vorgesehenen Programm muss der Unterrichtende stets gefasst sein.

Der vorgeschlagene Unterrichtsablauf sollte also nicht starr, sondern flexibel gehandhabt werden. Es ist allerdings darauf zu achten, dass jede Stunde mit einer abgeschlossenen Phase endet und die neue Stunde nicht mit »Überhängen« beginnt (»Wo waren wir noch mal stecken geblieben?«), die wenig motivierend wirken.

Über die vorgeschlagenen Zusätze innerhalb der Stunden sowie am Ende der Unterrichtseinheit hinaus können auf Wunsch der Schüler weitere Ergänzungen aufgenommen werden, sofern sich dies aus dem Unterrichtsverlauf heraus als sinnvoll darstellt. Die für einige Themen möglichen Alternativen und Exkurse sollte der Lehrer rechtzeitig in die Gesamtplanung einbeziehen. So kann z. B. vermieden werden, dass ein geeignetes Klausurthema bereits im Unterricht behandelt wurde und nun nicht mehr gestellt werden kann.

In vielen Deutschkursen hat sich die kontinuierliche Anfertigung eines Stundenprotokolls (Ergebnisprotokolls) durch jeweils eine Schülerin bzw. einen Schüler bewährt. Die gesammelten Protokolle (im Ordner in der Oberstufenbibliothek abgeheftet oder vervielfältigt an alle Kursteilnehmer ausgegeben) können bei der Vorbereitung auf Klausuren nützlich sein. Mit dem Verlesen und der Nachbesprechung des Protokolls zu Beginn einer Stunde sollte nicht zu viel Zeit verloren gehen, da es angesichts der Stofffülle sonst zu Engpässen kommt.

In der Übersicht (vgl S. 15) werden auf der Grundlage der ausgearbeiteten Stunden ein Maximal- sowie ein Minimalprogramm vorgestellt, die im Regelfall für einen Leistungs- bzw. für einen Grundkurs geeignet sind. Bei entsprechender Motivation der Schüler kann ein Grundkursprogramm selbstverständlich ausgeweitet werden, ebenso ist für Leistungskurse nicht das ganze Maximalprogramm verbindlich. Der Lehrer wird die ihm gebotenen Spielräume für die konkrete Planung und Durchführung voll ausschöpfen.

Übersicht über die Unterrichtseinheit

Stunden	Themen	obligatorisch/fakultativ
1./2.	Sequenz I: Einstieg in die Unterrichtseinheit Bilder und Texte zum »Werther«	— obligatorisch
3./4. 5./6. 7./8.	Sequenz II: Die literarische Epoche Sturm und Drang/Die Gattung Briefroman Sturm und Drang – Lyrik Sturm und Drang – Drama Briefroman und Empfindsamkeit	fakultativ
9./10. 11./12. 13. 14./15. 16./17. 18./19. 20./21. 22./23. 24./25. 26./27. 28.	Sequenz III: Die Besprechung des Romans Einstieg in die Textbesprechung Freiheit und Regeln Kinder und Kindheit Werther – Lotte – Albert »Unterdrückte Briefe« Selbstmord und Selbstverwirklichung Literatur in der Literatur – Werther als Leser Naturerfahrung und Naturdarstellung im »Werther« Gesellschaftskritik im »Werther« Romanstruktur/Nebensachen und –figuren Die Gründe für Werthers Scheitern	obligatorisch — fakultativ obligatorisch — fakultativ — obligatorisch
29./30.	Sequenz IV: Zur Entstehungsgeschichte des »Werther« Werther ist nicht Goethe – Wirklichkeit und Poesie	— obligatorisch
1. Zusatz: 2. Zusatz:	Sequenz V: Erweiterungsmöglichkeiten der Unterrichtseinheit Wertheriaden: Der Wertherstoff in der Literatur Klopstock und Morrissey zum Beispiel – Fans in der Literatur	fakultativ

3 Darstellung der Einzelstunden

Sequenz I: Einstieg in die Unterrichtseinheit

1./2. Stunde:
Bilder und Texte zum »Werther«

Vorbemerkung

Der Erfolg der gemeinsamen Lektüre des »Werther« im Unterricht wird nicht zuletzt davon abhängen, wie gut es gelingt, die Schüler auf diese zumindest zu Anfang etwas ungewohnte und sperrige Lektüre einzustimmen. Vor der eigentlichen Besprechung des Romans und der Epoche im Unterricht soll deshalb in einer Doppelstunde der Zugang zum »Werther« erleichtert werden. Das die einzelnen Phasen verbindende Thema dieser einführenden Doppelstunde

sind in unterschiedlicher Weise Lesen und Leser, Inhalt und Rezeption von Goethes Roman »Die Leiden des jungen Werther«.

Unterrichtsverlauf

Phase 1:
Ins Bild gesetzt: »Werther«-Leser von heute sehen »Werther«-Leser von einst

Zu Beginn sollen die Schüler einen Eindruck erhalten, wie zur Zeit seiner Entstehung Künstler typische Leser des »Werther« dargestellt haben. Sie erarbeiten erst in einer Stillarbeitsphase, dann im Unterrichtsgespräch Gemeinsamkeiten und Unterschiede zweier zeitgenössischer Abbildungen. (vgl. S. 16/17)

J. A. B. Nothnagel: Mädchen, in »Werthers Leiden« lesend → *CD-ROM / Datei: Bild_1.pdf*

H. Beck: Fünf Mädchen im Wald, in »Werthers Leiden« lesend → *CD-ROM / Datei: Bild_2.pdf*

H. Beck zeigt die gesellige Lektüre in der Einsamkeit des Waldes: Während ein Mädchen vorliest, sind drei der Zuhörerinnen vom Gehörten offensichtlich stark berührt und demonstrieren ihre innere Spannung dadurch, dass sie in ihr Taschentuch weinen und sich aneinander festhalten. Das fünfte Mädchen sitzt in steiferer Haltung etwas abseits. Es scheint von dem Vorgelesenen entweder weniger angetan. Oder es versucht seine Gefühle unter Kontrolle zu halten.

J. A. B. Nothnagel hingegen präsentiert uns eine einsame Leserin in einem Raum (Schlafzimmer?) beim Schein einer Lampe. Offenbar hat sie den Roman zu Ende gelesen, mag sich aber von ihm noch nicht lösen. Sie hält das Buch aufgeschlagen und hat den Finger auf die Vorsatzblätter mit dem Titel und einem Bild des Helden oder des Autors gelegt. Schwärmerisch verzückt und ganz der Wirklichkeit entrückt, denkt sie mit halb geschlossenen Augen dem Gelesenen nach. In ironischer Weise setzt sich der Künstler mit dem Leseverhalten dieser jungen Frau und wohl auch mit dem Inhalt des Buches auseinander: Über ihrem Herzen erkennt man eine Flamme, und Rauch steigt auf. Ein gelockter Amor gibt dem Feuer von der linken Seite her mit Hilfe eines kleinen Blasebalges, wie er zum Feueranzünden verwendet wird, weitere Nahrung.

Dass schon manchem Zeitgenossen Goethes die Rezeption des »Werther« fragwürdig erschien, wird an der Darstellung des Bildes von Nothnagel unschwer ablesbar. Daraus ergibt sich natürlich die Frage, was wohl von einem solchen Roman in inhaltlicher Hinsicht erwartet werden kann. Die Schüler spekulieren über seine Handlung sowie den Ausgang und bilden sich Vor-Urteile, die im Zusammenhang der Lektüre später überprüft werden.

Phase 2:
Einsame und gesellige Lektüre –
Leseverhalten reflektieren

Der Bildvergleich ergab u. a., dass im 18. Jahrhundert, was vielfältig bezeugt ist, literarische Werke nicht nur im stillen, abgeschiedenen Raum, sondern auch in gemeinsamer Runde gelesen wurden. Der Lehrer gibt dazu ein paar knappe Informationen, ehe die Frage erörtert wird, worin die Vorzüge des geselligen und worin die des einsamen, isolierten Lesens bestehen. Ein Erfahrungsaustausch über individuelle Lesegewohnheiten schließt diese Phase, in der die Schüler sich selbst als Leser thematisieren, ab.

Phase 3:
Mögliche Inhalte des Roman antizipieren

Ein weiterer Impuls, diesmal eine Illustration zur Handlung des »Werther«, greift das Thema »Lesen und Leser« erneut auf: Ein nicht unwichtiges Detail auf der Radierung nach einer Zeichnung von Chodowiecki (»Die letzte Begegnung zwischen Werther und Lotte«) ist das auf dem Boden liegende aufgeschlagene Buch. Der Lehrer gibt den Schülern zunächst einmal Gelegenheit, das Bild auf dem ausgeteilten Blatt (oder auf Folie) genau zu studieren und Details herauszusuchen, um sie in einen – abermals spekulativen – inhaltlichen Zusammenhang zu stellen. Dabei sollen die Schüler genau beobachten, zugleich aber auch ihrer Phantasie freien Lauf lassen. Der Lehrer beschränkt sich darauf, einzelne Andeutungen zu machen, gibt aber keine genaueren Hinweise auf den Handlungszusammenhang der abgebildeten Szene. Die Spannung darauf, was von diesem Roman zu erwarten ist, soll den Schülern auf keinen Fall genommen werden.

Phase 4:
Der/die verliebte Briefschreibende im Roman von 1774 ...

Nachdem durch die Betrachtung der Bilder die Neugier auf den Inhalt dieses Romans geweckt worden sein sollte, wird ein Einstieg in den Text vorgenommen. Dass es sich bei den beiden Personen auf dem Kupferstich von Chodowiecki um ein (glückliches oder unglückliches?) Liebespaar handelt, ist für die Schüler unschwer zu erkennen. Nun verteilt der Lehrer einen Textauszug aus »Werther«, in dem der Protagonist seine erste Begegnung mit Lotte schildert. (Brief vom 16. Junius) Weitere Einzelheiten werden zu diesem Zeitpunkt

nicht preisgegeben. Der Unterrichtende hält den vorgesehenen Auszug als Kopie bereit, damit die Schülerinnen und Schüler mit Notizen am Rand arbeiten können.

Diese sollen zunächst mit Stileigentümlichkeiten von Goethes »Werther« konfrontiert werden. Dabei eignet sich für diese Altersstufe die Thematik (Mitteilung des Schreibers, dass er sich verliebt hat) besser als beispielsweise eine Naturschilderung. Die Schüler studieren zunächst den Text und führen dann den Arbeitsauftrag aus: »Formulieren Sie, ohne die Kernaussage und die Situation des Schreibers (für Mädchen: der Schreiberin) des Briefes zu verändern, den Text in einen zeitgemäßen, Ihnen gemäßen Stil um. Denken Sie sich einen Adressaten aus Ihrem Freundeskreis. Der Umfang Ihrer Fassung sollte den der Vorlage nicht überschreiten. – Überlegen Sie für den anschließenden mündlichen Vortrag und die Aussprache im Kurs, inwiefern und weshalb Sie von der vorgegebenen Fassung abgewichen sind.«

Für die Bearbeitung wird den Schülern etwa eine Viertelstunde zur Verfügung gestellt. Diese Zeit mag zunächst etwas kurz erscheinen, reicht aber mit Blick auf den vorliegenden Zweck aus. Da diese Phase vor allem dazu dienen soll, den Zugang zum Roman vorzubereiten und zu erleichtern, ist eine ausführliche Reflexion hier unnötig; einige wenige Überlegungen, stichwortartig festgehalten, reichen für die anschließende Besprechung aus. Den Schülern soll ihre eigene Distanz zum »Werther« sowie zum Stil und zum Empfinden jener Zeit bewusst werden. Entscheidend ist dabei, dass sie nicht nur rezeptiv, durch die Lektüre, sondern handelnd, durch eigenes Schreiben, indem sie sich vom vorgelegten Text absetzen, erfahren, worin typische Eigenarten des empfindsamen bzw. des Sturm-und-Drang-Stils bestehen. Das Ziel liegt also eher im affektiven als im kognitiven Bereich, der in den folgenden Stunden stärker angesprochen wird.

Daniel Chodowiecki: Die letzte Begegnung zwischen Werther und Lotte → *CD-ROM / Datei: Bild_3.pdf*

Arbeitsblatt zur 1./2. Stunde → CD-ROM / Datei: AB_01_02.doc

Am 16. Junius.
Warum ich dir schreibe? – Fragst du das und bist doch auch der Gelehrten einer. Du solltest raten, dass ich mich wohl befinde, und zwar – Kurz und gut, ich habe eine Bekanntschaft gemacht, die mein Herz näher angeht. Ich habe – ich weiß nicht.
Dir in der Ordnung zu erzählen, wie's zugegangen ist, dass ich eins der liebenswürdigsten Geschöpfe habe kennen lernen, wird schwer halten. Ich bin vergnügt und glücklich und also kein guter Historienschreiber.
Einen Engel! – Pfui! das sagt jeder von der Seinigen, nicht wahr? Und doch bin ich nicht imstande, dir zu sagen, wie sie vollkommen ist, warum sie vollkommen ist; genug, sie hat allen meinen Sinn gefangen genommen.
So viel Einfalt bei so viel Verstand, so viel Güte bei so viel Festigkeit, und die Ruhe der Seele bei dem wahren Leben und der Tätigkeit. –
Das ist alles garstiges Gewäsch, was ich da von ihr sage, leidige Abstraktionen, die nicht einen Zug ihres Selbst ausdrücken. Ein andermal – nein, nicht ein andermal, jetzt gleich will ich dir's erzählen. Tu ich's nicht, so geschäh es niemals. Denn, unter uns, seit ich angefangen habe zu schreiben, war ich schon dreimal im Begriffe, die Feder niederzulegen, mein Pferd satteln zu lassen und hinauszureiten. Und doch schwur ich mir heute Früh, nicht hinauszureiten, und gehe doch alle Augenblick ans Fenster, zu sehen, wie hoch die Sonne noch steht. – – –
Ich hab's nicht überwinden können, ich musste zu ihr hinaus. Da bin ich wieder, Wilhelm, will mein Butterbrot zu Nacht essen und dir schreiben. Welch eine Wonne das für meine Seele ist, sie in dem Kreise der lieben, muntern Kinder, ihrer acht Geschwister zu sehen! –
Aus: Goethe, Johann Wolfgang: Die Leiden des jungen Werther, Klett Editionen, Stuttgart 2002, S. 15 f.

Arbeitsauftrag:

* Formulieren Sie, ohne die Kernaussage und die Situation des Briefschreibers zu ändern, den Text in einen zeitgemäßen Stil um. Der Umfang Ihrer Fassung sollte den der Vorlage nicht überschreiten.

Phase 5:
... und in der Realität von heute

Einige Schüler tragen ihren umgearbeiteten Brief mündlich vor (evtl. haben sie ihn zusätzlich auf eine Folie geschrieben, sodass den anderen Kursteilnehmern die Texte auch visuell präsentiert werden können.) Sie begründen im Anschluss daran kurz ihre stilistischen Schwerpunkte. Gemeinsam können Kategorien zur Unterscheidung der Stile der vorgelesenen Texte herausgearbeitet werden, z. B. betont sachlich, locker, salopp-umgangssprachlich, diskret andeutend, direkt. Die Stileigentümlichkeiten und die jeweiligen Abweichungen von der Vorlage werden beschrieben und ggf. an der Tafel festgehalten. Sofern bestimmte Formulierungen in mehreren Schülerarbeiten auftauchen, wäre nach dem Grund für solche Standardisierungen zu fragen.

Phase 6:
Briefstil und -inhalt

Es kann davon ausgegangen werden, dass alle Versionen sich von dem Pathos und dem Gefühlsüberschwang, der dem Leser in Goethes »Werther« entgegentritt, distanzieren werden. Gleichwohl werden sich Unterschiede zeigen, die dem jeweiligen Schreibertyp, d. h. seinem realen Erfahrungshintergrund, seinem Stilvermögen und seinem Wesen zuzuschreiben sind.

Die Ergebnisse aus Phase 5 aufgreifend, wird in einer zusammenfassenden Problematisierung die Frage nach der Angemessenheit des Verhältnisses von Briefinhalt und Briefstil gestellt. Ist die Art, wie jemand seine Verliebtheit schriftlich ausdrückt, beliebig oder gibt es allgemein akzeptierte, unausgesprochene Regeln, wie dem Gegenstand bzw. Thema sprachlich entsprochen werden muss? Liegen den vorgelesenen Fassungen Werthers und der Schüler diese Regeln zugrunde? Gibt es individuelle und historische Faktoren, die das Verhältnis von Inhalt und Stil bestimmen? Weshalb sind uns heute Texte wie der Brief vom 16. Junius eher fremd? Es kommt bei der Erörterung weniger auf gesicherte Ergebnisse als auf das Bewusstsein für die Problemstellung an.

Diese Phase bereitet die Schüler auf die Hausaufgabe (Teil 2) vor, in der es um das von Herder thematisierte Verhältnis von Empfindung und Ausdruck, Gedanke und Sprache geht.

Hausaufgabe:

Spätestens bis zum Beginn der 9./10. Stunde müssen die Schülerinnen und Schüler den Text der »Leiden des jungen Werther« sorgfältig gelesen haben, damit die Besprechung des Romans dann beginnen kann.

Die kurze schriftliche Beantwortung der Frage zu dem Text von Herder (vgl. Arbeitsblatt S. 21) bereitet auf die erste Phase der folgenden Doppelstunde vor. Um nicht zu viel Zeit mit der Frage nach dem Inhalt sowie der Bedeutung des Prometheus-Mythos zu verlieren, informieren sich die Schüler in einem Lexikon oder besser noch in einem speziellen Wörterbuch der Antike (z. B. Kröner) oder in einer Zusammenstellung griechischer Sagen, z. B. in Gustav Schwabs »Die schönsten Sagen des klassischen Altertums«.

Stundenziele zur 1./2. Stunde

Die Schüler sollen:
- auf die Lektüre des Romans vorbereitet werden, indem sie anhand von zeitgenössischen Darstellungen Möglichkeiten und Formen des Lesens im 18. Jahrhundert kennen lernen und erörtern;
- einen ersten Eindruck von der Wirkung des »Werther« auf zeitgenössische Leser erhalten;
- sich schreibend mit einem Textausschnitt auseinandersetzen;
- auf der Grundlage ihrer Lese- und Schreiberfahrung über den Zusammenhang von Inhalt und Sprache, Thema und Stil nachdenken.

Johann Gottfried Herder (1744 – 1803): [Die Einheit von Dichtung und Wirklichkeit]

[…] Jetzt bitte ich einige Dichter etwas beiseit', mit denen ich ein Wort zu sprechen habe. Wenn bei sinnlichen Begriffen, bei Erfahrungsideen, bei einfachen Wahrheiten und in der klaren Sprache des natürlichen Lebens der Gedanke am Ausdrucke so sehr klebt, so wird für den, der meistens aus dieser Quelle schöpfen muss, für den, der gleichsam der Oberherr dieser Sphäre gewesen (wenigstens in der alten sinnlichen Zeit der Welt), für ihn muss der Gedanke zum Ausdrucke sich verhalten, nicht wie der Körper zur Haut, die ihn umziehet, sondern wie die Seele zum Körper, den sie bewohnet: und so ist's für den Dichter. Er soll Empfindungen ausdrücken: – Empfindungen durch eine gemalte Sprache in Büchern ist schwer, ja an sich unmöglich. Im Auge, im Antlitz, durch den Ton, durch die Zeichensprache des Körpers – so spricht die Empfindung eigentlich und überlässt den toten Gedanken das Gebiet der toten Sprache. Nun, armer Dichter! und du sollst deine Empfindungen aufs Blatt malen, sie durch einen Kanal schwarzen Safts hinströmen, du sollst schreiben, dass man es fühlt, und sollst dem wahren Ausdrucke der Empfindung entsagen; du sollst nicht dein Papier mit Tränen benetzen, dass die Tinte zerfließt, du sollst deine ganze lebendige Seele in tote Buchstaben hinmalen und parlieren, statt auszudrücken. – Hier sieht man, dass bei dieser Sprache der Empfindungen, wo ich nicht sagen, sondern sprechen muss, dass man mir glaubt, wo ich nicht schreiben, sondern in die Seele reden muss, dass es der andre fühlt: dass hier der eigentliche Ausdruck unabtrennlich sei. […] du musst Einfalt und Reichtum, Stärke und Kolorit der Sprache in deiner Gewalt haben, um das durch sie zu bewürken, was du durch die Sprache des Tons und der Gebärden erreichen willst – wie sehr klebt hier alles am Ausdrucke: nicht in einzelnen Worten, sondern in jedem Teile, im Fortgange derselben und im Ganzen. […] daher rührt alles Leben der Dichtkunst, was ausstarb, da der Ausdruck nichts als Kunst wurde, da man ihn von dem, was er ausdrücken sollte, abtrennete: der ganze Verfall der Dichterei, dass man sie der Mutter Natur entführte, in das Land der Kunst brachte und als eine Tochter der Künstelei ansah: der Fluch […], wenn wir bloß Worte lernen oder den Inhalt historisch durchwandern oder ästhetische Regeln suchen oder Beispiele ausklauben, kurz, wenn wir Gedanken und Worte in ihnen abgetrennt betrachten: […] Daher rührt das ästhetische Gewäsche, wo immer Gedanke, vom Ausdrucke abgesondert, behandelt wird […].
[1766/67]

Herder, Johann Gottfried: Über die neuere Literatur. Dritte Sammlung. 6. In der Dichtkunst ist Gedanke und Ausdruck wie Seele und Leib, und nie zu trennen. In: Sturm und Drang. Kritische Schriften/hrsg. von Erich Loewenthal, Heidelberg: Lambert Schneider, 3. Auflage 1972, S. 277–279.

Arbeitsaufträge:

- Wie bestimmt Herder das angemessene Verhältnis zwischen Empfindung und Ausdruck, zwischen Gedanke und Sprache?
- Worin sieht er den »Verfall der Dichterei«?

Sequenz II: Die literarische Epoche Sturm und Drang/ Die Gattung Briefroman

Vorbemerkung zur 3.–6. Stunde

Da eine knappe Einführung in Sturm und Drang sowie Empfindsamkeit bereits im ersten Kapitel vorliegt, erübrigt sich an dieser Stelle eine Sachanalyse zu Theorie und Poesie der Epochen. Ziel der drei Doppelstunden zum Thema »Sturm und Drang« ist es, die Schüler mit den wichtigsten Tendenzen der Epoche, die auch für »Die Leiden des jungen Werther« charakteristisch sind, vertraut zu machen. Das Thema »Empfindsamkeit« wird in der darauffolgenden Doppelstunde nachgeholt, in der es vor allem um die Bedeutung des Briefromans geht.

Das gewählte Verfahren einer Bearbeitung kürzerer poetischer und theoretischer Texte im Unterricht scheint auf den ersten Blick eklektisch und verwirrend, folgt aber der inneren Logik des Gegenstandes: Eine in sich geschlossene Theorie des Sturm und Drang liegt bekanntlich nicht vor, da sich die Vertreter dieser Richtung gerade von der systematischen Poetik der Aufklärung absetzen wollten. Bewusst provokativ nennt Herder seine programmatische Schrift von 1767 »Fragmente über die neuere deutsche Literatur«, um den unabgeschlossenen Charakter seiner Überlegungen zu unterstreichen, und der Untertitel zu der bereits erwähnten Aufsatzsammlung »Von deutscher Art und Kunst«, »Einige fliegende Blätter«, ist durchaus als Polemik gegen die Bücher-Gelehrsamkeit aufklärerischer Poetiken zu verstehen. So scheint es erlaubt, die einzelnen Merkmale der Literatur der Epoche an kürzeren Texten exemplarisch aufzuzeigen.

Den Schwerpunkt der Einführung in die Epoche bildet die Lyrik; Dramen werden aus nahe liegenden Gründen nur auszugsweise vorgestellt. Die Epik ist im Hauptteil der Unterrichtseinheit durch »Die Leiden des jungen Werther« vertreten. Selbstverständlich weisen die drei Doppelstunden zur Epoche eine enge Verbindung zur Behandlung des Romans auf: Auf die meisten Themen (z. B. Regelkritik, Naturenthusiasmus, Genieverständnis, Gesellschaftskritik, Volkstümlichkeit) werden die Schüler auch im »Werther« stoßen, wodurch das Ziel einer gegenseitigen Erhellung von Epoche und Werk befördert wird.

3./4. Stunde: Sturm und Drang – Lyrik

Unterrichtsverlauf

Phase 1:
Herders Auffassung von Dichtung und Wirklichkeit

Ein oder zwei Schüler tragen die schriftliche Hausaufgabe vor und leiten damit die erste Doppelstunde zu theoretischen und poetischen Zeugnissen der Epoche ein. Dabei dienen die beiden Aufgaben der texterschließenden Reproduktion der Auszüge aus Herders »Fragmenten über die neuere deutsche Literatur« (vgl. S. 21).

Phase 2:
Der Genie-Begriff im Sturm und Drang (nach Lavater)

Im Anschluss an diese erste theoretische Annäherung an den Sturm und Drang wird nun der für die Bewegung wichtige Schlüsselbegriff »Genie« näher betrachtet. Der Text von Lavater (vgl. S. 24) eignet sich hierzu besonders gut, da in ihm die von Herder geforderte Einheit von Inhalt/Empfindung und sprachlichem Ausdruck direkt umzusetzen versucht wird. Dieser Zusammenhang soll im Anschluss an die Untersuchung wichtiger Textaussagen zum »Genie«-Begriff in Stillarbeit herausgearbeitet werden.

Phase 3:
Goethes »Prometheus«: Selbstbewusstsein und Autoritätskritik

Diese Phase dient der Fortführung der »Genie«-Thematik. Mit seiner 1774 entstandenen Hymne »Prometheus« (vgl. S. 25) hat Goethe den Versuch unternommen, den adäquaten inhaltlichen und formalen Ausdruck für das Selbstverständnis des Genies zu schaffen. Nach einer kurzen Informationssicherung zum Mythos des Prometheus (Hausaufgabe) wird die Hymne von Schülern ein- oder zweimal vorgetragen, wobei das dem Text eigene Pathos durchaus zum Tragen kommen soll. Die Reaktion der Schüler auf solch ungewohnte Töne kann den Einstieg in die Texterarbeitung erleichtern. Denkbar ist auch, dass die Besprechung mit einem inhaltlichen Vergleich zwischen dem Mythos und den Aussagen in der Hymne beginnt. Neben einer eher engen Führung des Unterrichtsgespräches durch gezielte Fragen zur Erschließung von Inhalt, Form und Gehalt/Aussage wird als Alternative eine Stillarbeitsphase vorgeschlagen, die primär auf einen Vergleich zwischen dem Lavater-Text und »Prometheus« ausgerichtet ist. Dieses Verfahren eignet sich für leistungsstärkere Kurse, in denen die Schüler selbstständiges Arbeiten vorziehen.

Phase 4:
Bürgers »Der Bauer«: Selbstbewusstsein und Sozialkritik

Bürgers Gedicht »Der Bauer« (vgl. S. 26) bietet sich für die anschließende Betrachtung an, weil hier deutliche Anknüpfungspunkte, aber auch Unterschiede zur Hymne »Prometheus« sichtbar werden. Das schon in der Hymne ausgedrückte ungezügelte Selbstbewusstsein des lyrischen Ichs sowie sein vehementes Aufbegehren gegen radikal in Zweifel gezogene Autoritäten (die Götter) findet sich auch in Bürgers

»Der Bauer«, und zwar als Kritik am Fürsten. Auch die Wahl der eingesetzten formalen Mittel weist Gemeinsamkeiten auf. Während Goethe sich jedoch an einen gebildeten Leserkreis wendet und sein Thema mythologisch einkleidet, bleibt Bürger sprachlich und inhaltlich im Bereich des Alltäglichen, indem er die Nöte und Bedrängnisse des hörigen Bauern aus dessen Sicht beklagt und deren Urheber scharf verurteilt. Die Schüler erkennen an dem Vergleich beider Texte, dass im Sturm und Drang dieselbe oder doch ähnliche Thematik auf unterschiedlichen Stilebenen behandelt wurde (elitär/avantgardistisch bzw. einfach/volkstümlich). Noch auf den heutigen Leser wirkt Goethes Hymne eher abgehoben, Bürgers Gedicht dagegen leicht verständlich und unmittelbar eingängig.

Hausaufgabe:
Da die Lektüre der Textauszüge zu den Dramen von Schiller und Lenz (erster Teil der Hausaufgabe) einige Zeit beanspruchen wird, reicht es, wenn der zweite Teil der Hausaufgabe, die Bearbeitung von Herders Vorstellung vom Volkslied und Goethes »Maifest«, stichwortartig vorgelegt wird (vgl. S. 26f. und 30f.).

Stundenziele zur 3./4. Stunde

Die Schüler sollen:

- am Beispiel des Herder'schen Einflusses auf den jungen Goethe den Zusammenhang zwischen theoretischen Grundlagen und poetischer Realisierung im Sturm und Drang aufzeigen;
- die für den Sturm und Drang zentrale Kategorie des »Genies« kennen lernen und zuordnen können;
- Goethes Hymne »Prometheus« analysieren und als idealtypische Verkörperung des Geniegedankens ausweisen können;
- am Beispiel eines Gedichts von Gottfried August Bürger den sozialkritischen Charakter von Werken des Sturm und Drang kennen lernen.

Johann Kaspar Lavater (1741 – 1801): Genie

Was ist Genie? Wer's nicht ist, kann nicht, und wer's ist, wird nicht antworten. Vielleicht kann's und darf's einigermaßen, wer dann und wann gleichsam in der Mitte schwebt, und dem's wenigstens bisweilen gegeben ist, in die Höhe über sich und in die Tiefe unter sich hinzublicken. [...]
Genie ist Genius.
Wer bemerkt, wahrnimmt, schaut, empfindet, denkt, spricht, handelt, bildet, dichtet, singt, schafft, vergleicht, sondert, vereinigt, folgert, ahndet, gibt, nimmt, als wenn's ihm ein Genius, ein unsichtbares Wesen höherer Art diktiert oder angegeben hätte, der hat Genie, als wenn er selbst ein Wesen höherer Art wäre, ist Genie. [...]
Wo Wirkung, Kraft, Tat, Gedanke, Empfindung ist, die von Menschen nicht gelernt und nicht gelehrt werden kann, da ist Genie! Genie, das allererkennbarste und unbeschreiblichste Ding, fühlbar, wo es ist, und unaussprechlich wie die Liebe! [...]
Genie – propior Deus [eine eigene Art von Gott] ...
Oder nenn es, beschreib es, wie du willst! Nenn's Fruchtbarkeit des Geistes, Unerschöpflichkeit, Quellgeist! Nenn's Kraft ohne ihresgleichen, Urkraft, kraftvolle Liebe! Nenn's Elastizität der Seele oder der Sinne und des Nervensystems, die leicht Eindrücke annimmt und mit einem schnell integrierten [bewirkten] Zusatze lebendiger Individualität zurückschnellt! Nenn's unentlehnte, natürliche, innerliche Energie der Seele! Nenn's Schöpfungskraft; nenn's Menge in- und extensiver Seelenkräfte, Sammlung, Konzentrierung aller Naturkräfte; nenn's lebendige Darstellungskunst; nenn's Herrschaft über die Gemüter; nenn's Wirksamkeit, die immer trifft, nie fehlt in all ihrem Wirken, Leiden, Lassen, Schweigen, Sprechen; nenn's Innigkeit, Herzlichkeit, mit Kraft, sie fühlbar zu machen! Nenn's Zentralgeist, Zentralfeuer, dem nichts widersteht; nenn's lebendigen und lebendig machenden Geist, der sein Leben füllt und leicht und vollkräftig mitteilt; sich in alles hineinwirft mit Lebensfülle, mit Blitzeskraft! Nenn's Übermacht über alles, wo es hintritt, nenn's Ahndung des Unsichtbaren im Sichtbaren, des Zukünftigen im Gegenwärtigen! [...]
Genie blitzt; Genie schafft; veranstaltet nicht; schafft! So wie es selbst nicht veranstaltet werden kann, sondern ist! Genie vereinigt, was niemand vereinigt, trennt, was niemand trennen kann; [...] Unnachahmlich und über allen Schein von Nachahmlichkeit erhaben ist das Werk des reinen Genius. Unsterblich ist alles Werk des Genies, wie der Funke Gottes, aus dem es fließt. [...]
Von was Art aber immer ein Genie sein möge, aller Genien Wesen und Natur ist Übernatur, Überkunst, Übergelehrsamkeit, Übertalent, Selbstleben! Sein Weg ist immer Weg des Blitzes oder des Sturmwindes oder des Adlers. Man staunt seinem wehenden Schweben nach, hört sein Brausen, sieht seine Herrlichkeit, aber wohin und woher, weiß man nicht, und seine Fußstapfen findet man nicht.
(1778)

Lavater, Johann Kaspar: Physiognomische Fragmente zur Beförderung der Menschenkenntnis und Menschenliebe. – Leipzig, 1775–1778. – Zitiert nach: Die deutsche Literatur. Texte und Zeugnisse/hrsg. von Hans Egon Hass.– Bd. 5/1: Sturm und Drang. Klassik und Romantik. – München: Beck, 1966. – S. 20ff.

Arbeitsaufträge:

* Arbeiten Sie die Merkmale des »Genies« heraus.
* Zeigen Sie den Bezug zwischen Inhalt und sprachlichem Ausdruck auf.

Bedecke deinen Himmel, Zeus,
Mit Wolkendunst!
Und übe, Knaben gleich,
Der Disteln köpft,
An Eichen dich und Bergeshöhn!
Musst mir meine Erde
Doch lassen stehn,
Und meine Hütte,
Die du nicht gebaut,
Und meinen Herd,
Um dessen Glut
Du mich beneidest.

Ich kenne nichts Ärmer's
Unter der Sonn' als euch Götter.
Ihr nähret kümmerlich
Von Opfersteuern
Und Gebetshauch
Eure Majestät
Und darbtet, wären
Nicht Kinder und Bettler
Hoffnungsvolle Toren.

Da ich ein Kind war,
Nicht wusst', wo aus, wo ein,
Kehrte mein verirrtes Aug'
Zur Sonne, als wenn drüber wär'
Ein Ohr, zu hören meine Klage,
Ein Herz wie meins,
Sich des Bedrängten zu erbarmen.

Wer half mir wider
Der Titanen Übermut?

Wer rettete vom Tode mich,
Von Sklaverei?
Hast du's nicht alles selbst vollendet,
Heilig glühend Herz?
Und glühtest, jung und gut,
Betrogen, Rettungsdank
Dem Schlafenden dadroben?

Ich dich ehren? Wofür?
Hast du die Schmerzen gelindert
Je des Beladenen?
Hast du die Tränen gestillet
Je des Geängstigten?
Hat nicht mich zum Manne geschmiedet
Die allmächtige Zeit
Und das ewige Schicksal,
Meine Herrn und deine?

Wähntest du etwa,
Ich sollte das Leben hassen,
In Wüsten fliehn,
Weil nicht alle Knabenmorgen-
Blütenträume reiften?

Hier sitz' ich, forme Menschen
Nach meinem Bilde,
Ein Geschlecht, das mir gleich sei,
Zu leiden, weinen,
Genießen und zu freuen sich,
Und dein nicht zu achten,
Wie ich.
(1774)

Goethe, Johann Wolfgang: Prometheus. – In: ders.: Goethes Werke. Hamburger Ausgabe in 14 Bänden/ hrsg. von E. Trunz. – Bd. 1. – München: Beck, 12. neubearb. Aufl., 1981. – S. 44 ff.

Arbeitsauftrag:

- Zeigen Sie auf, inwiefern die Hymne »Prometheus« in inhaltlicher wie in formaler Hinsicht dem Geniegedanken (nach Lavater) entspricht.

Gottfried August Bürger (1747–1797):
Der Bauer

An seinen durchlauchtigen Tyrannen

Wer bist du, Fürst, dass ohne Scheu
Zerrollen mich dein Wagenrad,
Zerschlagen darf dein Ross?

Wer bist du, Fürst, dass in mein Fleisch
Dein Freund, dein Jagdhund, ungebleut
Darf Klau' und Rachen haun?

Wer bist du, dass, durch Saat und Forst
Das Hurra deiner Jagd mich treibt,
Entatmet, wie das Wild? –

Die Saat, so deine Jagd zertritt,
Was Ross und Hund und du verschlingst,
Das Brot, du Fürst, ist mein.

Du Fürst hast nicht, bei Egg' und Pflug,
Hast nicht den Erntetag durchschwitzt,
Mein, mein ist Fleiß und Brot! –

Ha! du wärst Obrigkeit von Gott?
Gott spendet Segen aus; du raubst!
Du nicht von Gott, Tyrann!
(1775)

Bürger, Gottfried August: Der Bauer. An seinen durchlauchtigen Tyrannen. – In: Die deutsche Literatur/ hrsg. von U. Karthaus. – Bd. 6: Sturm und Drang und Empfindsamkeit. – Stuttgart: Reclam, 1976. – S. 150. (Reclams Universal-Bibliothek 9621).

1. Arbeitsblatt zur 5./6. Stunde → *CD-ROM / Datei: AB_05_06_1.doc*

Johann Wolfgang Goethe:
Maifest

Wie herrlich leuchtet
Mir die Natur!
Wie glänzt die Sonne!
Wie lacht die Flur!

Wie dringen Blüten
Aus jedem Zweig
Und tausend Stimmen
Aus dem Gesträuch

Und Freud und Wonne
Aus jeder Brust.
O Erd', o Sonne,
O Glück, o Lust,

Du segnest herrlich
Das frische Feld –
Im Blütendampfe
Die volle Welt!

O Mädchen, Mädchen,
Wie lieb' ich dich!
Wie blinkt dein Auge,
Wie liebst du mich!

So liebt die Lerche
Gesang und Luft,
Und Morgenblumen
Den Himmelsduft,

O Lieb', o Liebe,
So golden schön
Wie Morgenwolken
Auf jenen Höhn,

Wie ich dich liebe
Mit warmen Blut,
Die du mir Jugend
Und Freud' und Mut

Zu neuen Liedern
Und Tänzen gibst.
Sei ewig glücklich,
Wie du mich liebst.
(1771)

Goethe, Johann Wolfgang: Maifest. – In: ders.: Goethes Werke. – a .a. O. – S. 30f.

Johann Gottfried Herder (1744–1803): [Die Suche nach dem Ursprünglichen und Lebendigen]

[…] Wissen Sie also, dass, je wilder, d. i. je lebendiger, je frei würkender ein Volk ist (denn mehr heißt dies Wort doch nicht!), desto wilder, d. i. desto lebendiger, freier, sinnlicher, lyrisch handelnder müssen auch, wenn es Lieder hat, seine Lieder sein! Je entfernter von künstlicher, wissenschaftlicher Denkart, Sprache und Letternart das Volk ist: desto weniger müssen auch seine Lieder fürs Papier gemacht und tote Lettern Verse sein: vom Lyrischen, vom Lebendigen und gleichsam Tanzmäßigen des Gesanges, von lebendiger Gegenwart der Bilder, vom Zusammenhange und gleichsam Notdrange des Inhalts, der Empfindungen, von Symmetrie der Worte, der Silben, bei manchen sogar der Buchstaben, vom Gange der Melodie und von hundert andern Sachen, die zur lebendigen Welt, zum Spruch- und Nationalliede gehören und mit diesem verschwinden – davon und davon allein hängt das Wesen, der Zweck, die ganze wundertätige Kraft ab, die diese Lieder haben, die Entzückung, die Triebfeder, der ewige Erb- und Lustgesang des Volks zu sein! [...]
(1773)

Herder, Johann Gottfried: Auszug aus einem Briefwechsel über Ossian und die Lieder alter Völker. – Zitiert nach: Herder, J. G.: Schriften/hrsg. von Karl Otto Conrady. – Reinbek bei Hamburg: Rowohlt, 1978. – S. 11.

Arbeitsauftrag:

*   Analysieren Sie Goethes »Maifest« und versuchen Sie, Bezüge zu Herders Vorstellung vom Volkslied aufzuzeigen.

5./6. Stunde: Sturm und Drang – Drama

Vorbemerkung

Da das Drama die wohl wichtigste Gattung des Sturm und Drang darstellt, kann eine Epochenbehandlung im Unterricht nicht an ihm vorbeigehen. Allerdings sind im Rahmen der vorliegenden Unterrichtseinheit Abstriche unabdingbar, damit der zeitliche Rahmen nicht gesprengt wird. Die hier vorgeschlagene Bearbeitung von kürzeren Auszügen aus zwei charakteristischen Dramen des Sturm und Drang muss deshalb mit dem Vorwurf der Oberflächlichkeit rechnen. In der Tat kann kaum mehr als ein erster Eindruck von Besonderheiten der dramatischen Produktion der Epoche vermittelt werden, auch dann nicht, wenn eine zusätzliche Einzelstunde, z. B. zur Erstellung der Synopse (Phase 4), eingeplant wird. Die Ausweitung der Thematik »Drama des Sturm und Drang« könnte allerdings im Anschluss an die »Werther«-Bearbeitung erfolgen, z. B. unter dem Aspekt der produktiven Weiterentwicklung von Stoffen und Motiven einzelner Dramen im 20. Jahrhundert (Lenz/ Brecht »Der Hofmeister«; Lenz/Kipphardt »Die Soldaten« u. a.).

Unterrichtsverlauf

Phase 1:
Herders Verständnis vom Volkslied und Goethes »Maifest«

Die Auswertung der Hausaufgabe soll zeigen, dass die Schüler den Zusammenhang zwischen einem dichtungstheoretischen Text und der produktiven Umsetzung erkannt haben und benennen können. Der Umstand, dass Goethes Gedicht »Maifest« schon 1771, also vor Herders Niederschrift, entstanden ist, ist unerheblich, da Goethe Herders Auffassungen seit Beginn ihrer Bekanntschaft 1770 in Straßburg vertraut waren. Um den Zauber, die »wundertätige Kraft« des Liedes »Maifest« zu spüren, bedarf es neben analytischen Fähigkeiten auch eines gewissen Einfühlungsvermögens. Die Einheit von volkstümlicher Schlichtheit und künstlerischer Durchgestaltung im Gedicht, das häufig (bedingt zutreffend) der »Erlebnis-Lyrik« zugerechnet wird, ist herauszustellen.

Phase 2:
Shakespeares Theater in Goethes Sicht

Goethes Aufsatz zum Shakespeare-Tag 1771 (vgl. S. 30) kann in vielem als theoretische Grundlegung der Dramatik des Sturm und Drang gelten. In ihm sind Gedanken enthalten, die Herder in seiner Ab-

handlung »Shakespeare« 1773 in dem Band »Von deutscher Art und Kunst« ausführlicher entwickelte. Goethes Shakespeare-Verehrung ist vor allem eine radikale Absage an das französische Theater und – in dessen Nachfolge – an die Poetik der deutschen Aufklärung (Gottsched u. a.). Noch ohne die geschichtsphilosophische Begründung, die Herder dann vortrug, verurteilt der junge Goethe die seiner Meinung nach inadäquate Nachahmung des griechischen Theaters in Frankreich. Die Regeln, insbesondere die aristotelische Lehre von den drei Einheiten, die Shakespeare nicht beachtete, verwirft der 22-Jährige als »Fesseln der Einbildungskraft«. Außerdem favorisiert er die Bühnenfiguren des Engländers, weil sie für ihn wahre »Natur« verkörpern, d. h. nicht erkünstelt (»Seifenblasen«), sondern aus dem »Raritätenkasten« der »Geschichte der Welt« gegriffen sind. Bereits der pathetische Ton, mit dem der Textauszug einsetzt, kann als programmatisch für die neue Generation und ihre Auffassung vom Theater angesehen werden: Die Begeisterung für Shakespeare spiegelt sich – über alle sonstigen Unterschiede hinweg – in den deutschen Dramen des Sturm und Drang.
Da auf den Aufsatz häufig zurückgegriffen wird, ist unbedingt eine gründliche Erarbeitung des Textauszuges zu gewährleisten; dazu wird ein abschnittweises Vorgehen empfohlen. Der Lehrer gibt mit erläuternden Kommentaren und Paraphrasen Verständnishilfen, z. B. zur Bedeutung der drei Einheiten.

Phase 3:
Analyse von Textauszügen aus Dramen des Sturm und Drang

Die in Auszügen vorgelegten zwei Dramen »Die Räuber« (vgl. S. 31 ff.) und »Die Soldaten« (vgl. S. 35 ff.) sind jeweils Jugendwerke ihrer Verfasser: Lenz war 23 und Schiller ganze 22 Jahre alt, als die Texte verfasst wurden bzw. erschienen. Der Lehrer sollte darauf hinweisen, dass dieser Umstand –

das jugendliche Alter der Autoren – typisch für viele Werke des Sturm und Drang ist (Goethe war gerade 25, als er den »Werther« vorlegte).

Der Auswahl der Werke lagen folgende Überlegungen zugrunde »Die Räuber«, die acht Jahre nach Goethes Drama »Götz von Berlichingen« erschienen (1781), weisen mit der Figur des Karl einen »Kraftkerl« auf, der sich – allerdings aus privaten Gründen – der weltlichen Ordnung widersetzt. Er wird zum Anarchisten, um seinem beleidigten Gefühl Genugtuung und seinem heroischen Tatendrang ein zerstörerisches Ziel zu geben. Karl Moor scheitert an seiner Rigorosität sowie an den festgefügten gesetzlichen Verhältnissen. – Von den »Räubern« deutlich unterschieden sind »Die Soldaten« von Jakob Michael Reinhold Lenz, dessen Bedeutung für die Epoche des Sturm und Drang lange unterschätzt wurde. An die Stelle des »Kraftkerls« werden hier eher durchschnittliche Menschen vorgestellt, die aufgrund ihrer Situation sozial unzufrieden bzw. sexuell unbefriedigt sind, deshalb schuldig werden und scheitern. Die Handlung der »Soldaten« ist, wie aus den kürzeren Auszügen bereits ersichtlich wird, etwas unübersichtlich, wozu vor allem die Kurzszenentechnik (vgl. vierter Akt) beiträgt.

Die Auszüge aus den zwei Dramen werden arbeitsteilig von Gruppen gemäß den Aufgaben und Fragestellungen bearbeitet und anschließend im Rahmen des Kurses vorgestellt. Einen zumindest flüchtigen Eindruck von beiden Dramen haben die Schüler durch ihre häusliche Lektüre gewonnen, sodass auf den Inhalt der einzelnen Handlungen nicht mehr intensiv eingegangen werden muss.

Phase 4:
Gemeinsamkeiten und Unterschiede in Dramen des Sturm und Drang

Abschließend wird im Unterrichtsgespräch der Versuch unternommen, einige Gemeinsamkeiten, aber auch Unterschiede zwischen den beiden Dramen aus der Zeit des Sturm und Drang herauszuarbeiten und in einer Synopse (Tafel/Folie) festzuhalten. Dabei werden in inhaltlicher Hinsicht die zeitkritischen Momente anzusprechen sein, während im Hinblick auf die Form als gemeinsames Merkmal die Orientierung auf Shakespeare zu thematisieren ist. – Sofern die Doppelstunde für die Bewältigung des Programms nicht ausreicht, kann die Synopse auch als Hausaufgabe angefertigt und in einer Zusatzstunde besprochen werden.

Hausaufgabe:
Die Lektüre der Auszüge aus den Briefromanen von Richardson und Rousseau soll dazu dienen, den zeitlichen Aufwand für die Phase 5 der folgenden Doppelstunde »Briefroman und Empfindsamkeit« zu begrenzen.

Stundenziele zur 5./6. Stunde

Die Schüler sollen:

- Herders Verständnis vom Volkslied an einem Gedicht Goethes aufzeigen können;
- die Gründe für die zeittypische Shakespeare-Verehrung aus einem Aufsatz Goethes herausarbeiten;
- Ausschnitte aus wichtigen Dramen des Sturm und Drang kennenlernen und analysieren;
- die Auszüge unter inhaltlichen und formalen Aspekten miteinander vergleichen;
- für die Epoche eigentümliche Merkmale in den Dramen-Auszügen benennen können.

Johann Wolfgang Goethe: [Shakespeares Theater]

[...] Erwarten Sie nicht, dass ich viel und ordentlich schreibe, Ruhe der Seele ist kein Festtagskleid; und noch zurzeit habe ich wenig über Shakespearen gedacht; geahndet, empfunden, wenn's hoch kam, ist das Höchste, wohin ich's habe bringen können. Die erste Seite, die ich in ihm las, machte mich auf zeitlebens ihm eigen, und wie ich mit dem ersten Stücke fertig war, stund ich wie ein Blindgeborner, dem eine Wunderhand das Gesicht in einem Augenblicke schenkt. Ich erkannte, ich fühlte aufs lebhafteste meine Existenz um eine Unendlichkeit erweitert, alles war mir neu, unbekannt, und das ungewohnte Licht machte mir Augenschmerzen. Nach und nach lernt' ich sehen, und, Dank sei meinem erkenntlichen Genius, ich fühle noch immer lebhaft, was ich gewonnen habe.

Ich zweifelte keinen Augenblick, dem regelmäßigen Theater zu entsagen. Es schien mir die Einheit des Orts so kerkermäßig ängstlich, die Einheiten der Handlung und der Zeit lästige Fesseln unsrer Einbildungskraft. Ich sprang in die freie Luft und fühlte erst, dass ich Hände und Füße hatte. Und jetzo, da ich sahe, wie viel Unrecht mir die Herrn der Regeln in ihrem Loch angetan haben, wie viel freie Seelen noch drinne sich krümmen, so wäre mir mein Herz geborsten, wenn ich ihnen nicht Fehde angekündigt hätte und nicht täglich suchte, ihre Türne [Türme] zusammenzuschlagen. [...]

Shakespeares Theater ist ein schöner Raritätenkasten, in dem die Geschichte der Welt vor unsern Augen an dem unsichtbaren Faden der Zeit vorbeiwallt. Seine Plane sind, nach dem gemeinen Stil zu reden, keine Plane, aber seine Stücke drehen sich alle um den geheimen Punkt (den noch kein Philosoph gesehen und bestimmt hat), in dem das Eigentümliche unsres Ichs, die prätendierte Freiheit unsres Wollens, mit dem notwendigen Gang des Ganzen zusammenstößt. Unser verdorbner Geschmack aber umnebelt dergestalt unsere Augen, dass wir fast eine neue Schöpfung nötig haben, uns aus dieser Finsternis zu entwickeln. [...]

Die meisten von diesen Herren stoßen auch besonders an seinen Charakteren an.

Und ich rufe: Natur! Natur! nichts so Natur als Shakespeares Menschen.

Da hab' ich sie alle überm Hals.

Lasst mir Luft, dass ich reden kann!

Er wetteiferte mit dem Prometheus, bildete ihm Zug vor Zug seine Menschen nach, nur in *kolossalischer Größe*; [...] und dann belebte er sie alle mit dem Hauch *seines* Geistes, er redet aus allen, und man erkennt ihre Verwandtschaft.

Und was will sich unser Jahrhundert unterstehen, von Natur zu urteilen? Wo sollten wir sie her kennen, die wir von Jugend auf alles geschnürt und geziert an uns fühlen und an andern sehen. [...]

(1771)

Goethe, Johann Wolfgang: Zum Shakespeare-Tag. – In: ders.: Goethes Werke. Hamburger Ausgabe in 14 Bänden/hrsg. von E. Trunz. – Bd. 12. – München: Beck, 9. neubearb. Aufl., 1981. – S. 224–227.

Arbeitsauftrag:

* Fassen Sie die wesentlichen Gründe für Goethes Shakespeare-Verehrung zusammen.

1. Textauszug

(Der Student Karl Moor wartet in einer Schenke in Leipzig auf einen Brief seines Vaters, von dem er Verzeihung für sein ausschweifendes Leben und seine Schulden erhofft.)

Erster Akt, zweite Szene

(Schenke an den Grenzen von Sachsen. Karl von Moor in ein Buch vertieft. Spiegelberg trinkend am Tisch.)

KARL VON MOOR *(legt das Buch weg)*: Mir ekelt vor diesem tintenklecksenden Säkulum, wenn ich in meinem Plutarch[1] lese von großen Menschen.

SPIEGELBERG *(stellt ihm ein Glas hin und trinkt)*: Den Josephus[2] musst du lesen.

MOOR: Der lohe Lichtfunke Prometheus' ist ausgebrannt, dafür nimmt man itzt die Flamme von Bärlappenmehl[3] – Theaterfeuer, das keine Pfeife Tabak anzündet. Da krabbeln sie nun wie die Ratten auf der Keule des Herkules, und studieren sich das Mark aus dem Schädel, was das für ein Ding sei, das er in seinen Hoden geführt hat? Ein französischer Abbé doziert, Alexander sei ein Hasenfuß gewesen, ein schwindsüchtiger Professor hält sich bei jedem Wort ein Fläschchen Salmiakgeist vor die Nase und liest ein Kollegium über die Kraft. Kerls, die in Ohnmacht fallen, wenn sie einen Buben gemacht haben, kritteln über die Taktik des Hannibals – feuchtohrige Buben fischen Phrasen aus der Schlacht bei Cannä, und greinen über die Siege des Scipio, weil sie sie exponieren[4] müssen.

SPIEGELBERG: Das ist ja recht alexandrinisch[5] geflennt.

MOOR: Schöner Preis für euren Schweiß in der Feldschlacht, dass ihr jetzt in Gymnasien lebt und eure Unsterblichkeit in einem Bücherriemen mühsam fortgeschleppt wird. Kostbarer Ersatz eures verprassten Blutes, von einem Nürnberger Krämer um Lebkuchen gewickelt – oder, wenns glücklich geht, von einem französischen Tragödienschreiber auf Stelzen geschraubt, und mit Drahtfäden gezogen zu werden! Hahaha!

SPIEGELBERG *(trinkt)*: Lies den Josephus, ich bitte dich drum.

MOOR: Pfui! Pfui über das schlappe Kastratenjahrhundert, zu nichts nütze, als die Taten der Vorzeit wiederzukäuen und die Helden des Altertums mit Kommentationen zu schinden und zu verhunzen mit Trauerspielen. Die Kraft seiner Lenden ist versiegen gegangen, und nun muss Bierhefe den Menschen fortpflanzen helfen.

SPIEGELBERG: Tee, Bruder, Tee!

MOOR: Da verrammeln sie sich die gesunde Natur mit abgeschmackten Konventionen, haben das Herz nicht, ein Glas zu leeren, weil sie Gesundheit dazu trinken müssen – belecken den Schuhputzer, dass er sie vertrete bei Ihro Gnaden, und hudeln den armen Schelm, den sie nicht fürchten. – [...] Fallen in Ohnmacht, wenn sie eine Gans bluten sehen, und klatschen in die Hände, wenn ihr Nebenbuhler bankerott von der Börse

---

1. ca. 46–120 n. Chr., beschrieb Leben, Charakter und Taten großer Männer des Altertums
2. jüdischer Geschichtsschreiber, geb. 37 n. Chr
3. wurde zur Erzeugung von Bühnenblitzen verwendet
4. grammatisch erklären und übersetzen
5. bezieht sich auf den »Alexandriner« genannten Normalvers der franz. Klassik und des deutschen Klassizismus

geht. – So warm ich ihnen die Hand drückte: – »nur noch einen Tag« – Umsonst! – Ins Loch mit dem Hund! – Bitten! Schwüre! Tränen! *(Auf den Boden stampfend)* Hölle und Teufel!

SPIEGELBERG: Und um so ein paar tausend lausige Dukaten –

MOOR: Nein, ich mag nicht daran denken. Ich soll meinen Leib pressen in eine Schnürbrust und meinen Willen schnüren in Gesetze. Das Gesetz hat zum Schneckengang verdorben, was Adlerflug geworden wäre. Das Gesetz hat noch keinen großen Mann gebildet, aber die Freiheit brütet Kolosse und Extremitäten aus. Sie verpalisadieren sich ins Bauchfell eines Tyrannen, hofieren der Laune seines Magens und lassen sich klemmen von seinen Winden. – Ah! dass der Geist Hermanns noch in der Asche glimmte! – Stelle mich vor ein Heer Kerls wie ich, und aus Deutschland soll eine Republik werden, gegen die Rom und Sparta Nonnenklöster sein sollen. *(Er wirft den Degen auf den Tisch und steht auf.)*
[...]

Arbeitsaufträge zum 1. Textauszug:
● Charakterisieren Sie Karl Moor.
● Wogegen richtet sich seine Kritik?

2. Textauszug

(Karl erhält den Brief, den sein gebrechlicher Vater durch Karls intriganten Bruder Franz hat schreiben lassen. Franz hat die versöhnliche Antwort des alten Moor ins Gegenteil verkehrt: Karl wird die erbetene Verzeihung versagt.)

noch: Erster Akt, zweite Szene

MOOR: Es ist unglaublich, es ist ein Traum, eine Täuschung – So eine rührende Bitte, so eine lebendige Schilderung des Elends und der zerfließenden Reue – die wilde Bestie wär in Mitleid zerschmolzen! Steine hätten Tränen vergossen, und doch – man würde es für ein boshaftes Pasquill aufs Menschengeschlecht halten, wenn ichs aussagen wollte – und doch, doch – oh, dass ich durch die ganze Natur das Horn des Aufruhrs blasen könnte, Luft, Erde und Meer wider das Hyänengezücht ins Treffen zu führen!

GRIMM: Höre doch, höre! vor Rasen hörst du ja nicht.

MOOR: Weg, weg von mir! Ist dein Name nicht Mensch? Hat dich das Weib nicht geboren? – Aus meinen Augen, du mit dem Menschengesicht! – Ich hab ihn so unaussprechlich geliebt! so liebte kein Sohn, ich hätte tausend Leben für ihn – *(Schäumend auf die Erde stampfend)* Ha! wer mir itzt ein Schwert in die Hand gäb, dieser Otterbrut eine brennende Wunde zu versetzen! wer mir sagte, wo ich das Herz ihres Lebens erzielen, zermalmen, zernichten – *er* sei mein Freund, mein Engel, mein Gott – ich will ihn anbeten!

ROLLER: Eben diese Freunde wollen ja wir sein, lass dich doch weisen!

SCHWARZ: Komm mit uns in die böhmischen Wälder! Wir wollen eine Räuberbande sammeln, und du – *(Moor stiert ihn an)*

SCHWEIZER: Du sollst unser Hauptmann sein! du musst unser Hauptmann sein!

SPIEGELBERG *(wirft sich wild in einen Sessel)*: Sklaven und Memmen!

MOOR: Wer blies dir das Wort ein? Höre, Kerl! *(Indem er Schwarzen hart ergreift)* Das hast du nicht aus deiner Menschenseele hervorgeholt! Wer blies dir das Wort ein? Ja, bei dem tausendarmigen Tod! das wollen wir, das müssen wir! Der Gedanke verdient

Vergötterung – *Räuber und Mörder!* – So wahr meine Seele lebt, ich bin euer Hauptmann!

ALLE *(mit lärmendem Geschrei)*: Es lebe der Hauptmann!

SPIEGELBERG *(aufspringend, vor sich)*: Bis ich ihm hinhelfe!

MOOR: Siehe, da fällts wie der Star von meinen Augen! was für ein Tor ich war, dass ich ins Käficht zurückwollte! – Mein Geist dürstet nach Taten, mein Atem nach Freiheit, – *Mörder, Räuber!* – mit diesem Wort war das Gesetz unter meine Füße gerollt – Menschen haben Menschheit vor mir verborgen, da ich an Menschheit appellierte, weg dann von mir Sympathie und menschliche Schonung! – Ich habe keinen Vater mehr, ich habe keine Liebe mehr, und Blut und Tod soll mich vergessen lehren, dass mir jeweils etwas teuer war! Kommt, kommt! – Oh ich will mir eine fürchterliche Zerstreuung machen – es bleibt dabei, ich bin euer Hauptmann! Und Glück zu dem Meister unter euch, der am wildesten sengt, am grässlichsten mordet, denn ich sage euch, er soll königlich belohnet werden – tretet her um mich ein jeder und schwöret mit Treu und Gehorsam zu bis in den Tod! – schwört mir das bei dieser männlichen Rechte!

ALLE *(geben ihm die Hand)*: Wir schwören dir Treu und Gehorsam bis in den Tod!

MOOR: Nun, und bei dieser männlichen Rechte! schwör ich euch hier, treu und standhaft euer Hauptmann zu bleiben bis in den Tod! Den soll dieser Arm gleich zur Leiche machen, der jemals zagt oder zweifelt oder zurücktritt! Ein Gleiches widerfahre mir von jedem unter euch, wenn ich meinen Schwur verletze! Seid ihrs zufrieden?

(Spiegelberg läuft wütend auf und nieder)

ALLE *(mit aufgeworfenen Hüten)*: Wir sinds zufrieden.

MOOR: Nun dann, so lasst uns gehn! Fürchtet euch nicht vor Tod und Gefahr, denn über uns waltet ein unbeugsames Fatum! Jeden ereilet endlich sein Tag, es sei auf dem weichen Kissen von Flaum, oder im rauen Gewühl des Gefechts, oder auf offenem Galgen und Rad! Eins davon ist unser Schicksal!

(Sie gehen ab)

SPIEGELBERG *(ihnen nachsehend, nach einer Pause)*: Dein Register hat ein Loch. Du hast das Gift weggelassen. *(Ab)*

Arbeitsaufträge zum 1. und 2. Textauszug:

- Wo sehen Sie Bezüge zwischen der zweiten Szene des ersten Aktes und Goethes Shakespeare-Aufsatz?
- Setzen Sie den zweiten Teil der Szene in Beziehung zum ersten Teil.

3. Textauszug

(Karl hat als Anführer seiner skrupellosen Spießgesellen große Schuld auf sich geladen. Als er zum väterlichen Schloss zurückkehrt, erdrosselt sich sein Bruder Franz; der alte Vater stirbt, als er erfährt, dass Karl ein »Räuber und Mörder« ist, und Karl tötet seine Braut Amalia auf ihren eigenen Wunsch hin, da er durch seinen Eid an die Räuber gebunden ist.)

Fünfter Akt, zweite Szene

[...]

RÄUBER MOOR: [...] Moors Geliebte soll nur durch Moor sterben! *(Er ermordet sie)*

DIE RÄUBER: Hauptmann! Hauptmann! Was machst du? bis du wahnsinnig worden?

MOOR *(auf den Leichnam mit starrem Blick)*: Sie ist getroffen! Dies Zucken noch, und dann wirds vorbei sein – Nun, seht doch! Habt ihr noch was zu fordern? Ihr opfertet mir ein Leben auf, ein Leben, das schon nicht mehr euer war, ein Leben voll Abscheulichkeit und Schande – ich hab euch einen Engel geschlachtet. Wie, seht doch recht her! Seid ihr nunmehr zufrieden?

GRIMM: Du hast deine Schuld mit Wucher bezahlt. Du hast getan, was kein Mann würde für seine Ehre tun. Komm itzt weiter!

MOOR: Sagst du das? Nicht wahr, das Leben einer Heiligen um das Leben der Schelmen, es ist ungleicher Tausch? – O ich sage euch, wenn jeder unter euch aufs Blutgerüste ging, und sich ein Stück Fleisch nach dem andern mit glühender Zange abzwicken ließ, dass die Marter eilf Sommertäge dauerte, es wiege diese Tränen nicht auf. *(Mit bitterem Gelächter)* Die Narben, die böhmischen Wälder! Ja, ja! dies musste freilich bezahlt werden.

SCHWARZ: Sei ruhig, Hauptmann! Komm mit uns, der Anblick ist nicht für dich. Führe uns weiter.

RÄUBER MOOR: Halt – noch ein Wort, eh wir weitergehn – Merket auf, ihr schadenfrohe Schergen meines barbarischen Winks – Ich höre von diesem Nun an auf, euer Hauptmann zu sein. Mit Scham und Grauen leg ich hier diesen blutigen Stab nieder, worunter zu freveln ihr euch berechtigt wähntet, und mit Werken der Finsternis dies himmlische Licht zu besudeln – Gehet hin zur Rechten und Linken – Wir wollen ewig niemals gemeine Sache machen.

RÄUBER: Ha Mutloser! Wo sind deine hochfliegende Plane? Sinds Seifenblasen gewesen, die beim Hauch eines Weibes zerplatzen?

RÄUBER MOOR: O über mich Narren, der ich wähnete die Welt durch Gräuel zu verschönern, und die Gesetze durch Gesetzlosigkeit aufrecht zu halten. Ich nannte es Rache und Recht – Ich maßte mich an, o Vorsicht, die Scharten deines Schwerts auszuwetzen und deine Parteilichkeiten gutzumachen – aber – O eitle Kinderei – da steh ich am Rand eines entsetzlichen Lebens, und erfahre nun mit Zähnklappern und Heulen, dass *zwei Menschen wie ich den ganzen Bau der sittlichen Welt zugrund richten würden.* Gnade – Gnade dem Knaben, der Dir vorgreifen wollte – Dein eigen allein ist die Rache. Du bedarfst nicht des Menschen Hand. Freilich stehts nun in meiner Macht nicht mehr, die Vergangenheit einzuholen – schon bleibt verdorben, was verdorben ist – was ich gestürzt habe, steht ewig niemals mehr auf – Aber noch blieb mir etwas übrig, womit ich die beleidigte Gesetze versöhnen, und die misshandelte Ordnung wiederum heilen kann. Sie bedarf eines Opfers – eines Opfers, das ihre unverletzbare Majestät vor der ganzen Menschheit entfaltet – dieses Opfer bin ich selbst. Ich selbst muss für sie des Todes sterben.

RÄUBER: Nimmt ihm den Degen weg – Er will sich umbringen.

RÄUBER MOOR: Toren ihr! Zu ewiger Blindheit verdammt! Meinet ihr wohl gar, eine Todsünde werde das Äquivalent gegen Todsünden sein, meinet ihr, die Harmonie der Welt werde durch diesen gottlosen Misslaut gewinnen? *(Wirft ihnen seine Waffe verächtlich vor die Füße)* Er soll mich lebendig haben. Ich geh, mich selbst in die Hände der Justiz zu überliefern.

RÄUBER: Legt ihn an Ketten! Er ist rasend worden.

RÄUBER MOOR: Nicht, als ob ich zweifelte, sie werde mich zeitig genug finden, wenn die obere Mächte es so wollen. Aber sie möchte mich im Schlaf überrumpeln, oder auf der Flucht ereilen, oder mit Zwang und Schwert umarmen, und dann wäre mir auch das einige Verdienst entwischt, dass ich mit Willen für sie gestorben bin. Was soll ich gleich einem Diebe ein Leben länger verheimlichen, das mir schon lang im Rat der himmlischen Wächter genommen ist?

RÄUBER: Lasst ihn hinfahren! Es ist die Großmannsucht. Er will sein Leben an eitle Bewunderung setzen.

RÄUBER MOOR: Man könnte mich darum bewundern. *(Nach einigem Nachsinnen)* Ich erinnere mich, einen armen Schelm gesprochen zu haben, als ich herüberkam, der im Taglohn arbeitet und eilf lebendige Kinder hat – Man hat tausend Louisdore geboten, wer den großen Räuber lebendig liefert – dem Mann kann geholfen werden.

(Er geht ab)

(1781)

Schiller, Friedrich: Die Räuber. – In: ders.: Sämtliche Werke/hrsg. von Gerhard Fricke und Herbert G. Göpfert in Verbindung mit Herbert Stubenrauch. – Bd. 1. – München; Wien: Hanser, 6. Aufl., 1980.

Arbeitsauftrag zum 3.Textauszug:

* Wie ist der Ausgang des Dramas zu deuten?

Jakob Michael Reinhold Lenz (1751–1792): Die Soldaten [Textauszüge]

1. Textauszug

(Der skrupellose Obrist Desportes hat Marie, die Tochter des Galanteriewarenhändlers Wesener aus Lille, die bereits dem Tuchhändler Stolzius versprochen war, verführt. Für ihn ist sie, schon weil er als Soldat nicht heiraten darf, nur ein Abenteuer; durch sein nicht eingelöstes Heiratsversprechen sowie durch einen unbeglichenen Wechsel stürzt er die Familie Wesener ins Unglück. Mary dagegen, ein Offizierskamerad Desportes, liebt Marie aufrichtig, wird von ihr aber nicht wiedergeliebt. Stolzius tritt als Ordonnanz von Mary ins Heer ein.
Die verlassene Marie wird von der gütigen Gräfin de La Roche aufgenommen, entfernt sich aber heimlich aus deren Haus, um ihrem Geliebten nach Armentières nachzureisen.)

Vierter Akt, Vierte Szene

(In Armentières.
Desportes im Prison[1], hastig auf- und abgehend, einen Brief in der Hand.)

DESPORTES: Wenn sie mir hieher kommt, ist mein ganzes Glück verdorben – zu Schand und Spott bei allen Kameraden. *(Setzt sich und schreibt.)* – Mein Vater darf sie auch nicht sehen –

Fünfte Szene

(In Lille.
Weseners Haus.
Der alte Wesener. Ein Bedienter der Gräfin.)

WESENER: Marie fortgelaufen – ! Ich bin des Todes.
(Läuft heraus. Der Bediente folgt ihm.)

---

1. Gefängnis

Sechste Szene
(Marys Wohnung.
Mary. Stolzius, der ganz bleich und verwildert dasteht.)

MARY: So lasst uns ihr nachsetzen zum tausend Element. Ich bin schuld an allem. Gleich lauf hin und bring Pferde her.
STOLZIUS: Wenn man nur wissen könnte, wohin –
MARY: Nach Armentières. Wo kann sie anders hin sein.
(Beide ab.)

Siebente Szene

(Weseners Haus.
Frau Wesener und Charlotte in Kappen[1].
Wesener kommt wieder.)

WESENER: Es ist alles umsonst. Sie ist nirgends ausfindig zu machen. *(Schlägt in die Hände.)* Gott! – wer weiß, wo sie sich ertränkt hat.
CHARLOTTE: Wer weiß aber noch, Papa –
WESENER: Nichts. Die Boten der Frau Gräfin sind wiedergekommen, und es ist noch keine halbe Stunde, dass man sie vermisst hat. Zu jedem Tor ist einer herausgeritten, und sie kann doch nicht aus der Welt sein in so kurzer Zeit.

Achte Szene

(In Philippeville.
Desportes Jäger, einen Brief von seinem Herrn in der Hand.)

JÄGER: O, da kommt mir ja ein Stück Wildpret recht ins Garn hereingelaufen. Sie hat meinem Herrn geschrieben, sie würde grad nach Philippeville zu ihm kommen *(sieht in den Brief)*, zu Fuß – o das arme Kind – ich will dich erfrischen.

Neunte Szene

(In Armentières.
Ein Concert im Hause der Frau Bischof.)
[...]

Arbeitsauftrag zum 1. Textauszug:
- Setzen Sie formale und inhaltliche Besonderheiten der Szenen in Beziehung zueinander.

2. Textauszug
Fünfter Akt, Erste Szene
(Auf dem Wege nach Armentières.
Wesener, der ausruht.)

WESENER: Nein, keine Post nehm' ich nicht, und sollt' ich hier liegen bleiben. Mein

---

1. Kapuzenmäntel

armes Kind hat mich genug gekostet, eh sie zu der Gräfin kam, das musste immer die Staatsdame gemacht sein, und Bruder und Schwester sollens ihr nicht vorzuwerfen haben. Mein Handel hat auch nun schon zwei Jahre gelegen – wer weiß, was Desportes mit ihr tut, was er mit uns allen tut – denn bei ihm ist sie doch gewiss. Man muss Gott vertrauen – *(bleibt in tiefen Gedanken)*.

Zweite Szene

(Marie auf einem andern Wege nach Armentières unter einem Baum ruhend, zieht ein Stück trockenes Brot aus der Tasche.)

MARIE: Ich habe immer geglaubt, dass man von Brot und Wasser allein leben könnte. *(nagt daran)* O hätt' ich nur einen Tropfen von dem Wein, den ich so oft aus dem Fenster geworfen – womit ich mir in der Hitze die Hände wusch – *(Kontorsionen[1])* O das quält – nun ein Bettelmensch – *(sieht das Stück Brot an)* Ich kanns nicht essen, Gott weiß es. Besser verhungern. *(wirft das Stück Brot hin, und rafft sich auf)* Ich will kriechen, so weit ich komme, und fall' ich um, desto besser.

Dritte Szene

(In Armentières.
Marys Wohnung.
Mary und Desportes sitzen beide ausgekleidet an einem kleinen gedeckten Tisch.
Stolzius nimmt Servietten aus.)

DESPORTES: Wie ich dir sage, es ist eine Hure vom Anfang an gewesen, und sie ist mir nur darum gut gewesen, weil ich ihr Präsente machte. Ich bin ja durch sie in Schulden gekommen, dass es erstaunend war, sie hätte mich um Haus und Hof gebracht, hätt' ich das Spiel länger getrieben. Kurz um Herr Bruder, eh' ichs mich versehe, krieg' ich einen Brief von dem Mädel, sie will zu mir kommen nach Philippeville. Nun stell' dir das Spektakel vor, wenn mein Vater die hätte zu sehen gekriegt. *(Stolzius wechselt einmal ums andere die Servietten um, um Gelegenheit zu haben, länger im Zimmer zu bleiben.)* Was zu tun, ich schreib' meinem Jäger, er soll sie empfangen, und ihr so lange Stubenarrest auf meinem Zimmer ankündigen, bis ich selber wieder nach Philippeville zurückkäme, und sie heimlich zum Regiment abholte. Denn sobald mein Vater sie zu sehen kriegte, wäre sie des Todes. Nun mein Jäger ist ein starker robuster Kerl, die Zeit wird ihnen schon lang werden auf einer Stube allein. Was der nun aus ihr macht, will ich abwarten, *(lacht höhnisch)* ich hab' ihm unter der Hand zu verstehen gegeben, dass es mir nicht zuwider sein würde.

MARY: Hör Desportes, das ist doch malhonett[2].

DESPORTES: Was malhonett, was willst du – Ist sie nicht versorgt genug, wenn mein Jäger sie heuratet? Und für so eine –

MARY: Sie war doch sehr gut angeschrieben bei der Gräfin. Und hol mich der Teufel, Bruder, ich hätte sie geheuratet, wenn mir nicht der junge Graf in die Quer gekommen wäre, denn der war auch verflucht gut bei ihr angeschrieben.

DESPORTES: Da hättest du ein schön Sauleder an den Hals bekommen. *(Stolzius geht heraus.)*

---

1. Zuckungen, Krämpfe
2. unfein, unredlich

MARY (ruft ihm nach): Macht, dass der Herr seine Weinsuppe bald bekommt – Ich weiß nicht, wie es kam, dass der Mensch mit ihr bekannt ward, ich glaube gar, sie wollte mich eifersüchtig machen, denn ich hatte eben ein Paar Tage her mit ihr gemault. Das hätt' alles noch nichts zu sagen gehabt, aber einmal kam ich hin, es war in den heißesten Hundstagen, und sie hatte eben wegen der Hitze nur ein dünnes, dünnes Röckchen von Nesseltuch an, durch das ihre schönen Beine durchschienen. So oft sie durchs Zimmer ging, und das Röckchen ihr so nachflatterte – hör, ich hätte die Seligkeit drum geben mögen, die Nacht bei ihr zu schlafen. Nun stell dir vor, zu allem Unglück muss den Tag der Graf hinkommen, nun kennst du des Mädels Eitelkeit. Sie tat wie unsinnig mit ihm, ob nun mich zu schagrinieren[1], oder weil solche Mädchens gleich nicht wissen, woran sie sind, wenn ein Herr von hohem Stande sich herablässt, ihnen ein freundlich Gesicht zu weisen. (Stolzius kommt herein, trägt vor Desportes auf und stellt sich totenbleich hinter seinen Stuhl.) Mir gings wie dem überglühenden Eisen, das auf einmal kalt wie Eis wird. (Desportes schlingt die Suppe begierig in sich.) Aller Appetit zu ihr verging mir. Von der Zeit an hab' ich ihr nie wieder recht gut werden können. Zwar wie ich hörte, dass sie von der Gräfin weggelaufen sei.
DESPORTES (im Essen): Was reden wir weiter von dem Knochen? Ich will dir sagen, Herr Bruder, du tust mir einen Gefallen, wenn du mir ihrer nicht mehr erwähnst. Es ennuyiert[2] mich wenn ich an sie denken soll. (Schiebt die Schale weg.)
STOLZIUS (hinter dem Stuhl, mit verzerrtem Gesicht): Wirklich?
(Beide sehen ihn an voll Verwunderung.)
DESPORTES (hält sich die Brust): Ich kriege Stiche – Aye! –
MARY (steif den Blick auf Stolzius geheftet, ohne ein Wort zu sagen).
DESPORTES (wirft sich in einen Lehnstuhl): – Aye. – (mit Kontorsionen[1]) Mary! –
STOLZIUS (springt hinzu, fasst ihn an die Ohren, und heftet sein Gesicht auf das seinige. Mit fürchterlicher Stimme): Marie! – Marie! – Marie!
MARY (zieht den Degen, und will ihn durchbohren).
STOLZIUS (kehrt sich kaltblütig um, und fasst ihm in den Degen): Geben Sie sich keine Mühe, es ist schon geschehen. Ich sterbe vergnügt, da ich den mitnehmen kann.
MARY (lässt ihm den Degen in der Hand, und läuft heraus): Hülfe! – Hülfe! –
DESPORTES: Ich bin vergiftet.
STOLZIUS: Ja, Verräter das bist du – und ich bin Stolzius, dessen Braut du zur Hure machtest. Sie war meine Braut. Wenn ihr nicht leben könnt, ohne Frauenzimmer unglücklich zu machen, warum wendet ihr euch an die, die euch nicht widerstehen können, die euch aufs erste Wort glauben. – Du bist gerochen meine Marie! Gott kann mich nicht verdammen. (Sinkt nieder.)
DESPORTES: Hülfe! (Nach einigen Verzuckungen stirbt er gleichfalls.)

Vierte Szene

(Wesener spaziert an der Lys in tiefen Gedanken.
Es ist Dämmerung. Eine verhüllte Weibsperson zupft ihn am Rock.)

WESENER: Lass sie mich – ich bin kein Liebhaber von solchen Sachen.
DIE WEIBSPERSON (mit halb unvernehmlicher Stimme): Um Gottes willen, ein klein Allmosen, gnädiger Herr!

---

1. betrüben, ärgern
2. langweilt; belästigt

WESENER: Ins Arbeitshaus mit euch. Es sind hier der lüderlichen Bälge die Menge, wenn man allen Allmosen geben sollte, hätte man viel zu tun.

WEIBSPERSON: Gnädiger Herr, ich bin drei Tage gewesen, ohne einen Bissen Brot in Mund zu stecken, haben Sie doch die Gnade, und führen mich in ein Wirtshaus, wo ich einen Schluck Wein tun kann.

WESENER: Ihr lüderliche Seele! schämt ihr euch nicht, einem honetten Mann das zuzumuten? Geht, lauft euern Soldaten nach.

WEIBSPERSON *(geht fort, ohne zu antworten)*.

WESENER: Mich deucht, sie seufzte so tief. Das Herz wird mir so schwer. *(zieht den Beutel hervor)* Wer weiß, wo meine Tochter itzt Allmosen heischt. *(läuft ihr nach, und reicht ihr zitternd ein Stück Geld)* Da hat Sie einen Gulden – aber bessere sie sich.

WEIBSPERSON *(fängt an zu weinen)*: O Gott! *(nimmt das Geld und fällt halb ohnmächtig nieder)* Was kann mir das helfen?

WESENER *(kehrt sich ab und wischt sich die Augen. Zu ihr ganz außer sich.)*: Wo ist Sie her?

WEIBSPERSON: Das darf ich nicht sagen. Aber ich bin eines honetten Mannes Tochter.

WESENER: War ihr Vater ein Galanteriehändler?

WEIBSPERSON *(schweigt stille)*.

WESENER: Ihr Vater war ein honetter Mann? – Steh sie auf, ich will sie in mein Haus führen. *(sucht ihr aufzuhelfen)*

WESENER: Wohnt ihr Vater nicht etwan in Lille – *(beim letzten Wort fällt sie ihm um den Hals)*

WESENER *(schreit laut)*: Ach meine Tochter!

MARIE: Mein Vater! *(beide wälzen sich halb tot auf der Erde. Eine Menge Leute versammeln sich um sie, und tragen sie fort.)*

Fünfte und letzte Szene

(Des Obristen Wohnung.
Der Obriste Graf von Spannheim.
Die Gräfin La Roche.)

GRÄFIN: Haben Sie die beiden Unglücklichen gesehen? Ich habe das Herz noch nicht. Der Anblick tötete mich.

OBRISTER: Er hat mich zehn Jahre älter gemacht. Und dass das bei meinem Corps – ich will dem Mann alle seine Schulden bezahlen, und noch tausend Taler zu seiner Schadloshaltung obenein. Hernach will ich sehen, was ich bei dem Vater des Bösewichts für diese durch ihn verwüstete Familie auswirken kann.

GRÄFIN: Würdiger Mann! nehmen Sie meinen heißesten Dank in dieser Träne – das beste liebenswürdigste Geschöpf! was für Hoffnungen fing ich nicht schon an von ihr zu schöpfen. *(Sie weint.)*

OBRISTER: Diese Tränen machen Ihnen Ehre. Sie erweichen auch mich. Und warum sollte ich nicht weinen, ich, der fürs Vaterland streiten und sterben soll; einen Bürger desselben durch einen meiner Untergebenen mit seinem ganzen Hause in den unwiederbringlichsten Untergang gestürzt zu sehen.

GRÄFIN: Das sind die Folgen des ehlosen Standes der Herren Soldaten.

OBRISTER *(zuckt die Schultern)*: Wie ist dem abzuhelfen? Schon Homer hat, deucht mich, gesagt, ein guter Ehmann sei ein schlechter Soldat. Und die Erfahrung bestätigts. – Ich habe allezeit eine besondere Idee gehabt [...]. Ich sehe die Soldaten an wie das Ungeheuer, dem schon von Zeit zu Zeit ein unglückliches Frauenzimmer freiwillig aufgeopfert werden muss, damit die übrigen Gattinnen und Töchter verschont bleiben.

GRÄFIN: Wie verstehen Sie das?

OBRISTER: Wenn der König eine Pflanzschule von Soldatenweibern anlegte; die müssten sich aber freilich denn schon dazu verstehen, den hohen Begriffen, die sich ein junges Frauenzimmer von ewigen Verbindungen macht, zu entsagen.

GRÄFIN: Ich zweifle, dass sich ein Frauenzimmer von Ehre dazu entschließen könnte.

OBRISTER: Amazonen müssten es sein. Eine edle Empfindung, deucht mich, hält hier der andern die Waage. Die Delikatesse der weiblichen Ehre dem Gedanken, eine Märtyrerin für den Staat zu sein.

GRÄFIN: Wie wenig kennt ihr Männer doch das Herz und die Wünsche eines Frauenzimmers.

OBRISTER: Freilich müsste der König das Beste tun, diesen Stand glänzend und rühmlich zu machen. Dafür ersparte er die Werbegelder, und die Kinder gehörten ihm. O ich wünschte, dass sich nur einer fände, diesen Gedanken bei Hofe durchzutreiben, ich wollte ihm schon Quellen entdecken. Die Beschützer des Staats würden sodann auch sein Glück sein, die äußere Sicherheit desselben, nicht die innere aufheben, und in der bisher durch uns zerrütteten Gesellschaft Fried' und Wohlfahrt aller und Freude sich untereinander küssen.

(Ende.)

(1776)

Lenz, Jakob Michael Reinhold: Die Soldaten. – In: ders.: Werke. Dramen–Prosa–Gedichte/hrsg. von Karen Lauer. – München; Wien: Hanser, 1992.

Arbeitsaufträge zum 1. und 2. Textauszug:

- Wo sehen Sie Bezüge zwischen den Textauszügen und Goethes Shakespeare-Aufsatz?
- Zeigen Sie anhand des fünften Aktes, wie Lenz das Verhältnis von sozialen Bedingungen und individueller Schuld sieht.
- Wie beurteilen Sie die Utopie des Obristen am Ende des Dramas?

7./8. Stunde: Briefroman und Empfindsamkeit

Vorbemerkung

In dieser Doppelstunde werden die Schüler anhand zweier Textbeispiele mit der im 18. Jahrhundert sehr beliebten Form des Briefromans vertraut gemacht und lernen Möglichkeiten und Grenzen dieser literarischen Gattung kennen. Angaben zur Sachanalyse sind für diese Doppelstunde in den Kommentar zum Unterrichtsverlauf eingearbeitet und in der Textvorlage für Phase 4 enthalten. Thematisch wird an Phase 4 der 1./2. Stunde angeknüpft.

Unterrichtsverlauf

Phase 1:
Briefschreiben

Auch ohne literaturtheoretische und -historische Vorkenntnisse können Schüler Einsichten in die ästhetische Bedeutung und die erzählerischen Möglichkeiten von Brief-Romanen gewinnen, wenn sie ihren eigenen alltäglichen Umgang (oder Nicht-Umgang) mit Briefen reflektieren. Diesem Zweck dient die kurze Einstiegsphase mit einem mehr oder weniger systematischen Erfahrungsaustausch, an dem der Lehrer durch vorsichtig strukturierendes Fragen und Nachfragen sowie durch Festhalten wichtiger Stichpunkte an der Tafel beteiligt ist. – Es muss damit gerechnet werden, dass die Schülerinnen und Schüler nur zögernd oder gar nicht bereit sind, über den sehr privaten, intimen Bereich des Briefschreibens Auskunft zu geben, gelten Briefschreiber doch, was in der folgenden Phase noch stärker zum Ausdruck kommen könnte, nicht selten als sentimental und unmodern.

Phase 2:
Kommunikationsformen

Um nun die Besonderheit des Briefes im Unterschied zu anderen gängigen Kommunikationsformen, mit denen eine räumliche Distanz überwunden werden kann, herauszustellen, sollen Möglichkeiten und Grenzen von E-Mail, SMS und Telefon thematisiert werden. Dazu bereitet der Lehrer ein Arbeitsblatt (vgl. S. 44) vor, das die Schüler zunächst in Partnerarbeit (oder auch in Einzelarbeit) ausfüllen. Im Anschluss daran werden die Ergebnisse genannt und, stichwortartig gesammelt, an der Tafel festgehalten. Mit Blick auf das umfangreiche Programm dieser Doppelstunde sollte dieser Teil nicht zu sehr ausgedehnt werden. Wichtig ist, dass sich die Kursteilnehmer sowohl die Vorzüge als auch die Nachteile der genannten Kommunikationsformen bewusst machen.

Phase 3:
Brief-Roman

Im Anschluss an Phase 2 sollen die Vorüberlegungen zum realen Brief, der einen realen Empfänger hat, auf den Brief-*Roman*, der für einen anonymen Leser bestimmt ist, übertragen werden. Ziel ist es, bereits vor der eigentlichen Textarbeit die ästhetischen Möglichkeiten eines literarischen, d. h. fiktiven Gebildes mitzubedenken. Die Absicht des Autors, der ja nicht selber der Briefschreiber ist, sondern diesen nur erdacht und aus guten Gründen als Briefschreiber konzipiert hat, ist herauszuarbeiten. Dabei sollte auf die in Phase 4

vorgestellten Briefromane sowie auf den »Werther« noch nicht näher eingegangen werden.

Es ist sinnvoll, dass der Lehrer die Ergebnisse des Unterrichtsgesprächs am Ende zusammenfasst, indem er den Zusammenhang von *Form* (Briefroman) und *Inhalt* (Schwerpunkt im Bereich der Subjektivität) deutlich macht. Der Autor, der sich für einen Briefroman entscheidet, trifft damit zugleich die Entscheidung für einen Inhalt, der weniger von äußeren als vielmehr von inneren Vorgängen bestimmt sein soll. Und umgekehrt: Wenn das äußere Ereignis seine eigentliche Bedeutung erst vor dem Hintergrund seiner seelischen Bewältigung durch das Subjekt erhalten sollte, bietet sich der Briefroman als adäquate epische Form an.

Eine weiterführende, im hier vorgesehenen Unterrichtsablauf aber nur kurz angerissene Frage könnte lauten, ob in Analogie zum »Werther« auch ein aus E-Mails zusammengesetzter Roman mit gleichem Inhalt bzw. Handlungsgang vorstellbar wäre. Was würde sich u. U. ändern (müssen)? Vielleicht finden es einzelne Schülerinnen und Schüler reizvoll, unabhängig vom Unterricht ein solches Projekt zu versuchen und Auszüge eines E-Mail-»Werthers« (an einen vollständigen Roman ist wohl nicht zu denken) in einer Zusatzstunde vorzustellen.

Phase 4:
Empfindsamkeit und Briefroman

Da die Beliebtheit des Briefromans als literarisches Phänomen nur aus seiner Zeit heraus verstanden werden kann, schließt sich an diese Phase ein Lehrervortrag zum Thema »Empfindsamkeit und Briefroman« an. Obwohl es gängige Praxis im Literaturunterricht ist, Themen wie das vorliegende durch Schüler vorbereiten zu lassen (Referat, Hausaufgabe), wird hier dem Lehrervortrag der Vorzug gegeben. Grundlage eines solchen Vortrags könnte der Infotext auf S. 45 f. sein. Eine sinnvolle, d. h. dem

Schülerverständnis gerecht werdende Aufbereitung des Themas »Empfindsamkeit« erfordert einen Epochen-, Autoren- und Werküberblick, den Schüler in der Regel nicht besitzen und den sie sich erst in der konkreten Auseinandersetzung mit einem oder mehreren Werken erarbeiten sollen. Der Lehrer hingegen kann auf Grund seines Informationsvorsprungs bei der Zusammenstellung seiner Daten eine schon auf »Werther« bezogene Auswahl treffen und bei Nachfragen der Schüler Teile seines Vortrages vertiefend erläutern. Hierbei sollte er aber den späteren Doppelstunden zum Thema »Literatur« (insbesondere zu »Ossian« und zu Klopstock) nicht vorgreifen. Der zeitsparende Lehrervortrag fügt sich nahtlos in den Ablauf des Unterrichts ein, indem er die Textanalyse in Phase 5 vorbereitet.

Zur Absicherung des Lehrervortrags wird den Schülern das Arbeitsblatt (vgl. S. 45 ff.) mit drei Briefauszügen vorgelegt. Das übersteigerte Pathos wirkt auf uns heute fremd, und die Schüler werden rasch erkennen, dass die Briefe keinen eigentlichen Inhalt mehr haben und sich auf die expressive Verbalisierung von Verehrung und Freundschaftsgefühlen beschränken.

Phase 5:
Werthers Vorgänger: Zwei Briefromane

Die mit der Analyse der vier Textauszüge betrauten Gruppen tragen ihre Ergebnisse zu den vorgegebenen Fragen nacheinander vor, wobei sie davon ausgehen können, dass alle Kursteilnehmer die Texte zu Hause gelesen haben. Der Lehrer achtet darauf, dass die Beobachtungen und Aussagen genau am Text belegt werden.

Phase 6:
Besonderheiten des Briefromans »Werther«

Nachdem deutlich geworden ist, dass »Werther« in einer europäischen Tradition des Briefromans steht, sollen nun die Besonderheiten, die diesen Roman von seinen Vorgängern unterscheiden, benannt

und auf ihre poetische Funktion und Wirkung hin befragt werden. Nach einer kurzen Still- oder Partnerarbeitsphase, die zur Anfertigung von Stichworten dient, erfolgt die Auswertung, die mehrere Aspekte berücksichtigen sollte: Während in den älteren Briefromanen mehrere Briefschreiber zu Wort kommen und so viele Vorgänge polyperspektivisch berichtet und beurteilt wurden, wird die Perspektive im »Werther« auf eine einzige eingeengt. Eine moralische Korrektur oder Relativierung der Briefe Werthers durch einen weiteren Schreiber erfolgt nicht, und auch der Herausgeber beschränkt sich ja am Ende des Romans weitgehend auf die kommentarlose Wiedergabe der Geschehnisse. Durch diese einseitige Perspektive wird die im Briefroman ohnehin vorfindliche Subjektivität der Darstellung noch radikalisiert, wodurch sich naturgemäß die Gefahr verstärkt, dass sich der Leser mit dem Briefschreiber und seiner Sicht der Dinge identifiziert. Der Leser verfolgt nicht mehr den Dialog zwischen Briefpartnern, sondern wird Zeuge eines Monologs Werthers, der den Roman einem Tagebuch ähnlich werden lässt: Werther spricht mehr mit sich selbst als mit dem Adressaten seiner Briefe, die eher einem Wunsch nach Ausdruck seiner Befindlichkeit und Gedanken als einem wirklichen Mitteilungsbedürfnis entspringen. Die hierin verborgene Stimmigkeit von Form und Inhalt hat Gert Mattenklott feinfühlig beschrieben: »Die Bewegung des Romans zwischen Ausschweifung und Einkehr, Erleben und Reflexion, Dehnung und Kontraktion folgt dem Rhythmus des Lebensmuskels. Diese Bewegung ist in die Komposition übertragen, der lebendige Herzschlag oder auch das Atmen.« (Mattenklott, S. 198) Der Adressat Wilhelm spielt als Empfänger der Briefe nur eine untergeordnete Rolle, er gibt Werther gelegentlich Stichworte und provoziert ihn durch seine Kritik zu Reflexionen und Selbstrechtfertigungen. Der eigentliche Empfänger aber ist immer der wirkliche Leser, der damit auch Werthers

Einsamkeit und sein Gefühl des Unverstandenseins als Klage übermittelt bekommt. – In der 16./17. Stunde wird dieser Zusammenhang unter dem Thema »Unterdrückte Briefe« vertieft.

Noch in einem weiteren Punkt bedeutet der »Werther« eine Neuerung der Gattung Briefroman. So waren Tränen und leidenschaftliche Herzensergießungen (sieht man von Saint Preux aus Rousseaus »Julie« einmal ab) die Domäne der Frauenfiguren, die deshalb auch als Titelfiguren dieser Romane fungierten. Dass sich das Leiden und die empfindsam-expressive Darstellung desselben nun auf einen männlichen Helden/Briefschreiber konzentrierte, war für die Leser etwas gänzlich Ungewöhnliches; nun mussten sich auch männliche Leser ihrer Tränen nicht schämen, wenn sie Werthers Leiden mitlitten. Auf einen weiteren Punkt wird der Lehrer die Schüler vermutlich hinweisen müssen. Während Rousseau auf Datierungen der Briefe ganz verzichtet und Richardson nur den jeweiligen Tag, nicht jedoch das Jahr erwähnt, fällt auf, dass im »Werther« ganz präzise Angaben über den Zeitpunkt der Entstehung der Briefe vorliegen. Hierdurch wird der Eindruck der Authentizität noch verstärkt.

Abschließend informiert der Lehrer darüber, dass der »Werther« im Unterschied zu den außerordentlich breit angelegten und für heutige Leser deshalb in ungekürzter Fassung nur schwer genießbaren Romanen von Richardson und Rousseau sehr knapp geraten ist. Statt epischer Breite und eines Sich-Verlierens in empfindsamer Schwärmerei bietet der »Werther« eine geraffte, konsequent auf das Ende hin ausgerichtete Komposition, die den Roman damit in die Nähe des Dramas rückt und ihn so auch als Zeugnis des Sturm und Drang ausweist.

Hausaufgabe:

Die schriftliche Hausaufgabe bezieht sich auf Phase 1 der folgenden Doppelstunde (Leser-Reaktionen) und lautet: »Formulieren Sie unmittelbar nach Ende der Lektüre der ›Leiden des jungen Werther‹ ein paar Sätze an einen Freund/eine Freundin, in denen Sie Ihre Eindrücke, d. h. Ihre spontane Leser-Reaktion, festhalten!«

Die zweite Hausaufgabe bezieht sich schon konkret auf den Text. Die Schüler sollen sich Gedanken über die Funktion des Herausgebervorworts machen.

Stundenziele zur 7./8. Stunde

Die Schüler sollen:

* ihren Umgang mit Briefen und dem Briefeschreiben erörtern;
* die poetischen Möglichkeiten eines Brief-Romans reflektieren;
* die Bedeutung der Empfindsamkeit für die Gattung des Briefromans kennen lernen;
* Auszüge aus zwei Briefromanen, die vor dem »Werther« entstanden, analysieren;
* die Besonderheiten des Briefromans »Werther« im Unterschied zu zwei seiner Vorgänger herausarbeiten.

Noch eine Chance für den Brief?

Kommunikationsformen   Möglichkeiten und Grenzen, Vorzüge und Nachteile

_____

_____

_____

_____

_____

_____

_____

_____

_____

_____

_____

_____

_____

_____

_____

_____

_____

_____

_____

Empfindsamkeit und Briefroman

Die Gattung des Briefromans wurde in Deutschland durch die Empfindsamkeit populär gemacht, eine Epoche, die zeitlich ungefähr parallel zur Aufklärung verläuft.

Ihren Ursprung hat die Empfindsamkeit im Pietismus (lat. pius = fromm), einer religiösen Erweckungsbewegung, die gegen Ende des 17. Jahrhunderts einsetzte. Ihr Begründer, der lutherische Theologe Jakob Spener, forderte eine Verchristlichung der Welt und verlangte die Ausweitung echter Frömmigkeit auf alle Lebensbereiche. Herzensfrömmigkeit und tätiges Christentum sollten Vorrang vor kirchlichen Dogmen und Institutionen haben, dem Gläubigen sollte eine persönliche, unaustauschbare und gefühlsbetonte Beziehung zu Gott eröffnet werden. Diese Absage an Institutionen und Konventionen verband die Empfindsamkeit mit der Aufklärung: Dem Einzelnen wurde die Verantwortung für sich und vor sich selbst zurückgegeben. Während allerdings die Vertreter der Aufklärung den Verstand zur obersten Instanz kritischen Selbstbewusstseins erklärten, beriefen sich die Pietisten (und in ihrer Folge die Empfindsamen) auf das Herz als Quelle ständiger Gewissensforschung und moralischen Urteilsvermögens. Auf Spener und seinen Schüler August Hermann Francke ging die 1727 von Graf von Zinzendorf gegründete Herrnhuter »Brüdergemeinde« zurück, die das Ideal der Nächstenliebe (auch Andersgläubigen gegenüber) betonte, der Seelsorge breiten Raum gab und sich um die Förderung von Erbauungsschriften und Kirchenliedern bemühte; auf viele Dichter des 18. Jahrhunderts hat diese Bewegung, die sich schon bald ausbreitete, nachhaltigen Einfluss ausgeübt.

Der durch den Pietismus neu definierte Begriff einer Gott-Mensch-Beziehung ohne die traditionell-orthodoxe kirchliche Vermittlung führte dazu, dass die Versenkung des Individuums in sich selbst, der Blick in das eigene Innere (»Seele«, »Herz«) stark an Bedeutung gewann. Diese Entwicklung ging einher mit sozialen und ökonomischen Veränderungen im Zuge der allmählichen Herausbildung und Etablierung bürgerlicher Verkehrsverhältnisse, in denen der Einzelne stärker als bisher auf sich selbst gestellt war, um in der Konkurrenz bestehen zu können. Die hierdurch hervorgerufene Erfahrung zunehmender Vereinzelung rief das Interesse des Subjekts für sich selbst, aber auch für die Subjektivität und die Gefühlswelt anderer wach. Die Folge dieser Innenschau und Seelenzergliederung war eine neue Erfahrung des Ichs, die schon bald über das Religiöse hinausging und im Bereich der weltlichen Literatur nach angemessenen Ausdrucksformen suchte. Das Streben des Subjekts nach Erforschung eigener und fremder Identität – wobei Identität weitgehend mit den Gefühlen und der Gefühlsfähigkeit des Einzelnen gleichgesetzt wurde – sowie der Drang, sich anderen mitzuteilen, um gesellschaftlich bedingte Fremdheit zu überwinden, ließ als Formen von Bekenntnis und Bekenntnisdichtung das Tagebuch, die Autobiographie, Brief und Briefroman bedeutsam werden; sie eigneten sich für psychologische Studien und Selbstbeobachtungen ebenso wie für die Darstellung schwärmerischer und rührseliger Empfindungen, die den Leser zu Tränen hinreißen sollten.

Neben den genannten Prosaformen war die Lyrik eine wichtige Gattung zur Zeit der Empfindsamkeit; ihr vor allem widmete sich der wohl bedeutendste Vertreter dieser Epoche, Friedrich Gottlieb Klopstock (dessen Name im »Werther« einmal auftaucht). Er behandelte in seinen frei-rhythmischen Oden und Hymnen in eigenwilligen, mit Wortneubildungen versetztem Sprachgestus erhabene Gegenstände wie Gott, Unsterblichkeit, Natur, Freundschaft etc. Besonders schwärmerische Verehrung erfuhr Klopstock durch die Mitglieder des Göttinger »Hainbundes« (Voß, Hölty, Stolberg u. a.). Diese pflegten einen für die Empfindsamkeit typischen Freundschaftskult und hatten ihren Bund nach einer Ode ihres Idols (»Der Hügel und der Hain«) benannt. Es ist überliefert, dass sie den Geburtstag Klopstocks am 2. Juli 1773 mit einer Feier begingen, bei der ein leerer, mit Blumen geschmückter Stuhl den Meister vertreten musste, während seine Jünger auf sein Wohl tranken. (Solche Formen der Huldigung dürften heute selbst eingeschworenen Fan-Clubs fremd sein ...)

Wichtige Anregungen erhielt die Empfindsamkeit aus England; ihren Namen prägte Lessing, der vorschlug, das englische »sentimental« (in Laurence Sternes »Sentimental Journey« [1768]) mit »empfindsam« zu übersetzen. Neben Sternes Romanen übten auch die von Samuel Richardson große Wirkung in Deutschland aus, vor allem sein umfangreicher Briefroman »Clarissa« (1748). Schilderungen des Einfachen, Ländlichen bot der im »Werther« einmal erwähnte »Vicar of Wakefield« von Oliver Goldsmith (1766). Vorbild für larmoyante, schwermütige Szenen fanden sich u. a. in dem epischen Gedicht »Night Thoughts« (1742/45) von Edward Young, das ebenso wie die gälischen Gesänge »Ossians« (1760–63; eine Fälschung ihres Herausgebers James Macpherson) in Deutschland hoch geschätzt wurde.

Aus Frankreich wirkte besonders der Philosoph und Dichter Jean-Jacques Rousseau mit seinem Briefroman »La Nouvelle Héloïse (1761) auf die Empfindsamkeit. An ihm und der bereits erwähnten »Clarissa« orientierte sich die Schriftstellerin Sophie von La Roche, die mit ihrem Briefroman »Geschichte des Fräuleins von Sternheim« (1771) ihrerseits Goethes »Werther« beeinflusste.

Rainer Könecke

Briefe der Empfindsamkeit

Lavater an Herder am 10. November 1772:

»Noch niemals habe ich das empfunden, was ich jetzt empfinde, da ich mich hinsetze – an Sie, mein ausgewähltester Freund – zu schreiben. O, wie sorgtest du für mich, Kennerin des Herzens, Freudeschöpferin! Fürsehung! wie wenig hab' ich dir noch umsonst geglaubt! ... Itzt, Freund, kann ich nicht antworten – aber schreiben muss ich – und wollte lieber weinen – hinübergeistern – zerfließen – an deiner Brust liegen – meine Herzensfreunde, zwei Freundinnen mit mir dir zuführen – und sogar – nicht sagen, blicken, drücken, atmen: ›Du bist und wir sind.‹ Aber früh, früh muss ich's dir sagen, du einziger – ich bin nicht so gut, als du mich glaubst – wenigstens nicht durchaus – und dann – doch was sollte das Herdern sagen [...].«

Deutsche Freundesbriefe aus sechs Jahrhunderten/hrsg. von Julius Zeitler: – Leipzig: Zeitler, 1909. – S. 77 f.

Pfenninger an Herder am 22. April 1774:

»O Herder! o Engel Gottes! Ihre Güte gegen mich, wie macht sie mein Herz so stolz! Ach, wann werd' ich Sie sehen, Ihnen die Hand zu küssen, voll Dank, voll Ehrfurcht, voll Liebe und – Anbetung! Schönste Wohltat meines Lebens, dass ich bin in der Zeit, da Herder ist und da mein Lavater ist. Ach, ich darf doch mein Herz leichtern gegen Sie in einem eignen Briefchen nächster Gelegenheit? Ich wohne und ruhe in diesem Gedanken, bis er ins Werk gesetzt ist.«

Ebd. – S. 81.

Wieland an Lavater am 4. März 1776:

»Engel Gottes! Lieber, bester Lavater! Mein Herz nennt deinen Namen! Glaube nicht, Bester, dass ich zu gut von dir denke. Gewiss, ich tue es nicht. Aber ein großes seliges Gefühl dessen, der dich gemacht hat, dessen Organ du bist, durchdringt mich fast allezeit, so oft ich an dich denke! Verzeihen Sie mir diese Vertraulichkeit! O Lavater, Sie können auch Menschen, die nichts als natürliche Menschen sind, lieben und Bruder nennen. Ich bin Ihr Bruder! Ich fühl' es, dass ich's bin! [...] Könnte ich nur drei Wochen bei Ihnen sein! Aber ich fühl' es voraus, Sie würden mir zu lieb werden. Ich würde im eigentlichen Sinne vor Liebe krank werden; und sterben, wenn ich Sie wieder verlassen müsste [...].«

Ebd. S. 68 ff.

Alle Briefe zitiert nach: Trunz, Erich: Nachwort zu Goethe, Johann Wolfgang: Die Leiden des jungen Werthers. – In: Goethes Werke. Hamburger Ausgabe in 14 Bänden/hrsg. von Erich Trunz. – Bd. 6. – München: Beck, 10. neubearb. Aufl., 1981. – S. 560 f.

3. Arbeitsblatt zur 7./8. Stunde → CD-ROM / Datei: AB_07_08_3.doc

Samuel Richardson (1689–1761): Clarissa [2 Auszüge]

(Der Roman, der ausschließlich aus Briefen besteht, erzählt das tragische Schicksal der tugendhaften und schönen Clarissa Harlowe, Tochter aus einer wohlhabenden bürgerlichen Familie. Um sie wirbt der junge Adlige Robert Lovelace vergeblich: Seines schlechten Rufes wegen wird sein Heiratsgesuch abgelehnt, obwohl Clarissa ihn – trotz seines zweifelhaften Charakters – heimlich liebt. Stattdessen soll sie einen vom Vater bestimmten reichen jungen Mann namens Solmes heiraten, den sie verabscheut. Lovelace, der sich vorgenommen hat, Clarissa zu verführen, um sich an der Familie Harlowe für die Demütigung zu rächen, hat alles vorbereitet, Clarissa unter Vortäuschung falscher Tatsachen zu entführen. – Von diesem Vorgang berichten Clarissa und Lovelace unabhängig voneinander ihren jeweiligen Freunden in Briefen. Die Briefe werden in der vom Autor gewählten Reihenfolge auszugsweise wiedergegeben.)

1. Textauszug

Miss Clarissa Harlowe an Miss Howe

Dienstagabend, 11. April

[...] Wie mein Herz flatterte! Es war keine Zeit zu verlieren. Ich ging zum Gartentor, und da alles still blieb, riegelte ich die Pforte auf. Da stand er, in höchster Ungeduld auf mich wartend.

Panischer Schrecken befiel mich, als ich ihn sah. Mein Herz krampfte sich zusammen, und ich zitterte so, dass ich mich nicht mehr auf den Beinen halten konnte. Da stützte er mich.

»Fürchten Sie nichts, Teuerste!«, sagte er. »Nur fort von hier! Der Wagen wartet! Ihre holde Einwilligung hat mich über die Maßen glücklich gemacht!«

Ich erholte mich ein wenig und sagte, während er mich nach sich zog: »Oh, Mr. Lovelace, ich kann nicht mitkommen! Wirklich, ich kann nicht! Ich schrieb es Ihnen schon. Lassen Sie meine Hand los! Sie müssen den Brief sehen! Er hat seit gestern Morgen bis vor einer halben Stunde in dem Mauerversteck gelegen. Habe ich Sie nicht gebeten, auf Briefe von mir zu achten?«

»Ich wurde beobachtet, geliebtes Leben!«, sagte er, noch halb außer Atem. »Man hat mich auf Schritt und Tritt beobachtet! Auch mein treuer Diener wurde seit Sonnabend überwacht und wagte sich nicht bis an die Mauer. Auch wir können in diesem Augenblick entdeckt werden. Kommen Sie rasch, meine Zauberin! Dies ist der Augenblick Ihrer Befreiung! Wenn Sie ihn versäumen, wird es keinen andern mehr für Sie geben!«

»Was reden Sie da, Herr? – Lassen Sie meine Hand los, denn ich sage Ihnen, dass ich lieber sterben will, als mit Ihnen fortgehen.«

»Guter Gott!«, sagte er, Wildheit und Erstaunen im Blick. »Was muss ich hören?« Dabei zog er mich, während er sich weiter von der Tür entfernte, hinter sich her. Jetzt können wir nicht diskutieren! Bei allen Heiligen, Sie müssen fort! Sie können doch nicht an meiner Ehrenhaftigkeit zweifeln noch mir Grund geben, an der Ihren irre zu werden?«

»Wenn Sie mich achten, Mr. Lovelace, dann drängen Sie mich nicht weiter! Ich komme fest entschlossen. Hören Sie: Meine Gründe werden Sie überzeugen!«

»Nichts, Gnädigste, kann mich überzeugen. Bei allem, was mir heilig ist, kann ich Sie nicht verlassen. Sie jetzt verlassen, hieße Sie für immer verlieren! Meine Verwandten erwarten Sie. Die Ihren haben sich gegen Sie entschieden. Mittwoch ist der verhängnisvolle Tag. Wollen Sie denn bleiben und Solmes' Frau werden?«

»Nein, nie werde ich diesem Mann gehören! Aber ich will auch nicht mit Ihnen gehen. Zerren Sie mich nicht fort! Wie können Sie es wagen? Lassen Sie mich bitte zurückgehen, ehe es zu spät ist! Es ist besser so für uns beide. Keine Gewaltsamkeit! Was soll ich sonst von Ihrem so oft geschworenen Gehorsam halten? Lassen Sie mich sofort los, oder ich schreie um Hilfe!«

»Ich gehorche Ihnen, geliebtes Wesen!« Er ließ meine Hand los, besorgte Verzagtheit im Blick, was mich, da ich sein ungestümes Temperament kenne, wieder für ihn einnahm. Doch während ich von ihm forteilte, musterte er mit feierlichem Ernst seinen Degen, riss seine Hand zurück und verschränkte die Arme, als ob eine plötzliche Eingebung ihn von einer übereilten Regung abhalten würde.

»Bleiben Sie, nur einen Augenblick lang bleiben Sie noch, Geliebteste meiner Seele! Ihr Rückzug ist gesichert – wenn Sie zurück wollen! Der Schlüssel liegt unter dem Tor.«

Schon war ich nahe der Pforte. Da hielt ich inne; ich fühlte mich sicherer, als ich den Schlüssel gewahrte.

»Noch auf ein Wort, Madame! (Er näherte sich mir noch immer mit verschränkten Armen, um, wie ich meinte, sich zu keinem Unglück hinreißen zu lassen.) Bedenken Sie: Ich komme auf Ihre Anordnung, um Sie unter Einsatz meines Lebens von Ihren Wächtern und Verfolgern zu befreien, mit dem Entschluss – Gott ist mein Zeuge, oder verdammt will ich sein (er gebrauchte diese schockierende Verwünschung) –, Ihnen Vater, Onkel, Bruder und, wie ich demütig hoffe, Gatte zu sein, wenn Sie es an der Zeit finden. Da ich Sie aber so bereit sehe, um Hilfe gegen mich zu schreien, was die Rache Ihrer ganzen Familie über mich bringt, so will ich Sie jetzt auch nicht mehr bitten mit mir zu kommen, sondern ich begleite Sie in den Garten und in das Haus hinein – sofern man mir nicht den Weg abschneidet. – Nein, Madame, seien Sie nicht erstaunt! Die Hilfe, die Sie herausfordern wollten, will ich Ihnen selbst leisten. Denn ich werde ihnen allen die Stirn bieten, nicht einmal als Rächer, wenn man mich nicht zu sehr reizt. Ja, wir wollen sehen, ob nicht ernste Vorhaltungen und das Betrachten eines Gentleman eine ihm gebührende Behandlung erzwingen!«

Hätte er angeboten, seinen Degen gegen sich zu zücken, so hätte ich ihn verachtet seiner kläglichen Annahme wegen, einen Neuling wie mich könnte man durch einen gewöhnlichen Kniff einschüchtern. Aber dieser mit so feierlicher Miene vorgebrachte Entschluss, mich zu den Meinen zu begleiten, verschlug mir vor Schreck den Atem.

»Was glauben Sie denn, Mr. Lovelace? Ich flehe Sie an, verlassen Sie mich!«, sagte ich.

»Verzeihen Sie mir – ich bitte, mir zu verzeihen, Madame! Zu lange schon bin ich wie ein Dieb um diese einsamen Mauern geschlichen. Meine Fügsamkeit hat der Hass der Ihren geschürt und das Gift nur wirksamer gemacht. Jetzt bin ich verzweifelt. Das Leben bedeutet mir nichts mehr, wenn ich Sie verliere. Bitte, Madame, würden Sie mir den Weg in den Garten weisen! (Und er bewegte sich auf die Tür zu.) Ich werde Sie begleiten, und wenn es zu meinem Untergang ist! Überglücklich wäre ich, wenn mich das Verhängnis in Ihrer Gegenwart träfe! Führen Sie mich, Sie holdes Geschöpf!«

Und er bückte sich und hob den Schlüssel auf und wollte ihn ins Schloss stecken, ließ ihn aber, auf meine Vorstellungen hin, noch einmal sinken.

»Wie, Mr. Lovelace?«, fragte ich. »Wollen Sie sich so ausliefern und mich dazu? Ist das Ihr Edelmut?«

Und ich weinte. Ich konnte nicht anders.

Er warf sich mir zu Füßen und sagte (mit einer Glut, die nicht geheuchelt sein konnte, denn auch seine Augen glänzten feucht): »Wer könnte Ihren Tränen widerstehen? Zauberin meines Herzens (immer noch ehrerbietig kniend, nahm er meine Hand in seine beiden Hände und drückte seine Lippen darauf), befehlen Sie, dass ich mit Ihnen gehe, befehlen Sie, dass ich von Ihnen gehe – ich werde blind gehorchen!

Muss ich Sie an alles, was Sie wissen, an alles, was Sie litten, erinnern? Der Wagen steht bereit. Meine Verwandten erwarten ungeduldig Ihre Entscheidung. Ihnen zu Füßen der Mann, der seinen Willen dem Ihren gänzlich unterordnet, Sie nur beschwört, Ihre Freiheit zu wahren – nichts weiter. Ich dränge Sie nicht einmal zu Ihrem Jawort, ehe ich es nicht vollgültig zu verdienen scheine. Lassen Sie diese Gelegenheit nicht vorübergehen, liebstes Geschöpf!«, sagte er und führte wieder meine Hand an seine Lippen.

Ich bat ihn aufzustehen. Er tat es, und ich sagte ihm, wir würden beide dem Mittwoch mit größeren Befürchtungen entgegensehen als nötig. »Aber die Eheerlaubnis ist schon eingeholt, der Pfarrer bestellt. Sollen denn solche Vorbereitungen nur als eine Prüfung gemeint sein?« Ich sagte, ich sei sicher, noch einen Aufschub zu erwirken. Dabei bückte ich mich und hob den Schlüssel auf, um aufzuschließen, als er plötzlich erschrocken und wie außer Atem flüsterte: »Da ist wer an der Tür, meine Geliebte!« Er nahm mir den Schlüssel ab und drehte ihn, als wollte er zweimal umschließen. In diesem Augenblick warf sich von innen jemand gegen die Tür, um sie aufzubrechen, und schrie laut: »Seid ihr da? Kommt schnell her! Schnell! Hier sind sie! Alle beide! Deine Pistole! Dein Gewehr!« Dann wieder ein Stoß und noch einer gegen die Tür.

Lovelace zog seinen Degen und klemmte ihn unter den Arm, nahm meine zitternden Hände in die seinen und zog mich hastig mit sich fort: »Fliehe! Fliehe, Zauberin! Es ist keine Zeit mehr zu verlieren! Ihr Bruder – Ihre Onkel – oder gar Solmes – brechen die Tür auf! Fliehen Sie, Liebste, wenn Sie nicht Zeuge von zwei oder drei Morden hier zu Ihren Füßen werden wollen! Fliehen Sie! Ich beschwöre Sie!«

»Hilfe! Zu Hilfe! O Gott!« schrie drinnen der Narr in höchster Verwirrung.

Ich kehrte mein erschrecktes Gesicht erst zurück, dann geradeaus, bald zu der einen, bald zu der anderen Seite, erwartete einen rasenden Bruder hier, einen bewaffneten Diener dort, eine wie toll schreiende Schwester und einen Vater, dessen Entsetzen mir fürchterlicher zu sehen gewesen wäre als Lovelaces gezogener Degen, den ich sah, oder die Waffen, die ich zu sehen vermeinte.

Ich lief so schnell wie er, ohne zu wissen, dass ich rannte. Furcht beflügelte meine Schritte und beraubte mich gleichzeitig jeder Überlegung. Schon aus Angst hätte ich nicht gewusst, wohin meine Schritte lenken, hätte er mich nicht fortgezogen, zumal als ich einen Mann erblickte, der aus der Tür getreten sein musste, uns nachrannte und dann in den Garten zurück. Er winkte und rief jene, die er sehen mochte, die mir aber durch die Mauer verborgen waren: wahrscheinlich doch mein Bruder, mein Vater und ihre Bedienten. In solcher Angst verlor ich die Tür bald aus den Augen.

Während ich vom Laufen noch außer Atem war, legte er meinen Arm in den seinen, hielt seinen Degen in der anderen Hand und drängte mich zu noch größerer Eile. Meine Stimme widersprach meinem Tun: »Nein, nein, nein!«, rief ich die ganze Zeit, während ich mir den Hals verrenkte, um zurückzusehen, solange noch die Gartenmauer und der Park sichtbar waren. Lovelace brachte mich zum Wagen. Dort warteten zwei seiner eigenen Diener in Waffen und zwei berittene Diener von Lord M. [...]

Wenn es sich herausstellen sollte, dass dieser Mensch im Garten sein Werkzeug war, bestochen, bestellt, um mich ihm in die Arme zu treiben, müsste ich ihn und mich nicht hassen dafür? Aber er kann doch nicht so gemein sein! Weshalb aber kam nur ein einzelner Mann aus dem Gartentor und niemand weiter? Warum hielt er sich so entfernt und verfolgte uns nicht oder lief ins Haus zurück, um Alarm zu schlagen? Wenn ich jetzt zurückdenke, meine ich wirklich, ich hätte das abscheuliche Gesicht von Joseph Leman erkannt.

Mr. Lovelace an Joseph Leman

Sonnabend, 8. April

Bester Joseph,

endlich hat deine geliebte junge Herrin darein gewilligt, sich von der grausamen Behandlung, die sie seit langem erduldet, zu befreien. Sie wird mich am Montagnachmittag gegen vier Uhr vor dem Gartentor treffen. Ich werde einen Sechsspänner in dem Seitenweg bereithalten, der den Privatweg zur Harlowe-Koppel kreuzt. Bewaffnete Helfer und Diener werden in der Nähe sein, um sie, falls nötig, zu schützen; doch haben sie Weisung, jedes Unglück zu vermeiden.

Meine Befürchtung ist nur, wenn es zum Handeln kommt, wird deine Herrin aus übergroßer Empfindsamkeit wieder wankend und will umkehren, obwohl ihre Ehre meine Ehre und meine Ehre die ihre ist, verstehst du wohl!

Wenn es dazu käme und ich sie nicht zurückhalten könnte, wären alle deine bisherigen Dienste umsonst und sie mir auf immer verloren. Sie würde die Beute jenes verfluchten Solmes, der in seinem schmierigen Geiz niemals an die Dienstboten denkt. Nun zweifle ich nicht an deiner Treue, mein redlicher Joseph, noch an deinem Eifer, einem gekränkten Gentleman und einer bedrängten jungen Dame zu helfen. Und sollte sie schwankend werden, ist nur eine harmlose List vonnöten.

Pass also auf: Halte dich verkleidet und von dem Fräulein unbemerkt im Garten auf. Wenn du unsere Stimmen hörst, so warte, bis ich zweimal »Mh, mh!« mache; aber passe gut auf, denn ich kann mich nicht laut räuspern, ohne ihren Verdacht zu erregen. Vielleicht finde ich auch Gelegenheit, mit dem Ellbogen oder dem Absatz gegen die Tür zu schlagen. Dann musst du dich gegen die Tür werfen, als ob du sie aufbrechen wolltest, an dem Riegel rütteln und wieder gegen die Tür stoßen, aber mit mehr Lärm als Kraft, damit das Schloss nicht nachgibt, und dann schreie, als ob du die von der Familie sehen würdest: »Kommt her! Schnell! Hier sind sie! Rasch!« Rufe nach Schwestern, Pistolen, Gewehren mit deiner schrecklichsten Stimme! Dann werde ich sie schon bewegen, mit mir zu fliehen.

Wenn du uns weit genug entfernt glaubst (ich werde sie mit noch lauterer Stimme zu eiligerer Flucht antreiben), dann öffne die Tür nur vorsichtig, wenn wir auch weit genug entfernt sind, denn ich möchte nicht, dass sie dich erkennt und ahnt, dass du die Hand im Spiel hast – dafür achte ich dich zu sehr. Ist alles gut gegangen, so musst du herauskommen und uns verfolgen und um Hilfe rufen. Wir werden bald im Wagen sein.

Später kannst du der Familie sagen, du hättest mich mit ihr einen Wagen besteigen sehen, der von einem Dutzend oder mehr Reitern begleitet war. Sie wären, wie du meinst, mit Donnerbüchsen und Schießprügeln bewaffnet gewesen, und sage, wir seien in der entgegengesetzten Richtung als der tatsächlichen davongefahren.

Du siehst, Joseph, mein redlicher Diener, wie umsichtig ich vorgehe, um jedes Unglück zu verhüten. Das wird eines Tages von beiden Familien anerkannt werden. Und du wirst überall in hoher Gunst stehen, und jeder gute Diener wird künftig stolz darauf sein, mit Joseph Leman verglichen zu werden. Und noch einmal: Verlass dich auf deine Belohnung bei der Ehre deines Freundes

R. Lovelace

Mr. Lovelace an John Belford, Esq.

Dienstag, Mittwoch, 11. und 12. April

Du erinnerst mich an mein Versprechen, dass ich dir so eingehend wie nur möglich alles schildern wollte, was zwischen meiner Göttin und mir vorgeht. Und nie hatte ich ein glänzenderes Sujet für meine Feder. Außerdem habe ich eben Zeit; denn wenn es nach ihr ginge, so könnte ich ebenso wenig zu ihr vordringen wie der niedrigste Sklave zum Großmogul. So könnte mir höchstens die Lust zum Schreiben fehlen, aber das verbieten mir unsere Freundschaft und deine aufopfernde Gesellschaft im »Weißen Hirsch«.

Wir hatten ja miteinander verabredet, wenn sie mich wieder enttäuschen sollte und nicht gekommen wäre, zusammen ihren grollenden Vater aufzusuchen, uns Gehör bei dem Tyrannen zu verschaffen, um, wenn möglich auf faire Weise, ihn zu bestimmen, seine Entscheidung zu ändern und seine reizende Tochter menschlicher und mich höflicher zu behandeln. Ich nannte dir auch die Gründe, derentwegen ich ihren Brief mit der Abbestellung nicht annahm. Ich hatte Recht!

Erst, als ich sie die Tür aufriegeln hörte, war ich ihrer sicher. Der Laut ließ mir das Herz bis zum Halse schlagen. Als darauf mein bezauberndes Mädchen erschien, blitzartig, wie in einem Feuerstrom vor mir stehend, reizend angezogen, wenn auch völlig unvorbereitet für die Reise, da wandelte ich wie auf Luft und wusste mich nicht mehr sterblich. [...]

Ich habe dir gesagt, was ich empfand, als der Riegel zurückgeschoben wurde und meine lang ersehnte Zauberin erschien.

Nach den ersten Augenblicken begann das Feuer ihrer Sternenaugen zu ermatten und stumpf zu werden. Sie zitterte. Sie wusste nicht, wie den Aufruhr ihres Herzens meistern, das noch nie so unbeherrscht gewesen war. Sie wäre umgesunken, hätte ich sie nicht in meine stützenden Arme genommen. Welch unbezahlbarer Augenblick! Wie nah, wie wunderbar nahe waren sich die beiden klopfenden Herzen!

Und dann begann der heftigste Kampf, den ich je mit einer Frau ausgetragen habe. Es würde dein Freundesherz betrüben, zu hören, welche unendliche Mühe es mich gekostet hat. Ich bat, ich flehte, ich kniete – vergeblich. Ich beschwor sie, bei ihrem Entschluss zu bleiben; aber hätte ich nicht Vorsorge getroffen – denn ich wusste ja, wen ich würde überreden müssen –, dann hätte ich meine Absicht sicher nicht erreicht und hätte sie ebenso sicher ins Haus zurückbegleitet ohne dich und die anderen, und wer weiß, mit welchen Folgen!

Doch tat mein wackerer Spion auf mein Zeichen hin, zwar etwas später, als ich erwartete, alles, was wir ihn geheißen hatten. Ich aber rief: »Fliehe! Fliehe, Geliebte!« und schwang den gezogenen Degen, als ob ich ein halbes Hundert vermeintlicher Angreifer erschlagen wollte. Dann ergriff ich ihre zitternden Hände und zog sie so rasch mit mir, dass meine Füße, von der Liebe beflügelt, kaum mit den ihren, von der Angst getrieben, Schritt halten konnten. So wurde ich ihr Herr.

Aber siehst du nicht, wie meine den Wind überflügelnde Schöne von Liebe zu Liebe flieht? Welch eine Jagd! Bedenke, sie verlässt ihre Familie, die sie nicht verlassen wollte, und flieht zu einem Mann, dem sie nicht folgen wollte! So sind die Frauen, alle miteinander. Ach, wundervoller Widerspruch! – Ich muss die Feder fortlegen, um mich auszulachen; ja, ich muss mir die Seiten halten vor Lachen.

Arbeitsaufträge:

* Charakterisieren Sie Clarissa und Lovelace auf Grund ihrer Briefe (indirekte Selbstcharakteristik).
* Was sagen die Briefe über ihr Verhältnis zueinander aus?
* Welche Funktion hat die doppelperspektivische Darstellung für das Urteil des Lesers?
* Welche erzähltechnische Bedeutung hat die Anordnung der Briefe (Abweichung von der chronologischen Folge)?
* Beschreiben Sie die Eigentümlichkeiten des Stils.

2. Textauszug

Mr. Lovelace an John Belford, Esq.

Bei Mrs. Sinclair[1], Montagnachmittag

Alles steht nach Herzenswunsch. Trotz allen Einwänden, trotz einer der Ohnmacht nahen Gegenwehr, trotz aller Vorsorge und Wachsamkeit ist sie, die meine Seele behext hat, wieder in ihrer alten Wohnung. Gerade befiehlt die Geliebte, dass ihre Kleider gepackt würden, will sie doch mit Lady Betty und Miss Montague nach Hampstead zurückfahren. Noch keine Spur von Vergebung. Die Harlowe-Hartnäckigkeit meiner Schönen verdient meine Vergebung nicht!

[...]

Dass sie mich verachtet, dass sie sich sogar weigert, meine Frau zu werden! Stolzer Lovelace – ausgeschlagen von einer Frau! Und gar von einer Harlowe! Ob ihre Gefühlskälte echt ist? Ob ihre Tugend Grundsatz? Ob, wenn einmal unterworfen, sie nicht hörig sein würde?

Jetzt ist das Ziel meiner Wünsche, so lange niedergehalten, so oft aufgeschoben, nahe! »Ich verabscheue Gewalt, jeden Gedanken daran, denn Gewalt ist kein Triumph über den Willen!« Ich weiß, ich habe es gesagt. Aber habe ich noch eine andere Wahl? Und wenn ihre Empfindlichkeit übermäßig ist, kann ich es nicht gutmachen durch Heirat? Die hochmütige Schönheit wird sich mir nicht verweigern, wenn ihr Stolz auf ihre kör-

---

1. Mrs. Sinclair ist eine Bordellwirtin, bei der Lovelace die ahnungslose Clarissa einquartiert hat.

perliche Unantastbarkeit gedemütigt ist. Ist sie nicht eine Frau? und muss sie nicht leben? Ihre Frömmigkeit wird sie retten. Und wird nicht die Zeit mein Verbündeter sein? In einem Wort: Was kann sie nachher tun? Sie kann mich nicht fliehen, sie muss mir verzeihen, und einmal verziehen, immer verziehen! Warum bloß schleicht sich dieses entnervende Mitleid in mein Herz? [...]

(Clarissa erhält die Nachricht, dass die Abfahrt nach Hampstead verschoben werden muss.)

Kaum hatte Clarissa das Billett gelesen, rief sie aus: »Nun bin ich verloren!« und kam, fast gleichzeitig mit Dorcas, wie wahnsinnig hereingestürzt, riss an ihrer Haube, fragte, wo ich wäre (ihre glänzenden Flechten fielen ihr auf die Schultern), reckte die Arme (ihre Manschetten hingen in Fetzen herunter) – und verdrehte die Augen.
Ich drückte sie auf einen Stuhl, und in verwirrt-erregten Worten sagte ich, ihre Ängste seien sinnlos, wunderte mich, bat sie, mir zu vertrauen, erneuerte meine alten Schwüre und hängte neue an. Sie aber schluchzte herzzerbrechend und sagte nur: »Ich sehe, Mr. Lovelace, sehe, dass es um mich geschehen ist, wenn nicht Ihr Mitleid – lassen Sie mich Ihr Mitleid anrufen!« Und ihr Kopf sank herab wie eine vom Morgentau überschwere Lilie auf einem geknickten Stängel.
Kaum erholt, wollte sie wissen, warum ich nicht Lady Bettys Kutsche hatte kommen lassen. Aber die musste doch jetzt zum Doktor für Miss Montague fahren! »Ah, Lovelace!«, sagte sie zweifelnd. Nichts wollte sie glauben von allem, was ich sagte, wenn ich nicht augenblicklich die Kutsche kommen ließe! Ich ermunterte sie, beauftragte Will., sofort ein Gefährt aufzutreiben, das uns nach Hampstead bringen sollte, gleichgültig zu welchem Preis.
Oh, Jack, eine Welle der Liebe, eine Welle der Rache überkam mich!
[...]
Will. noch nicht zurück. Fast 11 Uhr.
[...]
Will. erschien. Kein Gefährt zu haben. Nicht für Geld und gute Worte. Sie bestürmte mich: »Lovelace, bester Lovelace, lassen Sie mich nach Hampstead zurück, um des Allmächtigen willen, lassen Sie mich!« »Wie, mein Engel, so ungestüm? Weißt du nicht, es ist 11 Uhr vorbei?«
»Zwölf, eins, zwei, drei, vier – die Stunde ist mir gleich, nur lassen Sie mich aus diesem verhassten Hause fort, wenn Sie es ehrlich mit mir meinen!«
Bei diesen Worten kam Mrs. Sinclair in großer Erregung herein. Der alte Drache spreizte sich vor ihr auf, und mit Augenbrauen, erhoben wie die Borsten auf dem Rücken einer Wildsau, dabei finster aus den halbversteckten Frettchenaugen blickend, herrschte sie sie an. So verging ihr vor Schrecken die späte Stunde – und was danach kam.

Mr. Lovelace an John Belford, Esq.

Dienstag, 13. Juni
Und nun, Belford, kann ich nicht weiter gehen. Die Sache ist geschehen. Clarissa lebt. Und ich bin dein gehorsamer Diener
Robert Lovelace

Mr. Belford an Robert Lovelace, Esq.

Watford, Mittwoch, 14. Juni

Lovelace. Du Ausgeburt! Was hast du getan – in einer schuldvollen Stunde genug für ein Leben der Reue!

Ich bin um das Schicksal dieser unvergleichlichen Frau unsäglich besorgt. Noch einmal hatte ich einen langen Brief an dich angefangen, um dein hartes Herz zu erweichen, war ich doch sicher, dass es dir gelingen würde, sie in das verfluchte Haus zurückzubringen. Aber nun ist es zu spät, ihn zu beenden und abzuschicken. Doch kann ich nicht unterlassen, in dich zu dringen, dass du das einzig Mögliche für sie tust und jetzt von der erlangten Heiratslizenz Gebrauch machst.

Es peinigt mich, dass ich sie je gesehen habe. Sie, die die Tugend hochhielt – dem Gemeinsten geopfert! Und du – Werkzeug in des Teufels Hand für ein so niedriges, unrühmliches Ziel! Nun brüste dich, du brutaler Mensch, dass dein Sieg über eine Frau, die alle ihre Freunde auf der Welt deinetwegen verlor, nicht durch Schwäche und Gutgläubigkeit bewerkstelligt wurde, sondern durch die schwärzeste List, nachdem eine lange Kette vorbereiteter Täuschungen nichts gefruchtet hatte. Und diesen alten Drachen auf die entsetzte Unschuld loszulassen! Welche Barbarei, welch armselige Barbarei, durch Angst und Schrecken zu erreichen, was du verzweifelt gerne durch Liebe gewonnen hättest, noch dazu unter Zuhilfenahme der hinterhältigsten List!

Mr. Lovelace an John Belford, Esq.

Donnerstag, 15. Juni

»Lass mich in Ruhe, du Hund! Lass mich!« – habe ich einen kleinen Jungen, mit seinen Armen feig das Gesicht bedeckend, zu einem größeren sagen hören, der ihn schlug. So sage ich zu dir, der du mit dem Freund so unbarmherzig umgehst, der dich mit eben den Waffen versorgt hat, die du jetzt so fürchterlich gegen ihn schwingst. Und wozu, da das Unglück unwiderruflich geschehen ist? Und wenn eine Clarissa mich nicht abhalten konnte! Doch muss ich gestehen, dass dies ein besonderer Fall war, da sich diese Frau weder mit ihrem Körper noch mit ihrer Seele mir ergab.

Belford, überspannte Ansichten können doch an den Dingen nichts ändern. Schließlich hat Miss Clarissa Harlowe dasselbe Schicksal erfahren wie Tausende ihres Geschlechts, nur dass diese nicht ihre Ehre, wie sie es nennen, derartig romantisch bewerten. Das ist alles.

Lieber wäre es mir gewesen, sie hätte sich in der Gewalt gehabt, und wenn ich ihre' Nägel und Zähne zu spüren bekommen hätte, als dass sie in einen Zustand völliger Fühllosigkeit (soll ich es so nennen?) versunken wäre seit Dienstag früh.

Was ist bloß los mit ihr? Ich sollte für ein paar Tage frische Luft haben. Aber was soll ich in der Zeit mit der Bewundernswerten tun? Denn, wenn ich fort bin, dann wird die Giftspinne dieser Behausung über meine reizende Fliege herfallen, deren seidene Flügel sich schon so in meinem Riesennetz verfangen haben, dass sie sich nicht rühren kann, ist sie doch derart vom Schmerz betäubt, dass sie gegenwärtig so ohne Willen ist wie vorher ohne Begierde.

Belford, sie wollte Rache schreien, als glücklicherweise der bleierne Gott aus Mitleid mit ihrem zitternden Lovelace über ihre halb geschlossenen Lider seinen Zauberstab schwang und die schöne Schreierin zum Schlafen brachte, noch ehe sie mich verwünschen konnte.

Du wirst aus meinem Geschriebenen erraten haben, dass ein kleiner Kunstgriff ge-

braucht worden ist. Aber es war in freundlicher Absicht (wenn du das Wort zulässt), um den raschen Schmerz, den sie erfahren musste, zu lindern. Eine Rücksicht, die ich nie zuvor geübt, und woran ich auch nicht gedacht hätte, wenn nicht Mrs. Sinclair ihn angewandt hätte. Seither habe ich nichts anderes getan, als sie verflucht, hätte doch die Dosis genügen können, ihren klaren Verstand für immer zu trüben.
(1748)

Richardson, Samuel: Clarissa Harlowe/aus dem Englischen übersetzt und bearbeitet von Ruth Schirmer. – Zürich: Manesse, 1966. – S. 173–197 (1. Textauszug); 372–379 (2. Textauszug).

Arbeitsaufträge:

*   Beschreiben Sie den Zusammenhang zwischen inneren und äußeren Vorgängen in den verschiedenen, nacheinander entstandenen Passagen des Briefes vom »Montagnachmittag«.
    Zeigen Sie diesen Zusammenhang anhand stilistischer Merkmale auf.
*   Charakterisieren Sie Lovelace. Deuten Sie seinen sprechenden Namen.
*   Geben Sie an, welche Funktion der Brief von Belford hat.

Jean Jacques Rousseau: Julie ou La Nouvelle Héloïse [2 Auszüge]

(Die adlige Julie d'Etanges und ihr bürgerlicher Hauslehrer Saint Preux lieben sich heimlich, wissen aber, dass sie aufgrund bestehender Standesschranken einander entsagen müssen. Ihre leidenschaftlichen Gefühle füreinander teilen sie sich im ersten Teil des Romans in einer Reihe von Briefen mit.)

3. Textauszug

10. Brief: AN JULIE

Wie sehr haben Sie Recht, meine Julie, wenn Sie sagen, dass ich Sie nicht kenne! Ich glaube immer, alle Schätze Ihrer schönen Seele zu kennen, und immer entdecke ich neue. Welches weibliche Wesen vereinte je wie Sie zarte Liebe mit Tugend und verlieh, indem es jene durch diese sanfter bestimmte, beiden neue Reize? Ich weiß nicht, ich finde etwas Liebenswürdiges, Anziehendes in dieser Sittsamkeit, die mich trostlos macht, und Sie schmücken die Entbehrungen, die Sie mir auflegen, so anmutig aus, dass wenig fehlt, sie würden mir lieb.

Mit jedem Tage fühle ich es mehr, das höchste der Güter ist, von Ihnen geliebt zu werden. Es gibt keins und kann keins geben, das ihm gliche; und wenn es darauf ankäme, zwischen Ihrem Herzen und Ihrem Besitze selbst eine Wahl zu treffen, nein, reizende Julie! ich würde keinen Augenblick schwanken! Woher aber diese bittere Wahl; und warum das unverträglich machen, was die Natur vereinigen wollte? Die Zeit ist kostbar, sagen Sie, wir wollen sie zu genießen trachten, so wie sie ist, und wollen uns hüten, ihren friedlichen Lauf durch unsere Ungeduld zu stören. Wohlan, so fließe sie denn dahin, und möge sie glücklich sein! Soll man aber, um einen angenehmen Zustand zu genießen, einen besseren verscherzen und die Ruhe der höchsten Wonne vorziehen? Verliert man nicht all die Zeit, die man besser anwenden könnte? Ach, wenn man tausend Jahre in einer Viertelstunde leben kann, warum mühselig die Tage zählen, die man bis dahin gelebt hat?

Alles, was Sie vom Glück unserer jetzigen Lage sagen, ist nicht zu bestreiten; ich fühle, dass wir glücklich sein müssen, und dennoch bin ich es nicht. Die Weisheit hat durch ihren Mund gut predigen, die Stimme der Natur ist stärker. Und wie ist ihr zu widerstehen, wenn sie mit der Stimme des Herzens im Einklang ist?

Außer Ihnen allein seh' ich in diesem irdischen Aufenthalte nichts, was wert wäre, meine Seele und meine Sinne zu beschäftigen; nein, ohne Sie ist die Natur nichts mehr für mich, aber ihre Macht ist in Ihren Augen, und dort ist sie unbezwinglich. Das ist bei Ihnen nicht der Fall, himmlische Julie! Sie begnügen sich, die Sinne zu reizen, ohne mit Ihren eigenen im Streit zu sein. Menschliche Leidenschaften sind, wie es scheint, unter der Würde eines so erhabenen Gemüts, und, schön wie die Engel, sind Sie auch so rein wie sie. O reines Wesen, das ich murrend verehre, warum vermag ich nicht, dich herabzuziehen oder mich zu dir zu erheben? Doch nein, ich werde immer im Staube kriechen, wenn Sie am Himmel strahlen. Ach, seien Sie glücklich auf Kosten meiner Ruhe! Freuen Sie sich aller Ihrer Tugenden! Wehe dem Verächtlichen, der je eine davon beflecken wollte! Seien Sie glücklich, ich werde zu vergessen streben, wie beklagenswert ich bin, und in Ihrem Glücke für meine Leiden sogar Trost finden. Ja, teuere Geliebte, meine Liebe ist, wir mir scheint, so vollkommen wie ihr anbetungswerter Gegenstand. Jedes durch Ihre Reize entzündete Verlangen erlischt vor den Vollkommenheiten Ihres Gemüts; ich sehe es so ruhig, dass ich es nicht wage, diese Ruhe zu stören. Sooft ich Ihnen die kleinste Liebkosung zu stehlen versucht bin und mich die Gefahr, Sie zu beleidigen, zurückhält, tut dies noch mehr mein Herz, denn es fürchtet, ein so reines Glück zu trüben. Wenn ich nach einem Lohne strebe, denk' ich nur daran, was er Sie kosten könnte, und da mein Glück mit Ihrem sich nicht vereinigen lässt, habe ich – schließen Sie daraus, wie ich Sie liebe! – auf mein eigenes verzichtet. Welche unerklärlichen Widersprüche in den Gefühlen, die Sie mir einflößen! Ich bin demütig und verwegen, ungestüm und zurückhaltend und kann gegen Sie die Augen nicht aufschlagen, ohne mein Innerstes im Streite zu fühlen. Ihre Blicke, Ihre Stimme tragen neben der Liebe auch der Unschuld rührenden Reiz in mein Herz, einen himmlischen Reiz, den man nur mit Bedauern verwischen würde. Wenn ich es wage, ungezügelte Wünsche zu hegen, so geschieht es in Ihrer Abwesenheit; mein Verlangen, das sich nicht bis zu Ihnen selbst hinwagt, hält sich an Ihr Bild, und an ihm räche ich mich für die Unterwerfung, zu der ich vor Ihnen gezwungen bin.

Ich schmachte indessen hin und verzehre mich; Feuer strömt durch meine Adern, nichts würde es löschen, nichts dämpfen können, ich fache es an, wenn ich es bezwingen will. Ich sollte glücklich sein, bin es und glaube, es zu sein; ich beklage mich nicht über mein Los. Wie es jetzt ist, möcht' ich mit keinem Könige der Erde tauschen! Doch quält mich ein wirkliches Übel, und vergebens such' ich ihm zu entfliehen. Ich möchte nicht sterben und sterbe dennoch; ich möchte für Sie leben, und Sie geben mir den Tod!

11. Brief: VON JULIE

Mein Freund! Mit jedem Tage fühle ich mich fester an Sie gekettet; ich kann mich nicht mehr von Ihnen trennen. Die kürzeste Abwesenheit ist mir unerträglich, und ich muss Sie sehen oder Ihnen schreiben, um mich unablässig mit Ihnen zu beschäftigen!

So wächst meine Liebe mit Ihrer eigenen, denn jetzt erkenne ich es, wie sehr Sie mich lieben, weil Sie ernstlich fürchten, mir zu missfallen, anfangs aber wohl nur den Schein annahmen, um Ihren Zweck desto besser zu erreichen. Ich vermag bei Ihnen die Herrschaft, die das Herz sich zu erringen wusste, von dem Wahnsinn einer erhitzten Phantasie wohl zu unterscheiden und finde in dem Zwange, den Sie sich auferlegen, tausendmal mehr Zuneigung als in Ihrem ersten Gefühlsungestüm. Auch weiß ich, dass Ihre

Lage, so drückend sie auch sein mag, nicht ganz ohne Freuden ist. Dem wahrhaft Liebenden gewähren Aufopferungen, die ihm alle angerechnet werden und von denen in dem Herzen der Geliebten nicht eine verloren geht, eine süße Empfindung. Doch wer weiß, ob Sie nicht jetzt, wo sie mein leicht zu rührendes Herz kennen, eine besser überlegte List anwenden werden, um mich irre zu leiten? Doch nein! ich bin ungerecht, und Sie sind unfähig, gegen mich arglistig zu handeln. Wenn ich indessen klug bin, werde ich dem Mitleid noch weniger trauen als der Liebe. Ihre tiefe Achtung rührt mich unendlich stärker als Ihre heftigen Aufwallungen, und ich besorge sehr, dass der edelste Entschluss, den Sie fassten, am Ende der gefährlichere ist.

In der Ergießung meines Herzens muss ich Ihnen eine Wahrheit sagen, die es stark fühlt und von der Ihr Herz sich überzeugen wird, dass nämlich unser Los, dem Glücke, unsern Eltern und uns selbst zum Trotz, auf ewig vereinigt ist und keins von uns ohne das andere glücklich oder unglücklich sein kann. Unsere Seelen haben sich sozusagen auf allen Punkten berührt, und überall haben wir die gleiche Anziehungskraft empfunden. (Belehren Sie mich, wenn ich Ihren physikalischen Unterricht nicht richtig anwende.) Das Schicksal kann uns zwar trennen, aber nicht entzweien. Wir werden nur einerlei Freuden, einerlei Leiden empfinden und wie die Magnete, die, wie Sie mir sagten, ob auch an verschiedenen Orten, sich doch nach einer Richtung bewegen, an den beiden Enden der Welt dasselbe empfinden. [...]

Arbeitsaufträge:

- Von welcher Beschaffenheit ist die Liebe, die Julie und Saint Preux jeweils füreinander empfinden?
- Untersuchen Sie Wortwahl (auch Metaphorik) und Stil der Briefe.
- Wo sehen Sie eine fast wörtliche Parallele zu Werthers Brief vom 16. Julius?
- Wie wirken die Briefe auf Sie?

4. Textauszug

(Julie hat sich Saint Preux hingegeben.)

31. Brief: AN JULIE

Welch Wunder des Himmels bist du, unbegreifliche Julie! Durch welche, von dir allein gekannte Kunst vermagst du in demselben Herzen so viele widerstrebenden Regungen zu erwecken? Trunken von Liebe und Wollust schwebt mein Herz in Trauer; im Schoße der höchsten Wonne leide und verschmachte ich vor Schmerz, und wie ein Verbrechen werfe ich mir überschwängliches Glück vor. Gott, welche schreckliche Qual, keinem Gefühl sich ganz hingeben zu dürfen, unablässig eins durch das andere bekämpfen zu müssen und jede Freude mit Kummer vermischt zu sehen! Hundertmal besser nur elend sein!

Ach, was hilft es mir, wenn ich glücklich bin? Nicht mehr meine eigenen Leiden sind es, die ich empfinde, es sind deine, und sie sind mir deshalb um so schmerzender. Umsonst willst du mir deinen Kummer verbergen, ich les' ihn wider deinen Willen in deinem schmachtenden, niedergeschlagenen Auge. Kann dieses rührende Auge der Liebe ein Geheimnis verhehlen? Ich sehe hinter einer anscheinenden Heiterkeit den verborgenen Missmut, der sich deiner bemächtigt, und deine, in ein sanftes Lächeln gehüllte Trauer in meinem Herzen nur umso bitterer. [...]

Wie gedemütigt, wie erniedrigt bin ich durch deine Reue! Ich muss doch ein sehr verächtlicher Mensch sein, wenn unser Bund dich dahin bringt, dich selbst zu verachten, und wenn meines Lebens zauberische Lust die Qual deines Lebens ist! Sei gerechter gegen dich, meine Julie! Betrachte den Bund, den dein Herz schloss, mit vorurteilsfreierem Auge. Bist du nicht den reinsten Naturgesetzen gefolgt? Hast du nicht die heiligste Verbindung geschlossen? Was hast du getan, was nicht göttliche und menschliche Gesetze für gültig erklären könnten und müssten? Was fehlt dem Bande, das uns umschlingt, als die öffentliche Erklärung? Sei mein, und du bist nicht mehr schuldig! O meine Gattin, meine würdige, keusche Gefährtin! O Glorie und Glück meines Lebens! Nein! nicht was deine Liebe getan hat, kann ein Verbrechen sein, aber der Raub ist es, den du an ihr begehen möchtest. Nur wenn du einen andern Gatten nimmst, kannst du die Ehre verletzen. Gehöre immer dem Freunde deines Herzens an, wenn du schuldlos bleiben willst. Die Kette, die uns bindet, ist gesetzlich, nur die Untreue, die diese Kette sprengen wollte, würde strafbar sein, und fortan steht es der Liebe allein zu, Bürge der Tugend zu sein.

Aber gesetzt auch, dein Schmerz wäre gerecht, dein reuiges Gefühl wäre begründet, warum entziehst du mir meinen Anteil daran? Warum vergießen meine Augen nicht die Hälfte deiner Tränen? Du hast kein Leiden, das ich nicht mitempfände, kein Gefühl, das ich nicht teilen müsste, und mein mit Recht eifersüchtiges Herz wirft dir jede Träne vor, die du nicht in meinem Busen ergießt. Kalte, geheimnisvolle Geliebte, sprich, ist nicht alles, was dein Herz meinem nicht mitteilt, ein Raub, den du an der Liebe begehst? Muss nicht unter uns alles gemeinschaftlich sein? Entsinnst du dich nicht mehr, wie du sagtest: »Ach, verstündest du zu lieben wie ich, mein Glück würde dich trösten, wie dein Kummer mich betrübt, du würdest meine Freuden mitfühlen wie ich deine Trauer.« Allein, ich sehe schon, du verachtest mich als einen Unsinnigen, weil meine Vernunft im Schoße der Wonne außer sich gerät. Mein Ungestüm erschreckt dich, meine Aufwallungen machen dein Mitleid rege, und du siehst nicht ein, dass alle menschlichen Kräfte nicht hinreichen, grenzenlose Seligkeit zu ertragen. Wie kannst du verlangen, dass ein fühlendes Herz unendliches Glück mit Mäßigung genießen soll? Wie kannst du verlangen, dass es so verschiedenartiges Entzücken, ohne zu schwindeln, ertrage? Weißt du nicht, dass es eine Grenze gibt, wo keine Vernunft mehr widersteht, und dass kein Mensch auf der Welt lebt, dessen Fassung jede Probe bestünde? Habe daher Mitleid mit dem Zustande der Aufregung, in welche du mich gestürzt hast, und schätze mich nicht wegen Verirrungen geringer, die dein Werk sind. Ich gehöre mir nicht mehr selbst an, das bekenne ich, mein Geist hat sich ganz in deinem verloren; aber desto fähiger bin ich, deine Leiden zu fühlen, desto würdiger, sie zu teilen. O Julie, begehe nicht an dir selbst einen Raub!

32. Brief: ANTWORT
Es gab eine Zeit, mein holder Freund, wo unsere Briefe leicht und anmutig waren; das Gefühl, welches sie eingab, ergoss sich ungezwungen in lieblicher Einfalt, es hatte weder Kunst noch Farbenschmuck nötig, und seine Reinheit war seine ganze Zierde. Diese glückliche Zeit ist leider nicht mehr! Sie kann nie wiederkehren; und als erste Wirkung dieses grausamen Wechsels fangen unsere Herzen schon an, sich nicht mehr zu verstehen.

Deine Augen haben meinen Schmerz gesehen, du glaubst seine Quelle ergründet zu haben, willst mich mit eitlen Trostgründen beruhigen, und indem du denkst, mich zu täuschen, bist du es, mein Freund, der sich selbst täuscht. Glaube mir, glaube es dem zärtlichen Herzen deiner Julie, ich bereue es weit weniger, der Liebe zu viel gewährt, als

sie ihres schönsten Schmucks beraubt zu haben. Dieser süße Zauber der Tugend ist wie ein Traum verschwunden; unsere Flammen haben jenes heilige Feuer verloren, das sie belebte, indem es sie läuterte; wir haben Vergnügen gesucht, und das Glück ist weit von uns entflohen. Erinnere dich jener köstlichen Augenblicke, wo unsere Herzen sich um so inniger verbanden, je höher wir uns gegenseitig achteten, wo die Leidenschaft aus ihrem eigenen Überschwang Kräfte schöpfte, sich selbst zu besiegen, wo die Unschuld uns über jeden Zwang tröstete, wo jede Huldigung, die wir der Ehre brachten, für unsere Liebe ein Gewinn ward. Vergleiche diesen reizenden Zustand mit unsrer jetzigen Lage. Welche Unruhe, welche Schrecknisse! welche tödliche Furcht vor drohenden Gefahren! Wie haben diese ungemäßigten Gefühle ihre erste Süßigkeit verloren! Was ist aus dem eifrigen Streben nach Sittsamkeit und Ehrbarkeit geworden, das, als wir beides noch liebten, alle unsere Handlungen belebte und der Liebe noch süßere Reize verlieh? Unser Genuss war ruhig und dauernd. Jetzt haben wir nur Wallungen. Dieses wahnsinnige Vergnügen gleicht eher Anfällen von Wut als zärtlichen Liebkosungen. Ein reines, heiliges Feuer brannte in unseren Herzen; den Verirrungen der Sinne hingegeben, sind wir nur noch gemeine Liebende, überglücklich, wenn die eifersüchtige Liebe es noch wert achtet, über Freuden zu wachen, die der niedrigste Sterbliche ohne sie genießen kann!
Dies, mein Freund, ist es, was wir beide verloren haben und was ich nicht weniger um deinetwillen als um meinetwillen beweine. Was ich noch besonders verlor, erwähne ich nicht. Dein Herz vermag es zu fühlen. Sieh meine Schande und seufze, wenn du zu lieben verstehst; mein Fehltritt ist nie wieder gutzumachen, meine Tränen werden nie versiegen. O du, durch dessen Schuld ich sie vergieße, wage es nicht, so gerechtem Schmerze Einhalt zu tun; meine ganze Hoffnung ist, dass er ewig daure. Es wäre mein größtes Unglück, wenn ich darüber getröstet werden könnte; es ist die höchste Stufe der Schande, mit der Unschuld auch noch das Gefühl zu verlieren, welches uns die Unschuld lieben lehrt.
Ich kenne mein Schicksal, fühle sein Schreckliches, und doch bleibt mir in der Verzweiflung noch ein Trost; er ist der einzige, aber ein süßer Trost. Von dir erwart' ich ihn, mein geliebter Freund! Seit ich nicht mehr wage, meinen Blick auf mich selbst zu richten, richte ich ihn mit wahrem Vergnügen auf den, den ich liebe. Alles, was du mir von meiner Selbstachtung entziehst, übertrage ich auf dich, und du wirst mir dadurch um so werter, indem du mich zwingst, mich selbst zu hassen. Die Liebe, jene unglückliche Liebe, die mich zugrunde richtet, gibt dir neuen Wert; du erhebst dich, wenn ich sinke; dein Gemüt scheint durch die ganze Entwürdigung meines eigenen gewonnen zu haben. Sei also fortan meine einzige Hoffnung! Es ist an dir, meinen Fehltritt, wenn du es vermagst, zu rechtfertigen. Bedecke ihn mit dem Edelmut deiner Gefühle; dein Verdienst tilge meine Schande, durch Tugenden bestrebe dich, es dahin zu bringen, dass der Verlust meiner Tugenden, die du mich kostest, Entschuldigung verdient. Sei du mein ganzes Wesen, jetzt, wo ich nichts mehr bin! Die einzige Ehre, die mir noch bleibt, liegt ganz in dir, und so lange du achtungswert bist, bin ich nicht ganz verächtlich. [...]
(1761)

Rousseau, Jean Jacques: Julie oder Die neue Héloïse. – Berlin: Propyläen-Verlag, 1826. – S. 70–74 (3. Textauszug); 136–141 (4. Textauszug).

Arbeitsauftrag:

- Welche Konsequenzen für ihre Liebe zieht Saint Preux aus dem Vorgefallenen, welche Julie?

9./10. Stunde:
Einstieg in die Textbesprechung

Sachanalyse

Dass es mit dem »armen Werther« kein gutes Ende nimmt und sein »Schicksal« zu »Tränen« rührt, verrät der (fiktive) Herausgeber seinen Lesern (»euch«) bereits im Vorwort (S. 3). Damit richtet er deren Aufmerksamkeit von Beginn an weniger auf den Ausgang des Romans als auf den durch die Briefe scheinbar verbürgten tragischen Verlauf, der zu ihm hinführt. Die Aufforderung zu »Bewunderung« und »Liebe« wird durch die Formulierung »nicht versagen« sogleich wieder eingeschränkt, der Leser soll Werther gegenüber eine Haltung des Mitleids einnehmen.

Im zweiten Absatz seines Vorwortes wendet sich der Herausgeber an den einzelnen Leser (»du gute Seele«), der, vielleicht selbst dem Selbstmord nahe, »Trost« aus Werthers Leiden schöpfen soll, indem er durch die Lektüre die Einsicht gewinnt, dass er mit seinem Schicksal und seiner Verzweiflung nicht allein steht. Die Empfehlung des Herausgebers legt nahe, dass das Gefühl der Einsamkeit, des Nicht-Verstandenwerdens, das wesentlich zu Werthers Freitod beiträgt, durch das Lesen überwunden werden kann. Während Werther einsam sterben musste, hat der Leser in dem »Büchlein« über Werthers Leiden und Tod einen »Freund« – die Literatur wird dem Leser als Remedium gegen eine zum Verzweifeln schlimme Wirklichkeit angeboten.

Schon an dieser Stelle wird erkennbar, dass die Haltung, die der Herausgeber seinem Leser dem Leben und der Literatur gegenüber anempfiehlt, auch die Werthers ist bzw. war. Dieser nahm seine Wirklichkeit fast ausschließlich literarisch gefiltert wahr

(Homer, Ossian, die Bibel). Goethe (der nicht mit dem Herausgeber verwechselt werden darf) stand einer solchen Verquickung von Literatur und Leben äußerst kritisch gegenüber und änderte, als das »Werther-Fieber« mit seinen grotesken und unerfreulichen Begleiterscheinungen einsetzte, das Motto-Vorwort entsprechend um, indem er den Leser zu größerer Distanz Werther gegenüber aufforderte (vgl. Editionen, S. 129). – Dieser Zusammenhang soll an anderer Stelle weiter belegt und vertieft werden (20./21. Stunde: »Literatur in der Literatur – Werther als Leser« und 29./30. Stunde: »Werther ist nicht Goethe – Wirklichkeit und Poesie«).

Der *erste Brief* (S. 4–5) bietet als eine Art Exposition des Romans eine Fülle von Themen, Problemen, Motiven, Anspielungen, Vorausdeutungen usw. Dies gilt gleich für den Einleitungssatz: »Wie froh bin ich, dass ich weg bin!« (S. 4) Abgesehen davon, dass dieser Ausruf der Erleichterung ebensogut den Roman beschließen könnte (gleichsam aus dem Jenseits gesprochen), enthält er bereits wichtige Hinweise auf das Kommende. Werther empfindet seine Flucht als Befreiung, er stellt sich den (übrigens von ihm selbst verursachten) Problemen nicht durch rationales Handeln, sondern emotional. Klagend entzieht er sich den Bedrängungen, hier, indem er die Leidenschaft der »armen Leonore« (»arm« gebrauchte der Herausgeber wenige Zeilen zuvor zur Kennzeichnung Werthers!) zu entgehen sucht, später, indem er wegen seiner leidenschaftlichen Liebe zu Lotte aus Wahlheim abreist. Sein Versprechen, das diesen durch Flucht ermöglichten Neubeginn einleitet, nicht mehr zu klagen, »wie ich's immer getan habe« (S. 4), soll nicht lange Gültigkeit besitzen. Am Ende gar wird er sich nicht scheuen, seine eigenen Leiden in die Nähe der Passion Christi zu rücken: »Mein Gott! mein Gott! warum hast du mich verlassen?« (S. 80)

Dass Werther ein Empfindsamer ist und sein will, wird nicht nur durch den klagenden Tonfall des Briefes, sondern auch durch die Betonung der »Tränen« deutlich, die er dem Grafen M..., den er vermutlich gar nicht gekannt hat, nachweint. Nicht weniger als siebenmal gebraucht der Briefschreiber das Wort »Herz«, das ihn selbst charakterisieren soll und damit zum Schlüsselwort für Werthers Wesen wird. Dass es trotz dieser Bereitschaft, das »Herz« sprechen zu lassen, zu Schwierigkeiten unter den Menschen kommt, einander zu verstehen, spricht Werther hier schon als gegenseitige »Missverständnisse und Trägheit« an. Am 17. Mai schreibt er: »missverstanden zu werden, ist das Schicksal von unsereinem.« (S. 8) und am 12. August: »Wie denn auf dieser Welt keiner leicht den andern versteht.« (S. 45); »dass man einander so wenig sein kann.« (27. Oktober; S. 78), erfährt Werther später besonders leidvoll in seiner Beziehung zu Lotte.

Ein weiteres Thema, das schon im ersten Brief angeschlagen wird und in einer gewissen Beziehung zum Flucht-Motiv steht, ist der Gegensatz zwischen der »unangenehm[en]« Stadt und der »Schönheit der Natur«, welche ihm zugleich die »Einsamkeit« gewährt, die ihn der problematischen »Verbindungen« zu den Menschen enthebt. Sein Wunsch, als »Maienkäfer« (alle Zitate dieses Absatzes auf S. 5) in der Natur aufzugehen, sich in ihr zu verkriechen und mit ihr eins zu werden, wird schon hier deutlich artikuliert.

Anhand der Anlage des Gartens außerhalb der Stadt thematisiert Werther den Gegensatz zwischen Wissenschaft und »Herz«, zwischen streng-nüchterner Regelmäßigkeit und Einfühlung, Empfindsamkeit, ein Gegensatz, der im Roman noch mehrfach angesprochen wird.

Seine Nähe zu den einfachen Leuten wird in der kurzen Bemerkung über den Gärtner sichtbar, der ihm »zugetan« (S. 5) ist. Hinter Werthers Großzügigkeit dem Gärtner gegenüber – dieser soll »sich nicht übel dabei befinden« (ebenda), d. h. wie später die Frau und die Kinder Geschenke und Geld erhalten – verbirgt sich nur mühsam seine gesellschaftliche Abgehobenheit und Distanz, die er trotz guten Willens nicht überschreiten kann und die seine »Einsamkeit« mit verursacht.

Die mit Werthers Flucht verbundene Absage an das »Vergangene«, der Neubeginn in der »Jahreszeit der Jugend«, dem Mai, widerspricht in merkwürdiger Weise der auffälligen Verwendung des Todesmotivs, das den Brief vom 4. Mai durchzieht und den Romanschluss antizipiert. Werther ist in einer Erbschaftsangelegenheit unterwegs; der Graf M... ist (offenbar erst vor kurzem) »verstorben«, und Werthers Vorliebe gilt ausgerechnet dem »verfallenen Kabinettchen« – in dieser Spannung zwischen dem Mai und der Morbidität von Werthers »Lieblingsplätzchen« ist der weitere Verlauf von Auf und Ab, Hoffnung und Verzweiflung, Neubeginn und Tod bereits motivisch vorbereitet. –

Wohl kein anderer Brief im »Werther« hat solche Berühmtheit erlangt wie der vom *10. Mai* (S. 5 f.), der thematisch wie sprachlich eine Reihe von Auffälligkeiten aufweist, die ihn als für die Epoche der Empfindsamkeit und des Sturm und Drang besonders typisch erscheinen lassen.

Beachtung verdient dabei zunächst die Komposition des Briefes: Werther spricht eingangs von seinem Befinden, dem Zustand seines »Herzens« und seiner »Seele«. Die äußeren Gegebenheiten verschaffen ihm ein Glücksgefühl, dem er sich ganz und gar hingibt und das ihn an künstlerischer Tätigkeit (Zeichnen) hindert. Darauf folgt (ab Zeile 32) die Wenn-Periode, die dreimal schwungvoll ansetzt und in großem Bogen zum nächsten Teil führt; in schwärmerischer Begeisterung beschwört Werther seine Liebe zu den Erscheinungen der Natur, die er, von der »hohen Sonne« bis hinunter zum »Würmchen«, beschreibend zu erfassen versucht: als sinnlichen Ausdruck der »Gegenwart des Allmächtigen«. Wie eine Vorwegnahme der Lotte-Episode lädt Werther die Natur erotisch auf und vergleicht sie zum Abschluss der Periode mit der »Gestalt einer Geliebten«.

Im folgenden Abschnitt nimmt er das Motiv der künstlerischen Bewältigung seiner Eindrücke wieder auf und beklagt nun angesichts der »Gewalt der Herrlichkeit dieser Erscheinungen«, die ihn buchstäblich überwältigen, seine Unfähigkeit, sie »aus[zu]drücken«. Mit dem »ich gehe darüber zugrunde, ich erliege [...]« wird abermals das Todesmotiv angeschlagen. Werthers Begeisterung schlägt im Prozess des Schreibens um in die Verzweiflung über seine Begrenztheit als Briefschreiber: Er versagt bei dem Versuch, das Erlebte angemessen in Worte zu fassen und sich dadurch anderen verständlich zu machen. (Dies gilt selbstredend nur für Werthers Selbsteinschätzung – der Leser wird seinen Pessimismus der eigenen Ausdrucksfähigkeit gegenüber nicht teilen und vielleicht sogar für Koketterie halten.) Werther wird sich angesichts der Fülle in seinem Innern, die er nicht mitzuteilen vermag, seiner Isolation, seiner Einsamkeit bewusst. – Darauf, dass sich dieser von höchstem Glück bis zum ›Zugrundegehen‹ reichende »Stimmungsumschwung *im Brief*« vollzieht, hat m. W. als erster Heinz Schlaffer (S. 215) hingewiesen.

Der beide Extreme berührende Gefühlsüberschwang des Briefes wird sprachlich eindrucksvoll umgesetzt, und zwar sowohl durch die Wortwahl als auch durch die Verwendung stilistischer Mittel. (Zu diesem Thema vgl. die sehr aufschlussreichen Hinweise bei A. Langen; siehe Literaturverzeichnis). Die dem Pietismus entlehnten, in der Empfindsamkeit säkularisierten Wörter »Herz«, »Seele« (im Brief fünfmal gebraucht), »Gefühl«, »fühle« (zweimal), »Heiligtum«, »Himmel«, »Gott«, »Allliebender«, »Allmächtiger« bestimmen diesen zugleich subjektiven wie pathetischen

Stil, zu dem auch die auffällig häufige Verwendung des Possessivpronomens gehört: »Es drückt die seelische Beziehung des Sprechers zu seinem Gegenstand aus, mag dieser nun ein Freund, die Natur oder etwas anderes sein.« (A. Langen, Sp. 1099). Die bereits erwähnte, bei Klopstock gelegentlich vorfindbare und von Goethe übernommene Wenn-Periode, die als Vordersatz (Protasis) von einem wesentlich kürzeren, mit »dann« einsetzenden Nachsatz (Apodosis) gefolgt wird, verklammert die Spannung des sich bis zur Atemlosigkeit steigernden Erlebens der »Herrlichkeit«, mit der resignierend wahrgenommenen Unfähigkeit, diese zu beschreiben. Aus der anfänglichen Ruhe wird höchste Unruhe und Beunruhigung, die in Ermattung und Aufgabe mündet.

An diesem Beispiel wird deutlich, was A. Langen für die Sprache des Sturm und Drang und der Empfindsamkeit allgemein feststellt: »Der regelmäßige Satzbau wird jetzt durch den Affekt gesprengt.« (Sp. 1099) Zur Betonung der eigenen inneren Betroffenheit bedient sich der Briefschreiber Werther einer ganzen Reihe stilistischer Figuren: Anaphern (gelegentlich in Verbindung mit Parallelismen: »Ich«, »wenn«), Wiederholungen (»fühle«, »könntest du« »dein« und vor allem »mein«, das allein elfmal vorkommt), Ausruf (»Ach«), Ellipse (Z. 13), Diminutive (»Gräschen«, »Mückchen«), Parenthesen: »Das Pausenzeichen der oft gehäuften Gedankenstriche bezeichnet das Verstummen aus überquellendem Gefühl.« (A. Langen, Sp. 1099)

Sprache und Gefühl werden hier zu einer Einheit verschmolzen, das in der Aufklärung angestrebte Bemühen um eine von Klarheit und Objektivität geprägte Sprache, die sich an die Regeln grammatikalischer Konventionen hält, ist hier aufgegeben zugunsten des subjektiv-besonderen Ausdruckswillens und -vermögens.

Unterrichtsverlauf

Phase 1:
Leser-Reaktionen auf Goethes »Werther«

Einige Schüler tragen ihre schriftlichen Notizen zunächst mündlich vor. Impulse könnten sein: Wer hat Ähnliches notiert? Wer hat etwas ganz anderes auf seinem Blatt stehen?

Eine ausführliche Aussprache ist zu diesem Zeitpunkt nicht vorgesehen.

Anschließend verteilt der Lehrer einen Textbogen mit Leser-Reaktionen auf Goethes »Werther« von Christian Friedrich D. Schubart und der Romanfigur Edgar Wibeau aus Plenzdorfs Roman »Die neuen Leiden des jungen W.«.

Die Auszüge eignen sich a) aufgrund ihrer zeitlichen Distanz (200 Jahre), b) ihrer extremen Positionen (uneingeschränkte Zustimmung und Bewunderung bzw. Ablehnung des Romans) und c) aufgrund des Umstandes, dass in beiden Texten ein Leser – ähnlich wie die Schülerinnen und Schüler – unmittelbar nach der Lektüre des »Werther« zu Wort kommt.

Arbeitsblatt zur 9./10. Stunde → CD-ROM / Datei: AB_09_10.doc

Zwei Urteile zu den »Leiden des jungen Werther«

Christian Friedrich Daniel Schubart (1774)

»– Da sitz ich mit zerflossnem Herzen, mit klopfender Brust, und mit Augen, aus welchen wollüstiger Schmerz tröpfelt, und sag dir Leser, dass ich eben die *Leiden des jungen Werther* von meinem lieben Göthe – gelesen? – Nein, verschlungen habe. Kritisieren soll ich? Könnt ichs, so hätte ich kein Herz. [...] Soll ich einige schöne Stellen herausheben? Kann ich nicht; das hiesse mit dem Brennglas Schwamm anzünden, und sagen: Schau, Mensch, das ist Sonnenfeuer! – Kauf's Buch, und lies selbst! Nimm aber dein Herz mit! – Wollte lieber ewig arm seyn, auf Stroh liegen, Wasser trinken und Wurzel essen, als einem solchen sentimentalischen Schriftsteller nicht nachempfinden können.«

Schubart, Christian Friedrich Daniel: Deutsche Chronik. Eine Auswahl aus den Jahren 1774–1777 und 1787–1791 / hrsg. von Evelyn Radczun. – Leipzig: Reclam, 1988. – S. 121 f.

Edgar Wibeau in Ulrich Plenzdorfs Roman »Die neuen Leiden des jungen W.« (1973)

»Nach zwei Seiten schoss ich den Vogel in die Ecke. Leute, das konnte wirklich kein Schwein lesen. Beim besten Willen nicht. Fünf Minuten später hatte ich den Vogel wieder in der Hand. Entweder ich wollte bis früh lesen oder nicht. Das war meine Art. Drei Stunden später hatte ich es hinter mir. [...] Das war nichts Reelles. Reiner Mist. Außerdem dieser Stil. Das wimmelte nur so von Herz und Seele und Glück und Tränen. Ich kann mir nicht vorstellen, dass welche so geredet haben sollen, auch nicht vor drei [!] Jahrhunderten. Der ganze Apparat bestand aus lauter Briefen, von diesem unmöglichen Werther an seinen Kumpel zu Hause. Das sollte wahrscheinlich ungeheuer originell wirken oder unausgedacht.«

Plenzdorf, Ulrich: Die neuen Leiden des jungen W. – Frankfurt a. M.: Suhrkamp, 1973. – S. 36 f.

Die Schüler lesen die beiden spontanen Leser-Reaktionen aus den Jahren 1774 und 1973 und vergleichen die Aussagen mit ihren eigenen. Im folgenden Unterrichtsgespräch begründen sie mit Blick auf ihren eigenen Text, weshalb sie sich mit welcher der beiden Positionen eher identifizieren können! Dabei werden auch Beobachtungen zur sprachlichen Gestaltung der Urteile einbezogen.

Phase 2:
Funktion und Bedeutung des Herausgeber-Vorwortes

Anknüpfend an die Ergebnisse der von den Schülern zu Hause angestellten Überlegungen werden im Unterricht Funktion und Bedeutung des Herausgeber-Vorwortes erörtert und stichwortartig an der Tafel festgehalten. Dass der Herausgeber den Lesern zwar keine Identifikation mit Werther, keine Nachahmung des Selbstmordes, nahelegt, wohl aber zu Mitgefühl mit seinem »Schicksale« aufruft, sollte sauber herausgearbeitet werden.

Aus zeitlichen Gründen empfiehlt es sich nur bei leistungsstarken Kursen, die Motto-Verse zur Auflage von 1775 zum Vergleich heranzuziehen und auf ihre Intention hin zu befragen.

Phase 3:
Erzählstruktur

Im Anschluss wird die Erzählstruktur des Romans erarbeitet. Die Ergebnisse dieser Phase sollten an der Tafel oder auf Folie visualisiert werden. Dass zu diesem Zeitpunkt bereits die Unterscheidung zwischen dem Autor Goethe und seinem fiktiven Herausgeber gemacht wird, mag den Schülern zunächst als Haarspalterei erscheinen, vor allem, wenn sie mit Strukturanalysen dieser Art bisher nicht konfrontiert wurden. Der Lehrer kann darauf verweisen, dass das Strukturschema in einem späteren Zusammenhang noch einmal herangezogen und überprüft werden soll (26./27. Stunde: »Romanstruktur u. Nebensachen u. -figuren«).

Phase 4:
Der Brief vom 4. Mai

Der Brief vom 4. Mai kann als Exposition des Romans nur erfasst werden, wenn die Schüler den »Werther« wenigstens einmal gelesen haben, was bis zu dieser Doppelstunde geschehen sein muss.
Aber selbst dann wird es u. U. nicht ganz leicht sein, alle in diesem wichtigen Brief auftauchenden Themen, Motive, Anspielungen etc. unter Berücksichtigung ihrer weiteren Bedeutung im Roman zu benennen. Der Lehrer wird impulsgebend das Unterrichtsgespräch lenken. Eine Hilfe kann hier die Vorgabe der Kriterien »Themen und Probleme«, »Motive, Anspielungen und Vorausdeutungen« sein; eine sklavische Orientierung daran ist aber schon deshalb nicht sinnvoll, weil eine eindeutige Zuordnung nicht immer möglich ist. –
Als Alternative bietet sich an, dass die Schüler den Brief vom 4. Mai selbstständig erarbeiten (Referat, Halbjahresarbeit, Klausur o. Ä.). Sie hätten dann hinreichend Zeit, nach Abschluss der unterrichtlichen Besprechung anhand einer Detailanalyse schriftlich zu begründen, inwiefern der erste Brief im Kern schon alles Wesentliche des Romans anspricht. Diese Wieder-Lese-Erfahrung wird die Schüler erstaunen und ihnen das hinter der scheinbar zufälligen Sammlung von Briefen (vgl. Herausgeber-Vorwort) verborgene Kompositionsprinzip noch einmal nachdrücklich ins Bewusstsein rufen.

Phase 5:
Der Brief vom 10. Mai

Da der Brief vom 10. Mai mit Recht zu den berühmtesten Zeugnissen der Weltliteratur zählt und aufschlussreich ist für die Besonderheiten der parallel verlaufenden bzw. ineinander verschlungenen Bewegungen der Empfindsamkeit und des Sturm und Drang, ist seine eingehende Besprechung unerlässlich.
In Partnerarbeit gehen die Schüler den

Brief zunächst Satz für Satz durch und notieren sich Auffälligkeiten, die anschließend mündlich vorgetragen werden. In einem zweiten Schritt soll die Briefstruktur ermittelt werden. Der Lehrer hält die Komposition des Briefes mit Zeilenangaben und stichwortartigen Überschriften an der Tafel oder auf Folie fest.

Das von Werther formulierte, von den Schülern zunächst vielleicht nicht ernst genommene Problem des Briefschreibers, »dem Papier das ein[zu]hauchen, was so voll [...] in [ihm] lebt« (S. 6), wird zum Ausgang einer genauen Betrachtung des Ausdrucks, d. h. einer Sprachanalyse, die Wortwahl und syntaktischen Besonderheiten nachgeht. Die Begriffe »Herz« und »Seele« sind den Schülern bereits aus dem Lehrervortrag der vorangegangenen Doppelstunde sowie aus dem Brief vom 4. Mai vertraut; hinzu kommen die ebenfalls dem pietistischen Sprachgebrauch entlehnten Wörter wie »Himmel« usw. In syntaktischer Hinsicht wird als Erstes vermutlich die Wenn-Periode genannt werden – sie soll auf ihren Bezug zum Inhalt hin untersucht werden. Abschließend werden die Stilfiguren (Anapher, Ellipse, Parenthese, Diminutiv etc.) herausgestellt (nötigenfalls erläutert).

Abgeschlossen wird diese Phase, für die hinreichend Zeit einzuplanen ist, durch eine zusammenfassende Formulierung zum Verhältnis von Gefühl und Sprache, die zum (adäquaten?) Ausdrucksmittel für das sich aussprechende empfindsame, aber auch leidenschaftliche Subjekt geworden ist.

Es bietet sich an, an dieser Stelle noch einmal auf die Ausführungen Herders (vgl. 3./4. Stunde, Phase 1) zurückzukommen und den poetischen Anspruch der Stürmer und Dränger ins Gedächtnis zu rufen.

Hausaufgabe:

Durch den Vergleich zwischen Goethes Hymne »Prometheus« und dem im selben Jahr erschienenen »Werther«-Brief soll der Bezug zwischen der Epoche des Sturm und Drang und dem Roman deutlich gemacht werden. Der zweite Teil der Hausaufgabe bereitet auf das Thema der folgenden Doppelstunde vor.

Stundenziele zur 9./10. Stunde

Die Schüler sollen:

- sich über ihre Lese-Eindrücke zum »Werther« äußern und diese mit den Reaktionen anderer konfrontieren;
- Funktion und Bedeutung des Herausgeber-Vorwortes erkennen;
- die Erzählstruktur des »Werther« herausarbeiten;
- begründen können, weshalb der Brief vom 4. Mai als Exposition des Romans zu begreifen ist;
- den berühmten Brief vom 10. Mai nach inhaltlichen, sprachlichen und kompositorischen Aspekten analysieren und
- die Verknüpfung von Inhalt und Gefühl, Empfindung und Ausdruck erkennen und benennen.

11./12. Stunde: Freiheit und Regeln

Sachanalyse

Das vorliegende Thema ist nicht nur für den »Werther«, sondern besonders im Hinblick auf den bereits erwähnten Genie-Begriff für die Epoche des Sturm und Drang insgesamt von zentraler Bedeutung.

Die besondere Attraktivität des »Werther« vor allem für junge Leser resultiert nicht zuletzt aus der extremen Position, die der Titelheld seiner Umwelt gegenüber bezieht und die durch den unbedingten Anspruch auf unverkürzte Freiheit und Subjektivität gekennzeichnet ist. Wie im Brief vom 17. Mai aber bereits deutlich wird, weiß Werther, dass er mit dieser Haltung dem Leben gegenüber eine Sonderstellung einnimmt:

Es ist ein einförmiges Ding um das Menschenge-schlecht. Die meisten verarbeiten den größten Teil der Zeit, um zu leben, und das bisschen, das ihnen von Freiheit übrig bleibt, ängstigt sie so, dass sie alle Mittel aufsuchen, um es los zu werden. O Bestimmung des Menschen! (S. 8)

Innere Einsamkeit ist der Preis für den Anspruch auf Selbstverwirklichung, denn »die meisten« anderen Menschen teilen, wie er bemerkt, seine Freiheitsliebe nicht. Noch ehe die eigentlichen »Leiden« Werthers einsetzen, klagt er – zumal nach dem Tod der »Freundin [seiner] Jugend« – in niemandem (auch im Briefempfänger Wilhelm nicht) einen verständnisvollen Freund zu besitzen: »[...] missverstanden zu werden, ist das Schicksal von unsereinem.« (S. 8)

Der üblicherweise emphatisch-optimistisch gemeinte Begriff der »Freiheit« erhält hier schon einen resignativ-melancholischen Unterton, insofern er die von Beginn an ambivalente Existenz Werthers sichtbar werden lässt. Darüber hinaus ist er für viele offenbar mit ›Angst‹ verbunden, wie Werther in seinem Brief schreibt.

Ohne diese für den Roman und den Sturm und Drang höchst aufschlussreiche Passage zu erwähnen, hat der Psychoanalytiker und Sozialphilosoph Erich Fromm (1900–1980) in dem 1941 unter dem Titel »Escape from Freedom« veröffentlichten Werk versucht, aus gesellschaftlichen und psychologischen Mechanismen den Vorgang zu erklären, dass sich viele Menschen ihrer Freiheit zu entledigen suchen oder, wie Werther schreibt, »alle Mittel aufsuchen, um es [die Freiheit; R. K.] loszuwerden«.

Dabei beschreibt er die Entwicklung der menschlichen Gesellschaft in Mitteleuropa als Prozess allmählich zunehmender Freiheit für den Einzelnen. Wichtige Stationen dieser Entwicklung sind nach Fromm die Reformation und, damit einhergehend, die Herausbildung bürgerlicher Verkehrsverhältnisse (freier Warenaustausch, Markt und Konkurrenz). Mit der Loslösung von bisher gültigen Autoritäten (Feudalherr, katholische Kirche) gewinnt das Individuum zwar an äußerer Freiheit, muss dafür aber mit der nun entstandenen ideologischen und ökonomischen Unsicherheit zurechtkommen, die mit der Befreiung aus alten Bindungen einhergeht. Diesen »negativen Folgen der Freiheit« (Fromm) versucht der Einzelne sich zu entziehen, indem er sich freiwillig allgemein anerkannten Autoritäten wie Pflicht, Konvention, öffentliche Meinung, Gesetz, Regel, Staat und Kirche unterwirft. Durch diese von ihm selbst betriebene Anpassung gewinnt er die Übereinstimmung mit einem Großteil der anderen Menschen, überwindet so sein Gefühl von Einsamkeit und gibt die furchteinflößende Selbstverantwortung und Selbstbestimmung ab, die mit Freiheit stets verbunden ist.

Die Ausführungen Fromms, die unter dem Eindruck des Erfolgs der Nationalsozialisten entstanden, sind geeignet, die scharfsinnige Beobachtung in dem »Werther«-Brief näher zu erläutern: Die von Werther konstatierte ›Angst‹ hat ihren Grund in der die meisten Menschen überfordernden Notwendigkeit, selbstverantwortlich, autonom zu handeln, und die »Mittel« zur Überwindung dieser bedrohlichen Freiheit bestehen darin, sich scheinbar Sicherheit gewährenden Autoritäten anzuvertrauen. Zu diesen zählen auch die im Roman immer wieder angesprochenen »Regeln«.

Das genaue Gegenbild zu der eben beschriebenen, von Werther abgelehnten »einförmige[n]« Existenz ist das »Genie«, und Werther hat keine Scheu, diesen für die Epoche des Sturm und Drang bedeutenden (Tugend-)Begriff im Brief vom 17. Mai für sich zu reklamieren. Er schreibt hier von seiner Beziehung zu der verstorbenen »Freundin«, die durch den Gleichklang der Herzen und Seelen gekennzeichnet war, und betont, dass nicht »eine einzige Kraft [seiner] Seele ungenutzt« (S. 8) blieb. Fast dieselben Worte benutzte er bereits im Absatz zuvor, um die Beschränkungen in seinem Verhältnis zum einfachen Volk zu beklagen: »dass noch so viele andere Kräfte in mir [...] ungenutzt vermodern«. (Nicht nur an diesem Beispiel scheint die feine, kunstvolle Konstruktion dieses Briefes auf, die durch Antithesen charakterisiert ist, um Werthers Außenseiterstellung zu verdeutlichen.)

Als auf seine »Kräfte« vertrauendes Genie beansprucht Werther ein Höchstmaß an Originalität und Freiheit, wobei dieses sich darin äußert, dass er seine Schöpferkraft einzig aus sich selbst heraus entwickelt, frei von Regeln und Kunstdoktrinen, wie sie um die Mitte des 18. Jahrhunderts vor allem in den verschiedenen Regelpoetiken der Aufklärer (Gottsched, Sulzer u. a.) vorgelegt wurden.

Als Gegensatz zum Genie und damit zu sich selbst führt Werther den »jungen V...« an, der ganz auf dem Boden aufklärerischer Kunsttheorien steht und sich auf sein »viel Wissen« etwas einbildet, wofür er von Werther milde-herablassend belächelt wird: »Ich ließ das gut sein.« (S. 9) Denn natürlich kennt auch er Sulzer, Winckelmann, Wood usw., aber trockene Gelehrsamkeit ist weder sein Ziel noch sein Stolz, denn »was ich weiß, kann jeder wissen – mein Herz habe ich allein.« (9. Mai; S. 68) Seinen eigenen Kunstbegriff, der dem Genie entspricht, gewinnt Werther durch Abgrenzung von den »Regeln« (Brief vom 26. Mai):

Man kann zum Vorteile der Regeln viel sagen, ungefähr was man zum Lobe der bürgerlichen Gesellschaft sagen kann. Ein Mensch, der sich nach ihnen bildet, wird nie etwas Abgeschmacktes und Schlechtes hervorbringen, wie einer, der sich durch Gesetze und Wohlstand modeln lässt, nie ein unerträglicher Nachbar, nie ein merkwürdiger Bösewicht werden kann; dagegen wird aber auch alle Regel, man rede was man wolle, das wahre Gefühl von Natur und den wahren Ausdruck derselben zerstören! (S. 11 f.)

Die Befolgung der Regeln bedeutet für Werther das Ende des »Gefühl[s] von Natur« und des »wahren Ausdruck[s] derselben«, weil sie nicht aus dem unbegrenzten Innern, dem Herzen des schöpferischen Subjekts kommen; im Gegenteil: als von außen gesetzte, dem künstlerischen Objekt damit fremde Maßstäbe werden sie diesem gewaltsam übergestülpt.

Werther weitet seine Regelkritik über den Bereich der Kunst aus auf das gesellschaftliche Leben, indem er die einschränkenden, einengenden künstlerischen Regeln mit den »Gesetze[n]« der »bürgerlichen Gesellschaft« vergleicht, die er an anderer Stelle als »kaltblütige Pedanten« (Brief vom 12. August; S. 42) bezeichnet. Regeln wie Gesetze sind immer auf das Allgemeine gerichtet und damit notwendig abstrakt, wohingegen es Werther gerade um das Einzelne, Besondere, Einzigartige geht, das mit Regeln, Gesetzen, Schablonen und Systemen unvereinbar ist.

Dass der Sturm und Drang in seinem Aufbegehren gegen gesellschaftliche Konventionen, Beschränkungen und Zwänge vor allem eine von der damaligen jugendlichen Intelligenz getragene Bewegung war, zeigt auch Werthers »Gleichnis« (26. Mai; S. 12). Darin beschreibt er die Situation eines »junge[n] Herz[ens]«, das verliebt ist und von der Umwelt in der Gestalt eines »Philister[s]« zur Mäßigung ermahnt wird (die Formulierung »junge[s] Herz« statt »junger Mann« wird gewählt, weil der Verliebte gleichsam nur aus Gefühl, aus »Herz« besteht). Mit aller Schärfe geißelt Werther hier den kalkulierten, ausgewogenen und wohldosierten Umgang mit etwas so Einmaligem wie der Liebe zu einem anderen Menschen, die sich dem Nützlichkeitsdenken unterwerfen soll. Werther empört sich gegen eine nach Maßgabe der Vernunft »berechnet[e]« Liebe, die mit wahrer Hingabe nichts gemein hat.

In diesem für Werther unvereinbaren Gegensatz von Vernunft und Gefühl, Regel und Ausdruck, Sitte und Leidenschaft gibt es nur eins: nicht zum »brauchbaren (d. h. fremdbestimmten; R. K.) jungen Menschen« zu werden, sondern auf seiner Lebensweise als Genie zu beharren, und das mit allen Konsequenzen, die damit verbunden sind, nämlich Einsamkeit und Nichtverstanden-Werden. »O meine Freunde!«, klagt er im Anschluß an das »Gleichnis«, »warum der Strom des Genies so selten ausbricht, so selten in hohen Fluten hereinbraust und eure staunende Seele erschüttert?« (S. 12) Damit spricht er zugleich die Gefahr an, die vom Genie ausgeht: Der »Strom«, üblicherweise als Metapher des Lebens, der Kraft und der Leidenschaft gebraucht, wird in diesem Bild schon von seiner anderen, zerstörerischen Seite her beleuchtet, und zwar als unkontrollierbare elementare Gewalt, die nur mit den Mitteln vernünftiger Vorsorge (»Dämmen und Ableiten«; 26. Mai; S. 12) gebändigt werden kann.

Werthers Selbstverständnis äußert sich nicht nur in seiner Regelkritik, sondern auch in seinem Verhältnis zu Arbeit und Beruf. An seinen Mitmenschen beobachtet er, dass sie nicht arbeiten, um sich in ihrem produktiven Schaffen zu verwirklichen, sondern sie »verarbeiten den größten Teil der Zeit, um zu leben« (17. Mai; S. 8), d. h. ihre Arbeit unterliegt einzig dem Zweck der Reproduktion oder, wie es im Brief vom 22. Mai (S. 9) heißt, der »Befriedigung« existenzieller »Bedürfnisse«. Werther pflegt, um diesem Los zu entgehen, den Müßiggang; ein Beruf, der »die tätigen und forschenden Kräfte des Menschen« ,einsperrt' (S. 9), der nur Mittel zum Zweck ist, anstatt den Zweck in sich selbst zu haben, ist eines Genies unwürdig – zumal wenn es von seiner Arbeit nicht leben muss.

Werthers Grundsatz lautet, dass er auch ohne berufliche Tätigkeit, die seine Mutter und offenbar auch Wilhelm von ihm erwarten, »aktiv« sein kann und der ein »Tor« ist, der »sich um Geld oder Ehre oder sonst was abarbeitet« (20. Juli; S. 36); dennoch nimmt er später die Stelle bei der Gesandtschaft an. Obwohl ihm »die Fabel vom Pferd einfällt, das, seiner Freiheit un-

geduldig, sich Sattel und Zeug auflegen lässt und zuschanden geritten wird –« (22. August; S. 49), begibt er sich in »Subordination« (20. Juli; S. 36). Er will sich von seiner unglücklichen Liebe zu Lotte ablenken lassen und sieht darüber hinweg, dass seine angenommene Tätigkeit nicht »seine eigene Leidenschaft, sein eigenes Bedürfnis« ist (20. Juli; S. 36).

Mit seinem Scheitern in einem bürgerlichen Beruf erfüllt sich Werthers Selbsteinschätzung, den Ansprüchen der gesellschaftlichen Realität ohne Verzicht auf seine Identität nicht genügen zu können. Er wird »gespielt wie eine Marionette« (20. Januar; S. 60), empfindet sein Dasein als »Joch« (24. Dezember; S. 57) und fühlt sich wie in einem »Käfig« (20. Januar; S. 60). Schon bald gerät er mit dem Gesandten aneinander, der sich an dem seiner Meinung nach extravaganten Schreibstil seines Mitarbeiters stört – vor allem an den Inversionen Werthers. Dessen gefühlsgeladene Sprache entspricht nicht den Vorstellungen des Gesandten von einer nüchternen Kanzleisprache. Werther ist nicht in der Lage, sich den Normen der »toten Büchersprache« (Herder) anzupassen. Damit ist der Konflikt unvermeidlich, denn »sprachliche Eigenart [...] ist die erste und umgreifendste Potenz zur Objektivierung der Werther'schen Seelenhaltung jenseits der gesellschaftlichen Zwänge.« (Scherpe, S. 57) Der von Inversionen geprägte Stil, den Werther auch in seinen Briefen benutzt, ist gekennzeichnet durch die »freie Wortfolge, die sich dem Gang der Vorstellungsbilder des Geistes anschließt« und »ist der Stil der Empfindsamkeit und des Sturm und Drang im Gegensatz zum Stil des Rationalismus und seiner grammatischen Regeln.« (Trunz, S. 580)

Bis in die Satzgestaltung hinein stellt sich Werther also als ein Außenseiter dar, der die überkommen und allgemein gültigen Regeln als Einschränkung seiner durch Herz und Gefühl bestimmten Geniehaftigkeit ablehnt. Er artikuliert seine Sonderstellung im Leben, im Beruf, in seiner Kunstauffassung und, damit eng verknüpft, auch in seiner Sprache.

Dass der junge Goethe in diesem Punkt viel mit dem von ihm entworfenen Werther gemein hat, wird nicht nur im Roman selbst, sondern auch in seiner Jugendlyrik (z. B. im »Prometheus«) unmittelbar greifbar.

Vorbemerkung

Das zum Thema »Freiheit und Regeln« vorgeschlagene Programm wird den zeitlichen Rahmen einer Doppelstunde u. U. sprengen; in diesem Falle kann Phase 6 (»Regeln und Sprache«) in die folgende Einzelstunde gelegt und diese entsprechend gekürzt werden.

Unterrichtsverlauf

Phase 1:
Goethes »Prometheus« und der Brief vom 10. Mai im Vergleich

Da die Schüler die beiden zu vergleichenden Texte aus dem Unterricht bereits kennen, wird ihnen die Hausaufgabe kaum Schwierigkeiten bereitet haben. Bei der zügig durchzuführenden Auswertung sollte nach dem bereits vertrauten Verfahren vorgegangen werden: Zunächst wird die Wortwahl, dann Syntax und Stilfiguren untersucht, ehe aus der Sprachanalyse Schlüsse gezogen werden.

Die Wortwahl zeigt einige Übereinstimmungen: Das Wort »Herz« wird im »Prometheus« zwar nur einmal benutzt, dafür aber an zentraler Stelle und mit dem Epitheton »heilig glühend«. Statt »heilig« findet sich im Brief vom 10. Mai »Heiligtum«, ebenso tauchen in beiden Texten die dem religiösen (pietistischen) Wortgebrauch zugehörigen Begriffe »ewig«, »allmächtig« bzw. »Allmächtiger« und »Himmel«, schließlich noch »Sonne« auf. Wie im Brief wird auch in der Hymne durch die häufige Verwendung des Personal- sowie des Possessivpronomens der 1. Person Singular das Ich des Schreibers bzw. Sprechers betont.

In syntaktisch-stilistischer Hinsicht sind die vielen Anaphern, Parallelismen, Häufungen, Ellipsen und Ausrufe zu nennen, die beiden Texten einen drängenden, beinahe stürmischen Rhythmus verleihen.

Nach dem Sammeln und Festhalten der Stichworte werden die Ergebnisse inhaltlich ausgewertet. Vermutlich haben die Schüler den in beiden Texten vorfindbaren Gott-Mensch-Vergleich bemerkt. Werther schreibt vom »Allmächtigen, der uns nach seinem Bilde schuf«, Prometheus verkündet stolz: »Hier sitz' ich, forme Menschen nach meinem Bilde«. Aus beiden Texten spricht ein starkes Gefühl sich selbst bewusster Subjektivität, aber auch der Einsamkeit. Werther und Prometheus haben ein enges Verhältnis zu Natur und Schöpfung. Während aber Prometheus aktiv ist, ›formt‹, geht Werther »darüber zugrunde«, die »Herrlichkeit dieser Erscheinungen« nicht »wieder ausdrücken« zu können. Werther wird sich leidvoll der Grenzen seiner Schaffenskraft bewusst.

Phase 2:
›Angst‹ vor der Freiheit

Um Zeit zu sparen, gibt der Lehrer die im Hauptteil der Doppelstunde zu bearbeitenden Textpassagen selbst vor, und zwar zunächst den kurzen Abschnitt im Brief vom 17. Mai (S. 8; Z. 8–14), der genau gelesen und detailliert ausgewertet werden soll. Die Eingangsfrage bezieht sich auf Werthers erstaunlich modern anmutende Feststellung, die meisten Menschen versuchten, ihre sie ängstigende Freiheit »loszuwerden«. Die Schüler suchen aus ihrem eigenen Erfahrungsbereich Beispiele für ein solches Verhalten, u. U. nennen sie sogar historische Vorgänge (Nationalsozialismus z. B.).

Anschließend wird den Ursachen dieser »Furcht vor der Freiheit« (Fromm) nachgegangen.

Die Schüler lesen die Textauszüge (vgl. 1. Arbeitsblatt zur 11./12. Stunde), die darauf gemeinsam erläutert und kommentiert werden. Der bei Fromm verwendete Begriff »ursprüngliches Selbst« bereitet schon auf den in der folgenden Phase aufzugreifenden Begriff des »Genies« bzw. des »Original-Genies« vor. Bei knapper Zeit kann an die Stelle der Textarbeit auch ein Lehrervortrag treten.

Ausgehend vom Mechanismus des Rollenverhaltens, der nach Fromm eine der Fluchtmöglichkeiten aus der Freiheit darstellt, wird nach weiteren Voraussetzungen (Mechanismen und Institutionen) gesucht. Die Ergebnisse werden vom Lehrer stichwortartig an der Tafel oder auf Folie festgehalten; dabei sollte der für den weiteren Stundenverlauf wichtige Begriff der »Regel« nicht fehlen.

1. Arbeitsblatt zur 11./12. Stunde → CD-ROM / Datei: AB_11_12_1.doc

Erich Fromm (1900–1980): Die Furcht vor der Freiheit

(Der Psychoanalytiker und Sozialphilosoph Erich Fromm, der 1900 in Frankfurt am Main geboren wurde und 1980 in der Schweiz starb, musste 1934 aus Deutschland emigrieren und war bis 1965 Professor an verschiedenen Universitäten in den USA und Mexiko. In seinem Denken verbinden sich Freuds Lehren und die marxistische Gesellschaftstheorie, wobei er versuchte, die Grundlagen für eine wahrhaft humane Gesellschaft zu formulieren. Seine am weitesten verbreitete Schrift ist »Die Kunst des Liebens« (1956). »Die Furcht vor der Freiheit« wurde 1941 veröffentlicht.)

Wir treffen auf das Doppelgesicht der Freiheit: Der Einzelne wird von wirtschaftlichen und politischen Fesseln frei. Er gewinnt auch etwas an positiver Freiheit durch die aktive, unabhängige Rolle, die er im neuen System [gemeint ist die frühbürgerliche Gesellschaft; R. K.] spielen muss. Aber gleichzeitig wird er auch von all jenen Bindungen frei, die ihm zuvor Sicherheit und ein Gefühl der Zugehörigkeit gaben. Das Leben läuft nicht mehr in einer in sich geschlossenen Welt ab, deren Mittelpunkt der Mensch war, die Welt ist grenzenlos und zugleich bedrohlich geworden. Dadurch, dass er seinen festen Platz in einer in sich geschlossenen Welt verliert, geht dem Menschen auch die Antwort auf die Frage nach dem Sinn des Lebens verloren. Er fühlt sich von mächtigen, überpersönlichen Kräften, dem Kapital und dem Markt bedroht. Die Beziehung zu seinen Mitmenschen, von denen jeder ein potenzieller Konkurrent ist, wird feindlich und entfremdet. Er ist frei – das heißt, er ist allein, isoliert, bedroht von allen Seiten. Da er weder den Reichtum noch die Macht besitzt, über welche die Renaissance-Kapitalisten verfügten, und da er überdies das Gefühl des Einsseins mit seinen Mitmenschen und dem Universum verloren hat, überwältigt ihn ein Gefühl persönlicher Nichtigkeit und Hilflosigkeit. Er hat das Paradies auf immer verloren. Der Einzelne steht allein der Welt gegenüber – ein Fremder, hineingeworfen in eine grenzenlose, bedrohliche Welt. Die neue Freiheit musste in ihm ein tiefes Gefühl der Unsicherheit und Ohnmacht, des Zweifels, der Verlassenheit und Angst wecken. Wenn der Mensch sich in der Welt behaupten sollte, musste er wenigstens teilweise von diesen Gefühlen erleichtert werden. (S. 254)
Der Mensch sucht in seiner Angst nach jemandem oder nach etwas, an den oder an das sich sein Selbst halten kann; er kann es nicht länger ertragen, sein eigenes individuelles Selbst zu sein, und versucht krampfhaft, es loszuwerden und seine Sicherheit dadurch zurückzugewinnen, dass er sich dieser Last seines Selbst entledigt. (S. 306)

Dieser Mechanismus stellt die Lösung dar, für die sich die meisten normalen Menschen in unserer heutigen Gesellschaft entscheiden. Er besteht kurz gesagt darin, dass der Einzelne aufhört, er selbst zu sein; er gleicht sich völlig dem Persönlichkeitsmodell an, das ihm seine Kultur anbietet, und wird deshalb genau wie alle anderen und so, wie die anderen es von ihm erwarten. Die Diskrepanz zwischen dem »Ich« und der Welt verschwindet und damit auch die bewusste Angst vor dem Alleinsein und der Ohnmacht. (S. 325)

Freilich kann jemand auch viele Rollen spielen und subjektiv überzeugt sein, in jeder dieser Rollen »er« zu sein. Tatsächlich aber ist er in allen diesen Rollen das, wovon er glaubt, dass man es von ihm erwartet, und bei vielen Menschen, wenn nicht gar bei den meisten, wird das ursprüngliche Selbst vom Pseudo-Selbst völlig erstickt. Manchmal kommt in einem Traum, in Phantasien oder wenn der Betreffende betrunken ist, etwas von dem ursprünglichen Selbst zum Vorschein – Gefühle und Gedanken, die er jahrelang nicht mehr gehabt hat. Oft handelt es sich um schlimme Dinge, die er verdrängte, weil er Angst davor hatte oder sich ihrer schämte. Manchmal handelt es sich aber auch um das Beste in ihm, das er verdrängt hat, aus Angst, man würde ihn auslachen oder angreifen. (S. 236)

(1941 a)

Fromm, Erich: Gesamtausgabe in zwölf Bänden
Band 1: Analytische Sozialpsychologie
Herausgegeben von Rainer Funk
© 1999 Deutsche Verlags-Anstalt GmbH, Stuttgart

Arbeitsaufträge:

- Welche Gründe sieht der Sozialphilosoph Erich Fromm für die »Furcht vor der Freiheit«?
- Welche »Mittel« suchen nach Fromm die Menschen, um mit Werthers Worten, ihre Freiheit »loszuwerden«?

Phase 3:
Werther als »Genie«

In dieser Phase geht es zunächst darum, Werthers Situation als die eines im Grunde Einsamen, Missverstandenen herauszuarbeiten; diverse Textstellen des Briefes vom 17. Mai lassen sich hier als Beleg anführen. Die Vergnügungen, die er mit dem Volk unternimmt, täuschen nicht darüber hinweg, dass er seine »andere[n] Kräfte« um dieser Volksnähe willen »sorgfältig verbergen« muss, will er nicht als elitär, überspannt o. Ä. gelten.
Werthers Selbstcharakterisierung als »Genie« führt zu der Frage, was dieses auszeichnet. Werther gibt dazu selbst einen

Hinweis durch die Erinnerung an den Umgang mit der verstorbenen »Freundin [seiner] Jugend«. Eine weitergehende Bestimmung des Genies ist den Schülern durch die Analyse des Auszugs aus Lavaters »Physiognomischen Fragmenten« (1778), zu denen der junge Goethe einige Beiträge lieferte, bereits vertraut. Sofern kein Stundenprotokoll der 3./4. Stunde (Phase 1) vorliegt, wird der Text (vgl. Arbeitsblatt S. 24) evtl. noch einmal überflogen; hierbei wird daran erinnert, dass die bei Lavater vorfindbare bewusst unsystematische Gegenstandsbestimmung auch als Polemik bzw. Abgrenzung gegen die für die Aufklärung typischen wissenschaftlich-exakten Definitionen aufzufassen ist. Eine solche wäre dem Genie, das auf Originalität, Unvergleichbarkeit, Spontaneität Anspruch erhebt, völlig unangemessen. Die Annäherung an den Genie-Begriff kann nur sprunghaft assoziativ erfolgen. – Nachdem die Schüler inzwischen auch die Epoche der Empfindsamkeit kennen gelernt haben (vgl. 7./8. Stunde), wird ihnen aufgrund der religiösen Metaphorik bei Lavater auffallen, dass das Genieverständnis nicht nur im Sturm und Drang, sondern auch in der Empfindsamkeit wurzelt.

Phase 4:
Kritik an den Regeln in der Kunst und im Leben

Da der »junge V…« im Brief vom 17. Mai als Kontrast zum Genie angeführt wird, soll an dieser Stelle der den Schülern vertraute Gegensatz zwischen den Kunstbegriffen von Aufklärung und Sturm und Drang angesprochen werden. (Der Lehrer gibt kurze Erklärungen zu den im Text erwähnten Namen Batteux, Sulzer usw.: vgl. Reclam, Erläuterungen und Dokumente, S. 12/13). Auf die Ironie in der Charakterisierung des »jungen V…«, dem Werther sich weit überlegen fühlt, sollte dabei hingewiesen werden – sie ist typisch für die Haltung der jungen Leute des Sturm und Drang den Vertretern und Anhängern der Aufklärung gegenüber.

Der Lehrer verweist auf einen in diesem Zusammenhang aufschlussreichen Satz an anderer Stelle: »Was ich weiß, kann jeder wissen – mein Herz habe ich allein.« (9. Mai; S. 68), ehe er zur berühmten Passage im Brief vom 26. Mai (S. 11, Z. 33 – S. 8, Z. 5) überleitet. Ausgehend von seiner Kritik an den »Regeln« (die in Phase 2 schon angesprochen wurden), wird Werthers Kunstverständnis mit Hilfe des Tafelbildes 1 herausgearbeitet, wobei auch eine Zuordnung zu den Epochen erfolgt.

Anhand des Textes erkennen die Schüler, dass sich Werthers Regelkritik nicht nur auf die Kunst, sondern auch auf das alltägliche Leben bezieht: als Kritik an den Normen der »bürgerlichen Gesellschaft«. Die

Konsequenzen für Kunst und Gesellschaft unter dem Diktat der Regeln werden aufgezeigt und im Tafelbild 2 festgehalten. Es lohnt sich, das »Gleichnis« vom »junge(n) Herz« und dem »Philister« mit den Schülern näher zu erörtern: Viele von ihnen stehen häufig vor derselben Situation, zwischen privaten Beziehungen und schulischen Verpflichtungen einen Kompromiss finden und sich mit den Vorhaltungen erwachsener »Philister« auseinander setzen zu müssen. Eine Aussprache über das Spannungsverhältnis von Gesellschaft und Ich, Pflicht und Neigung provoziert u. U. auch kritische Stellungnahmen der Haltung Werthers gegenüber, an die später angeknüpft werden kann.

Phase 5:
Arbeit und Beruf

Die Frage nach Werthers Einstellung zu Beruf und Arbeit ergibt sich fast übergangslos aus dem Thema der Phase 4. Falls nötig, weist der Lehrer auf den kurzen Brief vom 20. Juli hin, in dem Werthers Absage an eine von fremden Zwecken bestimmte »Aktivität« (S. 36) formuliert ist. Ob ein solch weitgehender Anspruch, der keine Rücksicht auf von außen an das Subjekt herangetragene Anforderungen nimmt, realistisch ist, sollte an dieser Stelle nur kurz in Frage gestellt werden, da manches dazu bereits am Ende der letzten Phase gesagt worden sein dürfte. Immerhin sollte deutlich werden: Werthers Existenz als Müßiggänger ist nur aufgrund seiner gesellschaftlich privilegierten Stellung möglich (er lebt von einer Rente oder Ähnlichem, nicht an Arbeit oder Beruf gebundenen Einkünften); sie ist deshalb auch Ausdruck eines elitären, gesellschaftlichen Notwendigkeiten gegenüber blinden Standpunktes.

Die Frage nach dem Grund für die später doch aufgenommene Tätigkeit bei Hofe (Beginn des zweiten Buches) zeigt, dass Werther entgegen seinen Prinzipien unter dem Druck der Ereignisse doch Kompromisse eingehen muss.

Phase 6:
Regeln und Sprache

(Vor allem im Falle von Zeitdruck sollte der Lehrer hier durch gezielte Impulsgebung und Vortrag stärker führen.)
Die Gründe für Werthers Konflikt mit dem Gesandten werden zunächst noch einmal kurz nachgelesen (24. Dezember, S. 56). Hierauf wird, falls nötig, das Wesen der Inversion erklärt, ehe der Lehrer einzelne Textbeispiele aus dem »Werther« angibt. Ergänzt werden diese durch ein zeitgenössisches Zitat von Herder zur Bedeutung der Inversionen, das der Lehrer entweder vorliest oder als Arbeitsblatt austeilt.
Wieder stoßen die Schüler auf den Gegensatz von Regel (Wortstellung gemäß der Grammatik) und Gefühl/Subjektivität (Wortfolge gemäß dem individuellen Ausdruckswillen), der schon aus dem Bereich der Kunst vertraut ist (Herder spricht selbst, die Malerei als Beispiel anführend, von »Unebenmaß«). Die abschließende Frage macht diesen Zusammenhang von Kunst- und Sprachauffassung des Sturm und Drang noch einmal deutlich.

Hausaufgabe:
Eine gute Textvorbereitung durch die

Schüler ist Voraussetzung dafür, dass das Thema »Kinder« in der dafür vorgesehenen Einzelstunde abgeschlossen werden kann.

Stundenziele zur 11./12. Stunde

Die Schüler sollen:

* sprachliche Gemeinsamkeiten zwischen der Hymne »Prometheus« und dem Brief vom 10. Mai benennen und dabei
* Unterschiede zwischen Prometheus und Werther herausarbeiten;
* den Gründen für die im »Werther« angesprochene und überzeitlich gültige Angst vor der Freiheit nachgehen;
* den Bezug zwischen Werther und dem Geniebegriff des Sturm und Drang aufzeigen können;
* die verschiedenen Bereiche und Aspekte von Werthers Regel-Kritik unterscheiden und vor diesem Hintergrund
* Werthers Verhältnis zu Arbeit und Beruf definieren und beurteilen können;
* den Zusammenhang zwischen Regel-Kritik und Sprachgebrauch im »Werther« erkennen.

2. Arbeitsblatt zur 11./12. Stunde → *CD-ROM / Datei: AB_11_12_2.doc*

Johann Gottfried Herder: Fragmente über die neuere Deutsche Literatur

Der bloße Verstand, der nichts mit Auge und Ohr zu tun hat, folgt bloß der Ordnung der Ideen und hat also keine Inversionen; so ist der logische Periode. [...] Je mehr sie [die Sprache; R. K.] lebt, desto mehr Inversionen; je mehr sie zur toten Büchersprache zurückgesetzt ist, desto mindere. [...] Das Ohr will einen Perioden, der es durch seinen Wohlklang füllet, der genug abwechselt und nicht zu oft wiederkommet. Kann dies eine Rede ohne Inversionen erreichen? Schwerlich! ein Periode schließt sich, wie der andre, wenn er seine Meinung gesagt hat; das stolze Ohr wird durch einerlei Cadenzen gequält, es empfindet es, die Inversionen in der Sprache sind ebenso nötig, als das Unebenmaß in der Malerei und in der Musik der Misslaut. [...] die Ordnung der Phantasie ist doch gewiss nicht die Ordnung der kalten Vernunft. Diese Inversion ist, um die Aufmerksamkeit zu erregen, jene, um sie zu erhalten; diese überraschet, jene beweget die ganze Seele, [...] Hierdurch bekommt die Prosa Munterkeit, die Poesie Feuer [...] und die Inversionen, die sich unsre guten Poeten haben erlauben können, gehören mit zur deutschen Freiheit.

Herder, Johann Gottfried: Auszüge aus »Fragmente über die neuere Deutsche Litteratur« (1767). – Zit. nach: Langen, A.: Deutsche Sprachgeschichte vom Barock bis zur Gegenwart. – In: Deutsche Philologie im Aufriss/unter Mitarb. zahlr. Fachgelehrter hrsg. von Wolfgang Stammler. – Berlin: Schmidt, 1952. – Spalte 1092f.

13. Stunde: Kinder und Kindheit

Sachanalyse

Immer wieder hebt Werther seine Liebe zu Kindern hervor: »Ja, lieber Wilhelm, meinem Herzen sind die Kinder am nächsten auf der Erde«. (29. Junius; S. 26) So zeichnet er voll Rührung die Kleinen der Schulmeisterstochter und beschenkt sie auch gelegentlich, mit Lottes Geschwistern tollt er sehr zum Unmut der »gescheiten Menschen«, der »vernünftige[n]« Erwachsenen (29. Junius; S. 26) herum. Seine Zuneigung zu Kindern ist darüber hinaus Ausdruck seiner Lebensauffassung, die sich an den Lehren des im Roman namentlich nicht genannten französischen Philosophen Jean-Jacques Rousseau orientiert. Wie Rousseau, der Verfechter eines natürlichen Lebens und Gegner gesellschaftlicher und zivilisatorischer Verbildung des Menschen, sieht Werther in Kindern »alles so unverdorben, so ganz« (29. Junius; S. 26), was er in der Welt der Erwachsenen schmerzlich vermisst. Kinder gelten ihm als das Ursprüngliche, Unverfälschte und Natürliche, sie verkörpern für ihn das Ideal eines von Zwängen und einschränkenden Regeln freien, unbekümmerten Daseins. Kinder faszinieren Werther, weil sie so leben, wie er gerne leben möchte, »in den Tag hinein« (22. Mai; S. 10) und »von einem Tage zum andern« (27. Mai; S. 13). Glück ist für Werther sogar nur vorstellbar als Zustand unbewusst-träumerischer »Gelassenheit« (S. 13), die er an Kindern beobachtet. Anders als der »Philister«, der

seine »Stunden« und sein »Vermögen« einteilt (26. Mai; S. 12), leben sie in Werthers Vorstellung nur dem Augenblick und ihren spontanen Bedürfnissen, wenn sie das »gewünschte [Zuckerbrot; R. K.] endlich erhaschen, es mit vollen Backen verzehren und rufen: »Mehr!« – (22. Mai; S. 10) Wie Werther sind ihnen Mäßigung und Selbstbeherrschung fremd.

Werther kann sich mit dem kindlichen Verhalten deshalb so stark identifizieren, ja, es idealisieren, weil auch er nicht bereit ist, äußere Einschränkungen zu akzeptieren: »Greifen die Kinder nicht nach allem, was ihnen in den Sinn fällt? – Und ich?« (30. Oktober; S. 78) Die zuletzt gestellte, resigniert klingende Frage bezeichnet aber schon die Grenzen, die Werther zwischen sich und den von ihm als Vorbild, als »Muster« (29. Junius; S. 26) gesehenen Kindern bemerkt. Er selbst greift eben nicht ungeniert »nach allem, was (ihm) in den Sinn fällt« (hier meint er die im Ehestand lebende Lotte), sondern er hält sich entgegen seinen eigenen Prinzipien an die gesellschaftliche und biblische Regel, welche ihm eine Annäherung an eine verheiratete Frau verbietet, weil er sein Gewissen (d.h. ein Bewusstsein von damit verbundener Schuld) nicht ausschalten, seine durch Erziehung erworbenen Skrupel nicht ablegen kann. Obwohl er ein Gegner aller Regeln ist, akzeptiert er dieses Tabu.

Werther will ein Kind sein und kann es doch nicht, und unter diesem Widerspruch leidet er. Er beneidet die Kinder, weil sie nicht durch die vom Bewusstsein gesetzten Grenzen eingeengt werden, aber er vermag es ihnen nicht nachzutun, weil

3 Darstellung der Einzelstunden

er unwiderruflich über die kindliche Existenz hinaus ist. Dies hindert ihn zwar nicht daran, gelegentlich wie ein Kind zu handeln, doch zugleich beobachtet er sich dabei und kokettiert damit: »Was man ein Kind ist«, lautet der erste Satz im Brief vom 8. Julius (S. 32), in dem er gesteht, dass er sich zweifelhaften Illusionen über Lottes Liebe zu ihm hingibt, und er schließt zugespitzt auf seine Person: »O, was ich ein Kind bin!« (S. 32) Indem er sein kindliches Verhalten reflektiert, beweist er, dass er kein Kind mehr ist. So beklagt er sich über sich: »[...] ich bin erstaunt, wie ich [...] über meinen Zustand immer so klar gesehen und doch gehandelt habe wie ein Kind.« (8. August, abends; S. 39).

Quelle von Werthers Unglück sind zum einen also die Einschränkungen selbst, die er kritisiert, zum anderen aber, dass er sich ihrer bewusst ist, und das wiegt fast noch schwerer. Der bedauernswerte Irre, der im November nach Blumen sucht, sieht – nach den Worten seiner Mutter – seine Zeit im Tollhaus als »glücklich«, »da er von sich war [...], wo er nichts von sich wusste.« (30. November; S. 83). Werther versteht sofort, was der Unglückliche damit sagen will.

Kindliche Unbedarftheit und Unbegrenztheit sind Werthers Ideale, aber insofern er sich dieser Tatsache bewusst ist, d. h. sein Ideal als Ideal erkannt hat, ist er der utopischen Kindhaftigkeit, der glücklichen Naivität bereits entrückt. Diese muss ihm rückblickend als Paradies erscheinen, an das er mit fast religiösem Schauer denkt, in das es jedoch kein Zurück gibt. Den Versuch, auf den Spuren seiner Kindheit zu wandeln, bezeichnet Werther im Brief vom 9. Mai als »Wallfahrt« (S. 67), die für ihn mit vielen Erinnerungen verbunden ist. Melancholie und Trauer löst der Anblick einst vertrauter Stätten bei ihm aus. »Damals sehnte ich mich in glücklicher Unwissenheit hinaus in die unbekannte Welt«, (S. 67), schreibt er jetzt, da er die Welt mit ihren Hemmnissen und Zwängen kennen

gelernt hat, muss er sich ernüchtert seine »fehlgeschlagenen Hoffnungen« und »zerstörten Planen« (S. 67) eingestehen. Es ist auch hier vor allem die Reflexion, die ihn unglücklich macht. Der Vergleich zwischen Erwartungen und Erfahrungen, zwischen Kindheit und Erwachsenenalter fällt allzu deprimierend aus.

Kindliche Illusionen gelten ihm dennoch viel, er verbindet mit ihnen sogar ein (recht zweifelhaftes) pädagogisches Konzept: »Wir sollen es mit den Kindern machen wie Gott mit uns, der uns am glücklichsten macht, wenn er uns in freundlichem Wahne so hintaumeln lässt« (6. Julius; S. 32). Diese dem aufklärerischen Erziehungsideal (und im Übrigen auch Rousseau) entgegenstehende Auffassung resultiert nicht zuletzt aus Werthers (wohl nicht untypischen) Erfahrungen in der »Schulstube, wo [...] unsere Kindheit zusammengepfercht« wurde (9. Mai; S. 67), wo die Vermittlung von Wissen und Fertigkeiten an Disziplin, Einschränkung der wirklichen Bedürfnisse sowie an Ordnung und Regeln geknüpft war. Wissen und Bewusstsein verursachen somit nicht nur Unglück und Leid, sondern sie werden auch noch leidvoll erworben. Die Kinder möchte Werther vor solcher Zurichtung der Subjektivität am liebsten bewahren, und so wird ihm das vorerwähnte »[H]intaumeln« »in freundlichem Wahne« zu einem utopischen Ziel, von dem er indes weiß, dass es weder für andere noch für ihn selbst erreichbar ist.

Unterrichtsverlauf

Phase 1:
Werthers Verhältnis zu Kindern

Die Bewertung der Hausaufgabe dient als Einstieg, in dem die für das Thema relevanten Textstellen zunächst lediglich (evtl. an der Tafel) aufgelistet und allenfalls ansatzweise kommentiert werden.

Im ersten Schritt geht es um Werthers Beziehung zu den Kindern, die ihm im

Roman begegnen. Er beobachtet und beschreibt sie, spielt mit ihnen, beschenkt und zeichnet sie. Die Schüler werden feststellen, dass Werthers Liebe zu den Kindern ihren tieferen Grund in seiner Abneigung gegen das Verhalten der Erwachsenen hat, von dem in der vorangegangenen Doppelstunde die Rede war. Im zweiten Schritt wird Werthers erste Begegnung mit Lottes Geschwistern (Brief vom 16. Junius) näher untersucht, da sich hier eine aufschlussreiche Charakteristik des Kindhaften aus Werthers Sicht findet. Die einzelnen Eigenschaften (»Freundlichkeit«, »freimütig« usw.) hält der Lehrer an der Tafel fest. Im Unterrichtsgespräch werden dann die hierzu entgegengesetzten Verhaltensmerkmale der Erwachsenen – teils in eigener Wortwahl, teils aus Zitaten aus dem Roman – ermittelt. Der Lehrer weist dabei auf eine wichtige Textstelle hin: »Es ist nichts, worum sie [die Erwachsenen; R. K.] einander nicht bringen. Gesundheit, guter Name, Freudigkeit, Erholung!« (Brief vom 8. Februar; S. 61). Ausgehend von den im Text aufgefundenen konkreten Bestimmungen des Kindlichen wird der Gegensatz von Ideal (Kinder) und Wirklichkeit (Erwachsenenwelt) herausgearbeitet.

Phase 2:
Werthers Rückschau in die eigene Kindheit

Die Schüler lesen den Brief vom 9. Mai noch einmal nach, in dem Werther sich nach einem Besuch in seiner Heimatstadt in seine eigene Kindheit zurückversetzt. Sie erkennen, dass Werthers Idealisierung der Welt der Kinder eine Folge seiner leidvollen Erfahrungen in der Gegenwart ist. (Die Verklärung der Kindheitsidylle wird allerdings durch den Hinweis auf die schlimme Zeit in der Schule eingeschränkt.) Der Leser erfährt, dass Werther sich schon als Kind »stundenlang« »sehnen« konnte und »Hoffnungen«, »Wünsche«, »Planen« (S. 67) und »Ahnungen« (S. 68) in sich trug. Auch der Briefschreiber Werther zeigt sich als Träumer, der sich, nun aber rückwärts-

gewandt und melancholisch, der Wirklichkeit durch Illusionen, durch die Erzeugung von Gegenbildern, zu entziehen sucht.

Phase 3:
Werthers Widerspruch und Tragik

Über die einleitende Frage, ob Werther als Kind bezeichnet werden kann, soll die entscheidende Paradoxie in Werthers Existenz herausgestellt werden. Die Bedingung dafür, Kind oder wie ein Kind sein zu können, ist Naivität, d. h. das wahre Kind weiß nichts von seinem Dasein als Kind, weil es nicht reflektiert. Gerade diese Voraussetzung erfüllt der beständig grübelnde Werther nicht. Sein Wunsch, ein Kind, d. h. naiv zu sein, erwächst ja aus seinem Dasein als Erwachsener. – Es gibt keinen Weg zurück in die Zeit unbeschwerter Unbewusstheit, und darunter leidet Werther. (Man kann an dieser Stelle unter Bezug auf die in diesem Brief gehäuft auftretenden religiösen Anklänge ergänzen, dass schon in dem biblischen Mythos demjenigen das Paradies versperrt bleibt, der vom Baum der Erkenntnis gegessen hat.) – Schüler verstehen den Begriff »naiv« oft negativ und wollen ihn auf Kinder nicht angewendet wissen. Auf diesen Fall sollte der Lehrer vorbereitet sein und entsprechende Klarstellungen geben können.

Phase 4:
Werthers pädagogisches Konzept

Anhand von Werthers pädagogischem Konzept kann die Problematik des Erkennens mit den Schülern vertiefend erörtert werden: »Wir sollten es mit den Kindern machen wie Gott mit uns, der uns am glücklichsten macht, wenn er uns in freundlichem Wahne so hintaumeln lässt.« (Brief vom 6. Julius; S. 32). Eine solch zugespitzt-antiaufklärerische These, die manchem Leser im ersten Moment einleuchtend, ja schillernd erscheinen mag, sollte kritisch hinterfragt werden. Ein Ergebnis der dafür vorgesehenen freien Aussprache könnte sein, dass die genaue

Kenntnis von der Beschaffenheit der Welt (Hungersnöte, Kriege, Umweltzerstörung, atomare Bedrohung etc.) deprimiert, dass wir gerne die Augen vor der Wirklichkeit verschließen, schon um uns notwendigen, aber unangenehmen Einsichten für das eigene Handeln zu entziehen (Flucht). Andererseits sind Wissen und (Problem-)bewusstsein unabdingbare Voraussetzungen für die Veränderung dieser Wirklichkeit, wenn man sie bestehen und ihr nicht durch Verdrängung oder – wie Werther durch Selbstmord entfliehen will (Verantwortung).

Exkurs:

Das Lied »Kinder an die Macht« gehört nach wie vor zu den bekanntesten des Sängers und Schauspielers Herbert Grönemeyer. Es übt besonders auf Jugendliche eine Faszination aus, deren Ursprung die Schüler im Anschluss an die bisherigen Arbeitsergebnisse unschwer bestimmen können. Denkbar ist, dass die Aufnahme des Liedes im Unterricht vorgespielt wird und die Schüler – evtl. freiwillig – die Frage »Weshalb ist die Idealisierung des Kindlichen heute (wieder) aktuell?« zu Hause bearbeiten.

Hausaufgabe:

Das Bauen von Standbildern in der folgenden Doppelstunde erfordert eine intensive Vorbereitung, denn die Schülerinnen und Schüler müssen mit den von ihnen darzustellenden Figuren sehr gut vertraut sein. Die dazu nötige Textkenntnis sollen sie durch die Anfertigung eines Rollenprofils gewinnen. Dazu setzen sich die Mädchen des Kurses mit Lotte, die Jungen zur einen Hälfte mit Werther, zur anderen mit Albert auseinander. Da zwei unterschiedliche Standbilder zu zwei unterschiedlichen Situationen gebaut werden sollen (letzte Begegnung Werthers mit Albert und Lotte am Ende des ersten Buches: Brief vom 10. September 1771 [S. 54] und letztes Aufeinandertreffen am 20. Dezember 1772 [S. 97]),

sind insgesamt sechs schriftlich anzufertigende Rollenprofile zu vergeben.

Sofern die Kursteilnehmer bisher noch keine Rollenprofile verfasst haben, gibt der Lehrer eine mögliche Gliederung vor. Sie könnte lauten:

1. die Situation der Sprecherin/des Sprechers (Alter, Geschlecht, Familienverhältnisse, Beruf, Neigungen);
2. äußerer und innerer Bezug zu anderen Figuren (hier insbesondere zu den Figuren der Dreiecks-Konstellation Lotte–Werther–Albert);
3. die eigene innere Verfassung (Wünsche, Ziele, Hoffnungen, Erwartungen, Befürchtungen usw.).

Stundenziele zur 13. Stunde

Die Schüler sollen:

- die thematischen Bezüge zwischen Werthers Regel-Kritik und seiner Begeisterung für Kinder am Text aufzeigen;
- den Widerspruch zwischen Ideal und Wirklichkeit, Kindheit und Erwachsenenwelt in Werthers Kinder-Bild aufzeigen können;
- Werthers Widerspruch und Tragik in seinem Verhältnis zu Kindern erkennen;
- Werthers Erziehungsideal problematisieren und die Gründe für die allgemein verbreitete Idealisierung der Kindheit und des Kindlichen erörtern.

14./15. Stunde:
Werther – Lotte – Albert

Sachanalyse

Werthers Leiden als Roman hätten keinen solchen Erfolg haben können, wenn es für sie einen Ausweg gegeben hätte. Seine inneren Qualen, die Generationen von Lesern zu Tränen rühren konnten, wären durch einen glücklichen Ausgang entwertet und banalisiert worden. Hätte Werthers Liebe zu Lotte ihre Erfüllung gefunden, ihren Schlusspunkt gar in einer Hochzeit, würde sie das allgemeine Interesse weder verdient noch wohl auch gefunden haben, das ihr seit dem Erscheinen von Goethes Roman entgegengebracht wird. Hierin liegt die grausame Paradoxie und zugleich das Faszinierende: »Die Bedingung der Wertherliebe ist [...] ihre Unerfüllbarkeit« (Scherpe, S. 64), die in jeder Hinsicht bedingungslose Vergeblichkeit einer schwärmerischen Leidenschaft, die den zugleich Liebenden und Leidenden zugrunde richtet.

Von Beginn an idealisiert Werther die Amtmannstochter, als sei diese nicht von dieser Welt: »Sie ist mir heilig. Alle Begier schweigt in ihrer Gegenwart.« (16. Julius; S. 34) Er vergöttert Lotte so sehr, dass er sich mit einer rein geistigen Beziehung, die durch erotische Momente nur verunreinigt würde, zufrieden gibt. Auf solche Weise vermag er seine Zuneigung zu ihr zu rechtfertigen, denn er weiß ja, dass Lotte versprochen und für ihn als konkretes sinnliches Wesen, als Frau, unerreichbar ist; als »Engel« (1. Julius; S. 30; 16. Julius; S. 35 u. a.) aber darf er sie anbeten. Und es scheint, dass gerade dieser Umstand sie für Werther ganz besonders reizvoll werden lässt, wie Lotte übrigens selbst vermutet: »Ich fürchte, ich fürchte, es ist nur die Unmöglichkeit, mich zu besitzen, die Ihnen diesen Wunsch so reizend macht.» (S. 96) Sie mag spüren, dass Werther in ihr seine eigene Idealvorstellung von einer vollkommenen Liebe sieht, dass ihm das Bild und die Illusion von Liebe am Ende wichtiger sind als diese selbst:

Wilhelm, was ist unserem Herzen die Welt ohne Liebe! Was eine Zauberlaterne ist ohne Licht! Kaum bringst du das Lämpchen hinein, so scheinen dir die buntesten Bilder an deine weiße Wand! Und wenn's nichts wäre als das, als vorübergehende Phantome, so macht's doch immer unser Glück [...]. (18. Julius; S. 35)

Dieser Art von »Glück« stand Werther vor seiner ersten Begegnung mit Lotte noch wesentlich kritischer gegenüber: Es machte ihn »stumm«, dass »man sich die Wände, zwischen denen man gefangen sitzt, mit bunten Gestalten und lichten Aussichten bemalt« (22. Mai; S. 9). Er erkannte hier noch klar die Ersatzfunktion derartiger Illusionen, die man sich macht, um ein unbefriedigendes Dasein in der »Einschränkung« (S. 9) ertragen zu können.

Nun genießt er, dass ihm Lotte »alle Sinne, alle Empfindungen ausfüllt« (10. Julius; S. 32 f.). Dass sie dies aber nur als Gegenstand seiner permanenten Sehnsucht vollbringen kann, wird deutlich, wenn man diesen Satz zu folgendem Briefauszug in Beziehung setzt:

[...] wir sehnen uns, ach! unser ganzes Wesen hinzugeben, uns mit aller Wonne eines einzigen, großen, herrlichen Gefühls ausfüllen zu lassen. – Und ach! wenn wir hinzueilen, wenn das Dort nun Hier wird, ist alles vor wie nach, [...] und unsere Seele lechzt nach entschlüpftem Labsale. (21. Junius; S. 25)

Die vorerwähnten »buntesten Bilder« sind zum Schauen und Sehen, nicht zum Greifen da. Würde Werther Lotte als Menschen aus Fleisch und Blut wirklich für sich gewinnen, wäre »alles vor wie nach«, müsste eine neue Sehnsucht an die Stelle der erfüllten treten, die ihn wieder ganz »ausfüllen« würde, denn anders hielte Werther die Nüchternheit der Nähe des »Hier« einer konkreten Beziehung gar nicht aus. Niemals könnte er sich mit der »Einschränkung« (21. Junius; S. 24) einer vielleicht behaglichen, aber letztlich philiströsen und im Übrigen ganz und gar unpoetischen Existenz abfinden. Dieser Einsicht aber verschließt er sich, indem er glaubt, dass auch in einer Ehe mit Lotte sein »ganzes Leben« »ein anhaltendes Gebet sein« würde (29. Julius; S. 69). Wenn er sich nur einmal mit Lotte so auseinandersetzte, dass er von seiner Sehnsucht absehen und sie nur um ihrer selbst willen betrachten könnte, müsste er feststellen, dass er ihr auf Grund seines rastlos-drängenden Wesens auf Dauer gar nicht gerecht werden und sie durch seine übersteigerten Erwartungen an ihre Vollkommenheit sowie durch seinen euphorischen Glücksanspruch hoffnungslos überfordern würde.

Werther hat sich vollständig von seiner Liebe zu Lotte abhängig gemacht, indem er in der ihm eigenen kompromisslosen Art sein Schicksal untrennbar mit Lottes Wollen und Fühlen verknüpft. Dabei gibt er zu, dass Lottes vermeintliche Liebe für ihn auch ein Mittel seiner Eigenliebe darstellt: »Ja ich fühle [...], dass sie mich liebt! Mich liebt! – Und wie wert ich mir selbst werde, [...] wie ich mich selbst anbete, seitdem sie mich liebt!« (13. Julius; S. 34). Die Kehrseite dieses nur kurz währenden Hochgefühls der eigenen Aufwertung ist allerdings, dass er durch Lottes Entscheidung für Albert in die tiefste Depression gestürzt wird.

Lotte erfüllt für Werther zunächst einmal eine Funktion: Objekt seiner Sehnsucht zu sein, und insofern ist sie auswechselbar. Andererseits ist sie für ihn einmalig, weil er erst dann von ihr lassen und ein neues Objekt für seine Sehnsucht suchen könnte, wenn er Lottes Nähe und damit die Erfüllung seiner mit ihr verknüpften Wünsche erfahren hätte. Dies ist der tiefere Grund, warum Werther von Lotte nicht loskommt, warum er nicht für immer aus Wahlheim abreist und sich nach Lottes Hochzeit nicht einem anderen weiblichen Wesen zuzuwenden vermag.

Lotte bedeutet für Werther nicht nur eine Frau mit für ihn unvergleichbaren Reizen, sondern auch eine fixe Idee, eine zum Engel hochstilisierte und als Ziel seiner zwanghaften Schwärmerei unerreichbare Geliebte. Diese beiden Aspekte seiner Liebe zu Lotte vermengen sich in ihm. Den Zustand, in den Werther sich auf Grund seiner Wesensart selbst gebracht hat, nimmt er zunehmend als leidvoll wahr, bis er ihn schließlich nicht mehr aushält. Die Spannung entlädt sich nach der gemeinsamen »Ossian«-Lektüre, als Werther Lotte plötzlich als Frau und nicht mehr als »Engel« behandelt; seine »Begier« kann nun nicht mehr »schweig[en]«: »Er schlang seine Arme um sie her, presste sie an seine Brust und deckte ihre zitternden, stammelnden Lippen mit wütenden Küssen. –« (S. 107) »Wütend« sind seine Küsse, weil Werther hier den Boden der platonischen Liebe verlässt und seine Beziehung zu Lotte ihren Sündenfall erfährt. Denn noch kurz zuvor hatte er sich geschworen: »Nie will ich es wagen, einen Kuss euch aufzudrücken, Lippen, auf denen die Geister des Himmels schweben.« (S. 81)

Durch sein Verhalten hat Werther die Grundlage seiner Beziehung zu Lotte selbst zerstört und den Abschied von ihr unausweichlich gemacht. Ein Zurück kann es für ihn nicht geben; ein Sich-Bescheiden mit den Verhältnissen, die allenfalls eine gute Freundschaft auf der Grundlage vernünftig-beschränkter Zuneigung erlauben würde, kommen für Werther nicht in Betracht. Für ihn kann es nur Euphorie oder tiefstes Leid geben, alles oder nichts, aber keine gefühlsmäßige Mittelmäßigkeit, denn Werther hat – und darauf besteht er ausdrücklich – kein wohltemperiertes Herz. Sich an seinem Hochgefühl oder an seinem Elend zu berauschen, ist ihm daher Lebenselixier. Ob glücklich wie ein »Heilige[r]« (21. Junius; S. 24) oder leidend wie ein Märtyrer, immer möchte Werther seiner selbst und sein Herz genießen – als Narziss.

Wenngleich Werther so sein trauriges Ende selbst heraufbeschwört, indem er sich durch die Kompromisslosigkeit seines Anspruchs auf Lotte in die Enge treibt, zuletzt in die Enge des Grabes, sollte darüber die unselige Wirkung von Lottes Verhalten nicht unberücksichtigt bleiben. Werthers Illusionen und schwärmerische Exzesse werden genährt durch ihre mitunter zweideutig-freundliche Zuwendung, die sie ihm zuteil werden lässt. Zweifellos genießt sie seine unverhüllte Verehrung, zumal sie – wie schon während der ersten Begegnung am 16. Juni – von Albert oft allein gelassen wird, wenn dieser seinen Pflichten und Geschäften nachzugehen hat. Werthers Erscheinen in Wahlheim bringt Abwechslung in das Leben der jungen lebenslustigen Frau, die schon früh die Aufgaben einer Ersatzmutter übernehmen musste und sich zu alledem von ihrer sterbenden Mutter Albert hat anvertrauen lassen (10. August; S. 40). Dem ihr aufgezwungenen »Ernste, eine wahre Mutter geworden« zu sein (ebenda), steht der von allen Pflichten ledige Werther als personifizierter Unernst entgegen, dessen Lotte eben auch bedarf. Während für diese »kein Augenblick ihrer Zeit ohne tätige Liebe, ohne Arbeit« verstreicht (ebenda), führt Werther eine Müßiggänger-Existenz, die es ihm erlaubt, etwas Kurzweil und angenehme Unterhaltung in Lottes von Verantwortung geprägtes Leben zu bringen.

Lotte schätzt dies, was indes nicht bedeutet, dass sie seine übersteigerte Sentimentalität und seine Überspanntheiten teilt, wie ihre Warnung zeigt: »Und wie sie mich auf dem Wege schalt über den zu warmen Anteil an allem, und dass ich drüber zugrunde gehen würde!« (1. Julius; S. 30) Auch missbilligt sie seine Narrheiten und »Possen«: »ich bitte Sie, keine Szene wie die von gestern Abend! Sie sind fürchterlich, wenn Sie so lustig sind.'« (30. Julius; S. 38) »Sie hat mir meine Exzesse vorgeworfen.« (8. November; S. 79), teilt Werther mit, ohne dabei zu bemerken, dass es zwischen ihm, dem Empfindsamen und Drängenden, und der auf Ehe und Familie eingestellten Amtmannstochter keine Seelenverwandtschaft gibt, auch wenn ihm dies gelegentlich so scheinen mag: »Sie wäre mit mir glücklicher geworden als mit ihm!« (29. Julius; S. 70)

Im Grunde passt weder Albert noch Werther wirklich zu Lotte. Die beiden Männer haben ihr gegensätzliche und gleichermaßen angenehme Eigenschaften zu bieten. Alberts »gelassene Außenseite« (30. Julius; S. 37f.) und seine solide Lebensführung garantieren ihr die Sicherheit und Ruhe einer bürgerlichen Existenz. Werthers Emotionalität, die »Unruhe [s]eines Charakters« (30. Julius; S. 38), seine Liebe zu Kindern, zur Literatur und Kunst sowie seine Begeisterungsfähigkeit ziehen sie an. Lottes Beziehung zu Werther ist deshalb ambivalent: Sie liebt an ihm das, was sie an Albert vermisst, und will somit keinen von beiden verlieren. Die durch Werther und ihren Verlobten repräsentierten Wesensarten zusammen würden einen ihr gemäßen Partner ergeben; da sich aber beide gegenseitig ausschließen, ist Lottes Glück durch die Bekanntschaft mit Werther unwiderruflich dahin, da ihr immer der eine oder der andere fehlen wird.

Ihr »sonderbare[r] Zustand« (S. 99) erklärt sich aus dem Zwiespalt, in den sie durch dieses Dreiecksverhältnis geraten ist. Lotte möchte das Problem lösen, indem sie Werther empfiehlt, sich »einen werten Gegenstand [seiner] Liebe« (S. 96) zu suchen, aber selbst unter ihren Freundinnen findet sie »keine, der sie ihn gegönnt hätte«, denn sie fühlt »tief, ohne es sich deutlich zu machen, dass ihr herzliches, heimliches Verlangen sei, ihn für sich zu behalten.« (S. 100)

Lottes innere Unentschiedenheit lässt sie in Bezug auf Werther inkonsequent werden und verursacht so seine quälende »Ungewissheit« (8. Julius; S. 32): »Ja ich fühle, und darin darf ich meinem Herzen trauen, dass sie [...] mich liebt! Mich liebt! –« (13. Julius; S. 34) jubelt er und beschreibt noch in demselben Brief, wie er verzweifelt, »wenn sie von ihrem Bräutigam spricht, mit solcher Wärme, solcher Liebe von ihm spricht« (ebenda). An dem Wechselbad der Gefühle, das Werther vor allem im Juli und August 1771 durchleidet, ist Lotte auf Grund ihres auch für den Leser nur schwer durchschaubaren Verhaltens wesentlich beteiligt. Werther erkennt dies auch, wenn er ironisch bemerkt: »denn darin sind die Weiber fein und haben Recht: wenn sie zwei Verehrer in gutem Vernehmen mit einander erhalten können, ist der Vorteil immer ihr, so selten es auch angeht.« (30. Julius; S. 37) Anlass für eine kritischere Haltung Lotte gegenüber ist ihm diese Beobachtung allerdings nicht.

Ganz offenbar wird erst am Schluss, wie es um Lotte steht: Lediglich »mit schwacher Hand« (S. 107) stößt sie Werther, der sie an die Brust gedrückt und geküsst hat, von sich, »bebend zwischen Liebe und Zorn« (ebenda), wobei der Zorn wohl ihr selber gilt. »Und mit dem vollsten Blick der Liebe auf den Elenden eilte sie ins Nebenzimmer«. (ebenda) Nur indem sie vor ihm flieht, darf sie ihm ihre Gefühle für ihn zeigen. Der fiktive Herausgeber spricht damit aus, was Werther immer nur voller Zweifel zu hoffen wagte: »Sie liebt mich! Sie liebt mich!« (S. 109)

Paradoxerweise kann diese Erkenntnis keine glückliche Wende bewirken: Eine Liebesbeziehung zwischen Werther und Lotte ist von Anbeginn zum Scheitern verurteilt – sowohl durch die äußeren Bedingungen als auch durch die unterschiedliche Beschaffenheit ihrer Charaktere und ihrer Wünsche. Was bleibt, ist einzig das Mitleiden der Leser, das dem Roman die eingangs erwähnte dauerhafte Geltung verschafft hat.

Vorbemerkung

Eine methodisch reizvolle Variante zur reinen Textarbeit stellt bei der Interpretation von Figurenkonstellationen das von Ingo Scheller entwickelte Verfahren der Standbilder, der sinnlichen Demonstration von Beziehungen, dar. Das Standbild-Verfahren spielt nicht nur im Rahmen der szenischen Interpretation von Dramen eine wichtige Rolle, sondern eignet sich ebenfalls für die Bearbeitung von Prosatexten. »Standbilder entstehen, wenn Handlungsabläufe unterbrochen werden und die Akteure in ihren Haltungen erstarren. Eine Momentaufnahme entsteht: Körperhaltungen, Gestik und Mimik sind ›eingefroren‹, Zustände werden sichtbar [...]«. (Scheller, S. 62) Mehr noch als auf die »Handlungsabläufe« kommt es dabei auf die »Zustände« an, die auch unter Zuhilfenahme von Requisiten wie Tischen und Stühlen verdeutlicht werden können. So ist etwa denkbar, dass eine der Personen auf einen Tisch steigt und von oben auf eine andere Person herabsieht, wodurch Selbstüberschätzung, Herablassung, Arroganz oder Verachtung zum Ausdruck gebracht werden können.

Gegenüber der üblichen Textanalyse und -interpretation hat das Standbild-Verfahren den Vorzug, dass es die Schüler dazu veranlasst, sich nicht nur gedanklich-abstrakt, sondern auch physisch mit der in Frage stehenden Figur auseinander zu setzen. Anders als bei der nur nachvollziehenden Betrachtung einer Illustration, z.B. von Chodowiecki (vgl. 1./2. Stunde), gestalten die Schüler hierbei selbstständig ihren Eindruck von einer Beziehung sowie den Gefühlen und den Absichten der in ihr involvierten Figuren. Diese werden dadurch nicht nur im übertragenen Sinne, sondern ganz konkret »greifbar«.

Der dabei erforderliche Körpereinsatz soll den Akteuren ermöglichen, sich in eine literarische Gestalt hineinzuversetzen und ihr einen bestimmten, später auch verbal näher zu begründenden Ausdruck zu verleihen. Für diese Einfühlung ist, wenn der Gefahr der Willkür bzw. der Beliebigkeit entgangen werden soll, ernsthafte und genaue Textarbeit unerlässlich und durch nichts zu ersetzen. Denn: »Das Bauen von

Standbildern ist Interpretationsarbeit.«
(Scheller, S. 64) Zur Vorbereitung des
Standbild-Verfahrens wird hier deshalb die
Anfertigung eines Rollenprofils vorgeschlagen. Die Schüler erarbeiten sich als
Hausaufgabe die Selbstvorstellung einer
der drei Figuren an einem ganz bestimmten Zeitpunkt des Handlungsablaufs, den
der Lehrer vorgegeben hat. Die Mädchen
im Kurs verfassen ein Rollenprofil zu Lotte,
die Jungen je zur Hälfte eines zu Albert
bzw. zu Werther. (Als hiervon abweichen-
des Vorgehen könnte ein Geschlechter-
tausch dann von besonderem Interesse
sein, wenn der Kurs z. B. unter dem Thema
»Geschlechtsspezifisches Verhalten literarischer Figuren« oder »Das Bild der Frau in
der Literatur« o. Ä. durchgeführt wird.) Das
Rollenprofil sollte unbedingt in schrift-
licher Form erstellt werden, weil damit –
aus männlicher oder aus weiblicher Perspektive – eine intensivere, durch die Anstrengung eigener Formulierungen bewusst gemachte Auseinandersetzung mit
der Figur, ihrer Vorgeschichte, ihrer aktuellen Situation, Gefühlslage etc. erfolgen
kann.

Um nicht nur die Beziehungskonstellation Werther – Lotte – Albert, sondern auch
deren Entwicklung sichtbar zu machen,
wurden für diese Doppelstunde zwei der
wenigen Situationen ausgewählt, in
denen alle drei Hauptfiguren des Romans
gemeinsam auftreten und jeweils ein (nur
Werther zu diesem Zeitpunkt bereits bewusster) Abschied bevorsteht: der Abschied Werthers von Lotte und Albert am
Ende des ersten Buches (Brief vom 10. September) und das letzte Aufeinandertreffen
Werthers mit dem inzwischen verheirateten Paar am 20. Dezember, zwei Tage vor
dem Wilhelm bereits angekündigten Freitod.

Auch wenn Scheller betont, dass das Bauen
von Standbildern »einfach und schnell er-
lernbar« ist (Scheller, S. 64), sollte der be-
nötigte Zeitaufwand nicht unterschätzt
werden, vor allem, wenn das Verfahren

den Schülerinnen und Schülern nicht vertraut ist. Sofern diese sich untereinander
noch nicht lange bzw. gut kennen, kann
u. U. eine gewisse Verlegenheit entstehen,
wenn sie sich anfassen müssen. Für diesen
Fall schlage ich als Aufwärmphase das kleine Spiel »Den Knoten entwirren« vor. Das
Spiel bereitet auf den notwendigen Körper-
kontakt beim Standbild-Bauen vor und
baut eventuelle Hemmungen ab.

Mit Verzögerungen ist zu rechnen, da manche Situation unfreiwillig komisch geraten
und erheiternd wirken kann. Deshalb ist
genügend Zeit, d. h. mindestens die gesamte Doppelstunde, einzuplanen.

Unterrichtsverlauf

Aufwärmphase:
»Den Knoten entwirren«

Alle Kursteilnehmer (es sollten allerdings
nicht mehr als 15 sein) bilden einen Kreis.
Danach schließen sie die Augen, strecken
die Hände vor und gehen langsam in Kreis-
mitte, wo sie mit beiden Händen jeweils
eine andere Hand ergreifen. Der Kursleiter
überwacht den Vorgang und sorgt dafür,
dass verwaiste Hände schließlich auch eine
Hand finden. Nun werden die Augen
geöffnet, und ohne dass gesprochen wird,
müssen die Schüler versuchen, den entstandenen Knoten zu entwirren; die zuvor
ergriffenen Hände dürfen dabei natürlich
nicht losgelassen werden.

Phase 1:
Das Standbild-Verfahren

Sofern dies in der vorangegangenen Stunde noch nicht erfolgt ist, erläutert der Lehrer zunächst kurz das Ziel des Standbild-
Verfahrens und beschreibt die einzelnen
Schritte beim Ablauf, wie sie oben beschrieben wurden. Hierbei wird auch die
Bedeutung der von den Schülern als Hausaufgabe angefertigten Rollenprofile angesprochen: Die Rollenprofile stellen die
textliche Voraussetzung für diese Form in-
terpretatorischer Arbeit dar.

Beispiel eines Rollenprofils   → CD-ROM / Datei: AB_14_15.doc

Ich heiße Lotte, bin 19 Jahre alt[1] und die älteste Tochter des verwitweten fürstlichen Amtmannes S. Von Statur bin ich mittelgroß, und man sagt, meine Augen seien auffällig dunkel.

Seit dem Tod meiner innig geliebten Mutter leben wir, d. h. mein Vater, meine acht Geschwister und ich, nicht mehr in der Stadt, sondern abgeschieden in der Nähe eines kleines Dorfes. Da ich meiner Mutter auf dem Sterbebett versprochen habe, für meine Geschwister die Mutterrolle zu übernehmen, führe ich den Haushalt. Wenn ich einmal etwas Zeit für mich habe, lese ich gern, und zwar vor allem Romane, in denen ich mich selbst wiederfinde. Vergnügungen wie Tanz und Musik sind mir als Abwechslung sehr willkommen, denn ich bin ein lebenslustiges Mädchen. Gelegentlich spiele ich ein wenig Klavier.

Seit einiger Zeit steht fest, dass ich Albert heiraten werde. Mein Bräutigam hat gerade ein Amt am Hofe übernommen und wird nun genug verdienen, um meine Geschwister und mich versorgen zu können. Er ist ein sehr pflichtbewusster, fleißiger und ehrlicher Mensch, auf den ich mich ganz und gar verlassen kann. Im Unterschied zu mir ist er eher etwas nüchtern und vom Verstand her bestimmt, was ich aber durchaus zu schätzen weiß. Ganz bestimmt wird er mir ein guter Ehemann sein. Leider hat er, da er stets mit Akten beschäftigt ist, wenig Zeit für mich.

Sehr viel Zeit verbringe ich dagegen mit Werther, einem jungen Mann, der seit einiger Zeit in der Nähe von Wahlheim wohnt. Vor etwa zehn Wochen habe ich ihn auf der Fahrt zu einem Ball kennen gelernt, und wir entdeckten schon am ersten Tag viele Gemeinsamkeiten, z. B. unsere Vorliebe für Bücher und für die Gedichte Klopstocks. Nun kommt er fast täglich zu Besuch, und es ist offensichtlich, dass er meine Nähe sucht und mich mag. Mir ist er sehr sympathisch, vor allem seine ungezwungene, offene Art. Immer ist er gut gelaunt. Außerdem ist mir gleich zu Beginn unserer Bekanntschaft aufgefallen, wie natürlich er mit Kindern umgeht und wie er von ihnen dafür geliebt wird. Meine Geschwister hängen an ihm. Mich beeindruckt, dass Werther sehr viel Bildung besitzt und gleichzeitig auch so voller Gefühl und Leidenschaft ist. All diese Eigenschaften gefallen mir zwar, aber manchmal finde ich seine Schwärmereien etwas übertrieben. Auch tuscheln die Leute schon darüber, dass Werther so oft zu uns herüberreitet; schließlich bin ich ja verlobt. Wovon Werther lebt, ist mir nicht ganz klar, denn um einen Beruf oder um eine Arbeit scheint er sich überhaupt nicht zu kümmern. Im Unterschied zu mir führt er ein sehr freies Leben und macht sich um nichts Sorgen.

Froh bin ich, dass Albert sich mit Werther versteht, obwohl sie doch so grundverschieden sind. Ich mag nämlich beide und möchte auf keinen von ihnen verzichten. Manchmal frage ich mich, wie lange Werther wohl noch in unserer Nähe sein wird, und ich bemerke an mir, wie sehr mich die Vorstellung, er könnte eines Tages nicht mehr wiederkommen, ängstigt. Andererseits möchte ich nicht, dass Albert am Ende eifersüchtig wird, wenn er merkt, dass Werther mir sehr viel mehr bedeutet, als er es eigentlich dürfte. Vielleicht war es deshalb auch nicht richtig, dass ich Werther zu seinem Geburtstag am 28. August eine der blassroten Schleifen geschenkt habe, die ich bei unserer ersten Begegnung trug.

---

1. Diese Angabe beruht auf einer Annahme; im Text gibt es keinen Beleg für Lottes Alter.

Darauf zieht sich der Lehrer ganz aus dem Geschehen zurück und beschränkt sich auf die Rolle des Beobachters.

Phase 2:
Erstellen eines Standbildes

Während die übrigen Schülerinnen und Schüler des Kurses dem Geschehen zunächst nur passiv folgen, treten die Mitglieder der Kurshälfte, die sich mit Hilfe des Rollenprofils auf die erste der vorgegebenen Situationen vorbereitet haben, zusammen. Der Lehrer hat zuvor nach seinen konkreten Erfahrungen festgelegt, ob die Gruppe, die nun zusammengestellt werden soll, aus vier oder aus fünf Personen besteht. Folgende Alternativen haben sich in der Praxis bewährt. Entweder baut ein Regisseur/eine Regisseurin alle Figuren, dann werden vier Teilnehmer benötigt, oder es wird nach Geschlechtern zugeordnet. Ein Mädchen ist zuständig für Lotte, ein Junge für Werther und Albert, sodass fünf Akteure erforderlich sind.

Aus ihrer Mitte heraus bestimmen die Gruppenmitglieder den bzw. die Erbauer/ Regisseure des ersten Standbildes sowie die Schülerin und die Schüler, die für das Bildensemble benötigt werden. (Alternativ ist auch denkbar, dass der Lehrer einen Schüler als Standbild-Bauer bestimmt, der sich sein Personal aus der Gruppe nach seinen eigenen Vorstellungen von den physischen Voraussetzungen der Figuren heraussucht.) Daraufhin treten alle nicht direkt am Prozess des Erbauens beteiligten Kursteilnehmer zurück und beobachten nur noch genau, wie der Regisseur das Bild nach seinen eigenen Vorstellungen, ohne Eingriffe oder Kommentare der Mitschüler, zusammenstellt. Wichtig ist, dass Standbildbauer und Figuren nicht miteinander sprechen. Wie biegsame Puppen modelliert der Regisseur die Mitspieler, stellt oder legt sie und gibt ihnen durch Vormachen außerdem an, welche Gesichtszüge er von ihnen erwartet. Dabei komponiert er die Figuren so zueinander, dass deren Beziehungen untereinander ein Gesamtbild erge-

ben. Wenn er meint, fertig zu sein, wird das Bild ungefähr 60 Sekunden lang gemeinsam betrachtet und von den Mitspielern der ersten Kurshälfte (außer natürlich von denen, die die erstarrte Bildgruppe stellen) diskutiert und gegebenenfalls korrigiert. Während dieses gesamten Vorgangs schauen die übrigen Kursteilnehmer lediglich aufmerksam zu und versuchen sich betrachtend einzufühlen. Dabei achten sie sowohl auf den Prozess als auch auf die laut geäußerten Begründungen und Kommentare des Teams.

Phase 3:
Auswertung

Das Standbild, das sich inzwischen allen eingeprägt haben wird und das nach Möglichkeit mit einer Sofortbildkamera von zwei oder drei Seiten aufgenommen worden sein sollte, wird aufgelöst. Die aus ihrer Erstarrung befreiten Schüler, die eben noch Lotte, Albert und Werther dargestellt haben, sollen, da sie nicht Betrachtende, sondern Akteure waren, zuerst zu Wort kommen. Sie beschreiben nun, wie sie sich als Teil des Standbildes gefühlt haben und antworten auf konkrete Fragen: Was hast du gerade von Lotte/Werther/Albert gedacht? Was möchtest du am liebsten tun? (Eine alternative Möglichkeit: Die Figuren bleiben zunächst noch stehen, und mehrere Zuschauer aus der nicht beteiligten Kurshälfte stellen sich hinter eine der Figuren und sagen einen kurzen Satz, den die Figur denken könnte. Die Sätze werden protokolliert. Hinterher wählt die Figur die ihrem eigenen (Körper-)Gefühl nach am besten passende Formulierung aus.) Verallgemeinernd können die Figuren anschließend gefragt werden: Erleichterte dir die vom Regisseur vorgegebene Haltung, dich mit der von dir präsentierten Figur emotional zu identifizieren? Stimmte deine eigene Vorstellung von der Gefühlslage der dargestellten Figur mit der von dir verlangten Körperhaltung, Mimik, Gestik usw. überein?

Daran anknüpfend wird das fertige Produkt im Plenum/Kurs zur Diskussion gestellt. Regisseur und Team werden auf diese Weise dazu gebracht, ihre Arbeit noch einmal selbstkritisch zu reflektieren.

Phase 4:
Korrektur des Standbildes

Sofern die Diskussion ergeben hat, dass das Standbild verbessert werden könnte, wird dieses durch den Regisseur zunächst noch einmal rekonstruiert und dann verändert, wobei die als sinnvoll akzeptierten Vorschläge der übrigen Kursteilnehmer berücksichtigt werden. Das Schweigegebot bei der ersten Standbilderstellung (Phase 2) ist aufgehoben, und alle Beteiligten – natürlich auch die/der Unterrichtende – können sich spontan äußern. Am Ende wird das neue Standbild ebenfalls mit der Sofortbildkamera festgehalten. Als weitere Möglichkeit bietet sich an, das Standbild als Figuren-Konstellation im Tafelbild festzuhalten.

Phasen 5 bis 7:
Durchführung eines weiteren Standbildes

Der oben beschriebene Ablauf des Verfahrens wird für das von der zweiten Kurshälfte zu erstellende weitere Standbild wiederholt. Mit Blick darauf, dass eine zusammenfassende Ergebnissicherung (Phase 8) unbedingt erfolgen muss, sollte hier auf eine möglichst straffe Durchführung geachtet werden.

Phase 8:
Vergleich der beiden Standbilder: Entwicklung in der Beziehungskonstellation?

Eine Zusammenschau der beiden Standbilder (entweder durch eine kurze Rekonstruktion der lebenden Figurenkompositionen oder durch vergleichende Präsentation der abschließenden Aufnahmen mit der Sofortbildkamera) hat die Funktion, den Prozess innerhalb der Beziehungskonstellation zwischen dem Ende des ersten und des zweiten Buches im »Werther« zu verdeutlichen. Der gefühlvollen Stimmung zwischen Werther und Albert beim ersten Ab-

schied kontrastiert die »frostige«, »kalt[e]« Begegnung gegen Ende des Romans. Die Zuspitzung der komplizierten Beziehung sollte den Schülern sowohl durch die Gestaltung als auch durch die Betrachtung mit anschließender Reflexion der beiden Standbilder bewusst und nachfühlbar werden.

Hausaufgabe:
Die Schüler bereiten sich auf die folgende Doppelstunde vor, indem sie im Roman passende Textpassagen zum Thema »Unterdrückte Briefe« heraussuchen.

Stundenziele zur 14./15. Stunde

Die Schüler sollen:

- die Beziehung zwischen Werther, Lotte und Albert anhand zweier wichtiger Situationen sinnlich erfahren, reflektieren und diskutieren und zu diesem Zweck
- mit dem handlungsorientierten Standbild-Verfahren vertraut gemacht werden;
- das Standbild-Verfahren als eine Möglichkeit der Interpretation von Prosa-Texten kennen lernen;
- lernen, ein Standbild zu bauen bzw. bei dessen Erstellung als Akteur oder Beobachter beteiligt werden.

16./17. Stunde:
Wilhelms unterdrückte Briefe

Vorbemerkung

Im Anschluss an die bislang eher theoretische und analytische Verfahren der Textbearbeitung bietet sich in dieser Phase der Unterrichtseinheit abermals eine kreative Übung an, die sich aus der Struktur des Romans selbst ergibt. Obwohl dieser nur die Briefe Werthers enthält, beruht er doch auf der Fiktion eines Briefwechsels, eines brieflichen Dialogs mit dem Freund. Die monologischen Briefe Werthers fordern nun geradezu dazu auf, die vom »Herausgeber« nicht mitgeteilten, gewissermaßen »unterdrückten« Briefe zu ergänzen und damit die Leerstellen zwischen den einzelnen Briefen Werthers zu füllen. Mehrfach bezieht sich dieser explizit auf die vorangegangenen Briefe Wilhelms. So setzt z. B. der Brief vom 13. Mai ein mit den Worten »Du fragst, ob du mir meine Bücher schicken sollst? – « (S. 7), und der Beginn des Briefes vom 16. Junius greift einen Vorwurf auf: »Warum ich dir nicht schreibe? –« (S. 15) Der Brief vom 11. Junius sieht Wilhelms Bedenken angesichts von Werthers Entscheidung, den Fürsten zu verlassen, schon voraus: »Sage was du willst, ich kann nicht länger bleiben.« (S. 69) Dankbar und traurig zugleich nimmt Werther kurz vor seinem Tod, im Brief vom 20. Dezember, zur Kenntnis, dass Wilhelm ihn in seinem letzten Brief ganz offensichtlich missverstanden und nicht bemerkt hat, dass Werther ihm den geplanten Selbstmord in einer doppeldeutigen Formulierung angekündigt hat: »Ich danke deiner Liebe, Wilhelm, dass du das Wort [gemeint ist Werthers Satz: »Mir wäre besser, ich ginge.«] so aufgefangen hast. [...] Der Vorschlag, den du zu einer Rückkehr zu euch tust, gefällt mir nicht ganz; [...].« (S. 94) Die Diskrepanz zwischen den gut gemeinten Ratschlägen des Freundes und der Gefühlslage Werthers verschärft an dieser Stelle dessen innere Not, muss er sich doch gerade jetzt sogar von seinem besten und womöglich einzigen Freund unverstanden fühlen.

Die nicht gedruckten Briefe, die ihrerseits in einem Roman mit dem Titel »Briefe an einen unglücklichen Freund« aufgenommen werden könnten, sollen also von den Schülern rekonstruiert werden. In methodischer Hinsicht sind zwei Alternativen denkbar.

Reizvoll ist, von den Kursteilnehmern eine Briefreihe, ähnlich der Werther'schen, zu erstellen, wobei als Schreibdatum jeweils ein Termin zwischen zwei Briefen Werthers anzugeben wäre. Jeder Schüler sucht sich dabei ein Datum aus, zu dem er einen Brief verfassen will. Ebenso sinnvoll scheint aber auch die Möglichkeit, alle Schüler nur zu einem Datum einen Brief schreiben zu lassen. Dadurch wird die Auswertungsphase verkürzt.

In inhaltlicher Hinsicht kann auf zweierlei Weise vorgegangen werden, wobei in der folgenden Stundenbeschreibung nur die erste Variante weiterverfolgt wird, die zweite hingegen als Hausaufgabe vorgeschlagen wird. Das Original, die Werther-Handlung, wird unangetastet gelassen, und die Lücken zwischen den einzelnen Briefen Werthers werden durch Antwortbriefe so gefüllt, dass sie sich in jeder Hinsicht genau einpassen lassen. Wilhelms Briefe dürften keine Aussagen mit Bezug auf Werther, Lotte, die Umstände usw. enthalten, die durch den Roman nicht abgedeckt werden oder gar in Widerspruch zur Handlung der »Leiden« stehen. Der Textbezug muss also konsequent gewahrt bleiben, und wie ein realer Briefschreiber, der sich vor der Niederschrift noch einmal den zu beantwortenden Brief hervorholt, haben auch die Schüler die Aufgabe, ihren eigenen Entwurf vom vorliegenden Text her zu legitimieren.

Mit dem Original kann in dem Sinne kreativ umgegangen werden, dass auch denkbare Alternativen konstruiert werden.

Während die Briefe Wilhelms in der Fassung Goethes für den Fortgang der Handlung und deren tragischen Ausgang ohne Einfluss bleiben, könnte sich Wilhelm, um bei dem oben genannten Beispiel zu bleiben, in einem Brief kurz vor dem 20. Dezember vehement gegen Werthers Selbstmordabsicht richten. Darauf könnte (was in der vorliegenden Konzeption nicht vorgesehen ist) ein Antwortbrief Werthers folgen, der erkennen lässt, dass die Haupthandlung eine andere Wendung nehmen wird usw. – Sofern die Schüler Gefallen an dieser produktionsorientierten Bearbeitung des Romans finden, sollte eine Zusatzstunde dafür vorgesehen werden.

Unterrichtsverlauf

Phase 1:
Wilhelm als Briefschreiber

Sinn der Hausaufgabe war es, die Schüler für die oft unterschätzte Rolle Wilhelms im Hinblick auf die Struktur und die Handlung des Romans zu sensibilisieren. Was Wilhelm auf Werthers Briefe zu antworten hat, bleibt dem Leser vorenthalten. Die Textstellen, in denen Werther direkt, wenn auch sehr knapp auf Briefe Wilhelms eingeht, werden von den Schülern zusammengetragen.

Phase 2:
Leerstellen füllen: Vom Monolog zum Briefwechsel

Der Lehrer erläutert nun die für die nächsten Stunden vorgesehene Schreibaufgabe. Es geht darum, mit möglichst genauem Textbezug die »unterdrückten« Briefe zu rekonstruieren, sodass sie wie in einem Puzzle in den Roman, z. B. zwischen zwei Briefe Werthers, passen. Diese Aufgabe erfordert ebenso Phantasie wie Textkenntnis und stellt eine reizvolle produktive Auseinandersetzung mit den »Leiden des jungen Werther« dar.

Zwei Alternativen werden den Schülern vorgestellt; diese entscheiden sich nach kurzer Aussprache für eine von ihnen. Alternative 1 (Verfassen aller Wilhelm-Briefe) hat den Vorzug, dass eine größere Bandbreite von möglichst phantasievollen Briefen präsentiert werden kann, die Auswertungsphase dürfte sehr abwechslungsreich ausfallen. Für Alternative 2 (Verfassen eines Briefes zu einem vorher festgelegten Datum) spricht, dass die entstandenen Briefe aufgrund der Fokussierung auf eine einzige Situation von Briefschreiber und -empfänger besser miteinander verglichen werden können und eine inhaltlich intensivere Auswertungsphase zu erwarten ist.

Für den Stil der abzufassenden Briefe, der aus Gründen der Vergleichbarkeit möglichst einheitlich ausfallen sollte, gibt es wiederum zwei Möglichkeiten: Entweder einigt man sich im Kurs darauf, einen Werther-typischen Schreibstil zu verwenden (was für Schülerinnen und Schüler des 21. Jahrhunderts nicht ganz einfach ist und zu gewissen Manieriertheiten führen dürfte) oder so zu schreiben, wie ein heutiger jugendlicher Briefschreiber formuliert, wobei Anleihen an einen allzu umgangssprachlichen Stil vermieden werden sollten. Auch die Entscheidung über den Stil sollte der Lehrer den Kursteilnehmern überlassen.

Produktionsorientierte Aufgaben sind in der Regel nur dann sinnvoll, wenn sie mit einem Reflexionsteil verknüpft werden, in dem die (Oberstufen-)Schüler sich und dem Rezipienten gegenüber Rechenschaft über ihren Entwurf ablegen. Da die Erstellung des Briefes im Unterricht erfolgen soll, kann aus Zeitgründen keine ausführliche Reflexion erwartet werden. Einige Stichworte sind ausreichend, um im Anschluss an die Präsentation in Phase 4 die getroffenen Entscheidungen zu begründen.

Phase 3:
Rekonstruktion »unterdrückter Briefe«

Obwohl schriftliche Arbeiten in der Regel als Hausaufgabe (oder als Klausur) angefertigt werden, damit für den gemeinsamen Unterricht keine Zeit verloren geht, sollen die Schülerinnen und Schüler diesmal im Unterricht tätig werden, um gemeinsame Schreiberfahrungen machen zu können. Die Zeitvorgabe für die Stillarbeit sollte insgesamt 30 bis 40 Minuten nicht überschreiten, sodass die Briefe schon vom Umfang her begrenzt sein werden und in der Auswertungsphase möglichst viele Briefe zu Gehör kommen. Die evtl. als unbequem empfundene zeitliche Beschränkung schafft einen gewissen Druck, durch den die Kursteilnehmer erfahren können, wie sie mit einer produktionsorientierten Aufgabe im Rahmen einer später noch zu schreibenden Klausur fertig werden. Jeder Schüler wählt die für seinen individuellen Schreibprozess nötigen Voraussetzungen. Wer z. B. nur bei völliger Stille und in Abgeschiedenheit schreiben kann, sucht sich im Schulgebäude einen entsprechenden Raum. Da die Briefe – im Unterschied zum Reflexionsteil – nicht vom Schreiber selbst, sondern von einem Empfänger vorgelesen werden, sollten sie, wie richtige Briefe, in »Schönschrift« auf gesonderten Blättern abgefasst sein. Der äußeren Gestaltung (Art des Papiers, Randbreite, Tintenfarbe u. Ä.) sind dabei natürlich keine Grenzen gesetzt. Wenn alle Schüler einen Brief zum selben Datum (vgl. Alternative 2) schreiben, kann im Kurs vorher verabredet werden, dass die Texte nicht mit dem Namen des Schreibers versehen werden. Der Vortrag der Briefe in Phase 4 wäre dann zunächst anonym, ehe der Verfasser sich durch seine Äußerungen in der Aussprache zu erkennen gibt.

Phase 4:
Vortrag: Wilhelms Briefe

Die fertigen Briefe Wilhelms werden eingesammelt und dann so an die Schüler wieder ausgeteilt, dass kein Schreiber seinen eigenen Text in Händen hält. Jeder Briefempfänger macht sich daraufhin kurz mit dem erhaltenen Brief vertraut, um ihn flüssig und gut betont vortragen zu können.

Sofern Alternative 1 gewählt wurde, werden Wilhelms Briefe entsprechend dem Handlungsgang, d. h. dem fiktiven Zeitpunkt ihrer Entstehung folgend, vorgetragen. Für Alternative 2 ist die Reihenfolge des Vortrags natürlich beliebig.

Jeder Schüler liest nun »seinen« Brief zweimal langsam vor, ehe die übrigen Kursteilnehmer Stellung beziehen. Erst nach einer gewissen Zeit sollte in der Aussprache der Schreiber selbst zu Worte kommen und mit Hilfe seiner Stichworte (Reflexionsteil) seinen Brief verteidigen, die vorgetragene Kritik akzeptieren, relativieren, entkräften usw.

In der Besprechung muss immer wieder deutlich gemacht werden, dass es speziell im produktiven Umgang mit Literatur nicht nur *eine* sinnvolle Lösung gibt. Bei der Beurteilung der Texte sind außerdem Takt und eine gewisse Behutsamkeit geboten. Gerade bei produktionsorientierten und kreativen Arbeiten kann eine mündlich geäußerte vernichtende Kritik sehr verletzend wirken. Erfahrungsgemäß halten sich Schüler – insbesondere in der Oberstufe – auch ohne besondere Aufforderung zurück, wenn Arbeiten von Mitschülern besprochen werden. Andernfalls muss der Lehrer mäßigend eingreifen.

Hausaufgabe:

Die Schüler sollen im Roman möglichst viele Textstellen zu den Themen »Selbstmord« und »Tod« kennzeichnen, damit in der folgenden Doppelstunde nicht unnötig viel Zeit mit dem Aufsuchen von entsprechenden Zitaten verlorengeht.

Stundenziele zur 16./17. Stunde

Die Schüler sollen:

- sich mit der Figur Wilhelms und ihrer Bedeutung für Werther auseinander setzen und dabei
- durch eigenes Schreiben ein Bewusstsein von der monologischen Struktur des Romans gewinnen;

3 Darstellung der Einzelstunden

- kreative und analytische Fertigkeiten miteinander verknüpfen lernen und dadurch einen erweiterten Zugang zur Literatur erhalten;
- Möglichkeiten und Grenzen eigener Kreativität erfahren, indem sie
- ihre literarischen Ergebnisse im Austausch mit alternativen Lösungsmöglichkeiten kritisch reflektieren.

18./19. Stunde: Selbstmord und Selbstverwirklichung

Sachanalyse

Einen außergewöhnlichen Skandal verursachte das Erscheinen der »Leiden des jungen Werther« insbesondere deshalb, weil am Ende des Romans ein für die damalige Leserschaft unerhörtes Ereignis steht – der Selbstmord des Helden. Nachdem er die entscheidende Phase seines Lebens ausführlich in Briefen geschildert hat, vertauscht Werther die Feder mit der zu diesem Zweck ausgeliehenen Pistole und erschießt sich. Dass hier eine Romanfigur selbst entscheidet, wann der Roman (im Leben und auf dem Papier) beendet ist, war neu und musste die Zeitgenossen aus ästhetischen und vor allem aus moralischen und religiösen Gründen irritieren, wenn nicht gar provozieren.

Seit jeher galt der Selbstmord in der kirchlichen Lehre als Todsünde, als Verbrechen gegen den göttlichen Willen. »Ich will frommen Christen nicht zumuten, ihren Körper neben einen armen Unglücklichen zu legen.« schreibt Werther in seinem Abschiedsbrief »nach eilfe« (S. 114), und er bittet darum, »auf dem Kirchhofe [...] hinten in der Ecke nach dem Felde zu« (ebenda) begraben zu werden. Die Erfüllung dieses Wunsches konnte nicht als selbstverständlich gelten, da sich die Gläubigen häufig gegen die Bestattung eines Selbstmörders innerhalb der Friedhofsmauern wehrten. Nur aufgrund der Anwesenheit des Amtmannes kann nach Werthers Tod ein »Auflauf« (S. 116) der Dorfbewohner verhindert werden. Die Beerdigung muss des Nachts, in aller Stille, erfolgen, ein christliches Begräbnis wird ihm (wie übrigens auch dem Vorbild aus der Wirklichkeit, dem Sekretär am Kammergericht Karl Wilhelm Jerusalem) nicht zuteil: »Kein Geistlicher hat ihn begleitet.« (S. 116)

Die Ächtung des Selbstmörders beschränkte sich nicht auf den kirchlichen Bereich: »In juristischer Sicht (war) der Selbstmord ein die Grundlagen des Staates angreifendes crimen capitale und die Pönalisierung desselben eine selbstverständliche Konsequenz« (Oettinger, S. 56), die bis ins 19. Jahrhundert darin bestehen konnte, dass man den toten Körper durch die Straßen schleifte und vom Scharfrichter unter dem Galgen verscharren ließ.

Dass dem jungen Dichter des »Werther« eine tatsächliche Begebenheit als Vorlage für sein Werk gedient hatte, der Freitod Jerusalems am 30. Oktober 1772, war allgemein bekannt; dass aber dieser Vorgang literarisiert und damit aufgewertet wurde, löste – vor allem aufgrund der gewählten Darstellungsweise – neben interessierter Bewunderung Abscheu und Empörung aus. Goethe hatte nämlich darauf verzichtet, die Tat des Selbstmörders im Roman explizit moralisch zu verurteilen, weshalb selbst wohlmeinende Kritiker wie der Aufklärer Lessing befürchteten, von diesem Buch könne eine Art Signalwirkung ausgehen. Junge Leute, so meinte er, könnten womöglich

die poetische Schönheit leicht für die moralische nehmen, und glauben, dass der gut gewesen sein müsse, der unsere Teilnehmung so stark beschäftiget. Und das war er doch wahrlich nicht; (Editionen »Werther«, S. 137)

Und so scheint es ihm angebracht, dass der »liebe Göthe« »noch ein Kapitelchen zum Schlusse; und je zynischer je besser!« (ebenda) anfügt, um den Leser vor allzu großem Mitgefühl zu bewahren und die für nötig befundene Distanz zu garantieren. (Lessing plante als eine moralische Korrektur des »Werther« ein Drama mit dem Titel »Werther, der Bessere«, das allerdings nie ausgeführt wurde.)

Der Schluss des Romans, den Lessing gerne um »eine kleine kalte Schlussrede« (ebenda) ergänzt gesehen hätte, der Herausgeber-Bericht von Werthers Ende (ab S. 115, Z. 30), ist berühmt wegen seines effektvollen Stils, der durch Tempuswechsel (Präsens, Imperfekt, letzter Satz: Perfekt), Anaphern und knappe Parataxe gekennzeichnet ist. Die Spannung zwischen der Dramatik der Geschehnisse und der ausgeklügelten Nüchternheit der epischen Darstellung, die jedes Kommentars entbehrt und gerade von daher ihre eigentümlich bedrückende Wirkung erhält, bleibt dem Leser lange im Gedächtnis und ist dazu angetan, dass er sich mit Werther identifiziert. Dabei muss allerdings beachtet werden, dass Werthers Selbstmord zwar Mitgefühl (»Teilnehmung«) erregt, aber an keiner Stelle im Roman gutgeheißen wird. Dies übersehen insbesondere die orthodoxen kirchlichen Kritiker (Ziegra, Goetze, Editionen »Werther«, S. 139f.), die in dem Roman »Apologien für den Selbstmord« (Goetze, S. 140) erkennen wollen.

Werthers tragisches Schicksal wurde meist verengt betrachtet als die Folge einer unglücklichen Liebe des empfindsamen Helden zu einer verheirateten und daher unerreichbaren Frau. Tatsächlich aber hat Werthers Tod tiefere Ursachen, die schon vor der ersten Begegnung mit Lotte thematisiert werden. Der Selbstmord ist Kulminationspunkt eines langen Prozesses von gescheiterten Versuchen zur Selbstverwirklichung und wird im Roman sorgfältig vorbereitet – zunächst in Andeutungen, Vergleichen, Metaphern, dann immer entschiedener.

Die erste pointiert vorgetragene Anspielung auf die Möglichkeit, aus freiem Willen aus dem Leben zu scheiden, findet sich am Schluss des Briefes vom 22. Mai, dessen Rahmenthema die bereits zur Doppelstunde »Freiheit und Regeln« erwähnte bedrückende »Einschränkung« (S. 9) der Menschen bildet. Eingangs beklagt sich Werther darüber, dass »die tätigen und forschenden Kräfte des Menschen eingesperrt sind« (S. 9), und der Brief schließt mit der tröstenden und zugleich beklemmenden Aussicht: »Und dann, so eingeschränkt er ist, hält er doch immer im Herzen das süße Gefühl der Freiheit, und dass er diesen Kerker verlassen kann, wann er will.« (S. 10) Dieser Satz fasst die Grundbedingungen und die Problematik von Werthers Existenz zusammen. Der Entscheidung zwischen einem Leben, das für ihn gleichbedeutend ist mit »Kerker« und »Einschränkung«, und dem Tod, der allein ihm wirkliche »Freiheit« verheißt, kann Werther auf Dauer nicht ausweichen. Entweder wird er sich den für ihn unerträglichen Regeln und Beschränkungen unterwerfen und zum »Philister« (26. Mai; S. 12) werden oder seinem unbegrenzten Freiheitsdrang nachgeben und dessen letzte Konsequenz, den Freitod, wählen müssen. Nur für eine kurze Zeit, zu Beginn der Lotte-Episode, können sich Werther und der Leser über die Unausweichlichkeit dieser Alternative täuschen. Sobald er jedoch gewahr wird, dass er auch in seiner Liebe zu Lotte an Grenzen stößt, »Einschränkungen« hinzunehmen hat, beschäftigt ihn der Gedanke an Selbstmord aufs Neue. Bereits einen Monat nach dem Ball auf dem Lande schwebt Werther zwischen Himmel und Hölle und hat Augenblicke, in denen er sich »eine Kugel vor den Kopf schießen möchte.« (16. Julius; S. 35)

Wie der Brief vom 8. August zeigt, weiß Werther sehr wohl, dass er sich, um den quälenden Zustand der »Ungewissheit« (8. Julius; S. 32) zu beenden, zwischen »Entweder-Oder« (8. August; S. 39), d.h. dem Kampf um Lotte oder dem Verzicht auf sie, entscheiden muss. In diesem Zusammenhang vergleicht er sich zum ersten Mal mit einem »Unglücklichen, dessen Leben unter einer schleichenden Krankheit unaufhaltsam allmählich abstirbt« (ebenda). Die ihm von Wilhelm offensichtlich angeratene Abreise und die damit verbundene Trennung von Lotte bezeichnet er als sicheren »Dolchstoß« (ebenda), den er aufschieben möchte.

An dieser Stelle wird nun deutlich: Werther weiß bzw. bildet sich in seiner Schwärmerei doch immerhin fest ein, dass er nicht zu retten ist und sterben wird. Fortwährend reflektiert er seine Situation und sein Handeln (vgl. den von Goethe in der Neuausgabe von 1787 eingeschobenen Zusatz zum Brief vom 8. August »Abends«), ohne jedoch in diesen Prozess der allmählichen inneren Zerrüttung selbsttätig einzugreifen. Bewusst lässt er der »Krankheit« ihren Lauf, gegen den Einspruch des Verstandes bzw. Wilhelms. Die Krankheit ist ihm eine Herzens-Sache, und wie er es mit seinem Herzen hält, hat er in einem früheren Brief so ausgedrückt: »jeder Wille wird ihm gestattet.« (13. Mai; S. 7) Werther kennt sich genau:

Lieber! brauch' ich dir das zu sagen, der du so oft die Last getragen hast, mich vom Kummer zur Ausschweifung und von süßer Melancholie zur verderblichen Leidenschaft übergehen zu sehen? (ebenda)

So ist es nur konsequent, wenn Werther den Rat Wilhelms, sich zu »ermanne[n]« und der »elenden Empfindung loszuwerden« (8. August; S. 39) ebenso zurückweist wie die rationalistischen Grundsätze Alberts, mit dem er das zentrale Gespräch über das Recht des Einzelnen zum Selbstmord führt.

Die Sonderstellung des berühmten Briefes vom 12. August wird außer durch den ungewöhnlichen Umfang auch durch die äußere Form kenntlich gemacht. Statt des sonst üblichen monologischen Erzähler- bzw. Briefschreiber-Berichts wird hier ein ausführlicher Dialog wiedergegeben, in dem die unterschiedlichen Wesen und Weltanschauungen Werthers und Alberts in ihrem Streit um die Beurteilung des Selbstmordes unversöhnlich aufeinandertreffen. Schon die das Gespräch auslösende Situation ist bezeichnend. Während Albert noch einen ermüdenden Vortrag über die Gefahren im Umgang mit Feuerwaffen hält, »verfiel ich [Werther] in Grillen, und mit einer auffahrenden Gebärde drückte ich mir die Mündung der Pistole übers rechte Aug' an die Stirn.« (12. August; S. 41) Albert kritisiert diese leichtsinnige Spielerei, wobei er sie nicht als das erkennt, was sie ist: die symbolische Vorwegnahme des Selbstmordes.

In der sich anschließenden Auseinandersetzung zeigt sich Albert als ein Mann von festen Grundsätzen, zu denen u. a. gehört, dass »sich zu erschießen« (12. August; S. 41) »töricht« und »lasterhaft« (S. 42) sei. Sein Wertsystem ist klar fixiert durch Regeln, die Werther unmöglich akzeptieren kann. Für diesen sind »Gesetze« »kaltblütige Pedanten« (S. 42), und er besteht darauf, die »Ursachen« (S. 41), den »Beweggrund« (S. 42) einer Handlung zu untersuchen, anstatt diese vorschnell zu verurteilen. Das moralische oder juristische Prinzip gilt ihm wenig, da es ihm stets um das konkrete Einzelschicksal geht. Indem er Alberts pauschale Verdammung des Selbstmordes zurückweist, verteidigt er nicht nur die Freiheit des Individuums, die eigene Todesstunde selbst zu bestimmen, sondern zugleich »Leidenschaft! Trunkenheit! Wahnsinn!« (ebenda), die er als Kennzeichen des Genies versteht und gegen die Ansprüche der »vernünftigen Leute« und »sittlichen Menschen« (ebenda), d. h. gegen Albert und die Gesellschaft, in Schutz nimmt.

Der Rationalist Albert betrachtet das Problem des Selbstmords als »ein Mensch von Verstande« (S. 45). Werther, der selbst »aus ganzem Herzen rede[t]« (S. 43), lehnt seine Argumente als »Gemeinspr[ü]che« (ebenda) ab, die vom Besonderen, vom subjektiven Wollen und Fühlen abstrahieren:

»Denn nur insofern wir mitempfinden, haben wir die Ehre, von einer Sache zu reden.« (S. 43) Wie das Beispiel des verlassenen Mädchens zeigt, geht es Werther nicht um eine moralische Bewertung der Verzweiflungstat, sondern um Mitgefühl und Verständnis.

Werthers »Mitempfinden«, seine »Teilnehmung« (S. 42) ist schon deshalb gesichert, weil er – von Albert allerdings unbemerkt – in dieser Diskussion von sich selbst spricht. Längst hat er den Freitod als einen Ausweg aus seiner inneren Not ernsthaft ins Auge gefasst. Sein Mitleid für die Verlassene ist zugleich Selbstmitleid für seinen eigenen psychischen Zustand, den er als »Krankheit zum Tode« (S. 44) begreift. Albert, der den Selbstmord als »Schwäche« (S. 43) anprangert und stattdessen vom Lebensmüden »standhaft[es]« (ebd.) durchhalten fordert, hält Werther abschließend sein in leidenschaftlich-elliptischer Rede vorgetragenes Credo entgegen:

»[...] der Mensch ist Mensch, und das bisschen Verstand, das einer haben mag, kommt wenig oder nicht in Anschlag, wenn Leidenschaft wütet und die Grenzen der Menschheit einen drängen. Vielmehr – Ein andermal davon [...]« (S. 45)

Mit seinem unvollendeten Satz behält Werther das letzte Wort, ehe er sich dieser unerfreulichen und unergiebigen Auseinandersetzung durch einen überhasteten Abschied entzieht. Ähnlich verhält es sich am Ende des Romans. Werther zieht sich zurück und verfasst noch einen letzten Brief, ehe er sich auf den für ihn einzig möglichen Weg ins Freie macht.

Werthers Verzweiflung an der Welt, dem »Kerker« (S. 10), und den »Grenzen der Menschheit« (S. 45) konzentriert sich zum Schluss hin immer mehr auf die aussichtslose Leidenschaft für Lotte, die zum Auslöser seiner Tat wird. Ursache ist indes etwas anderes: »Werthers Selbstmord [...] ist die letzte Konsequenz seines Nonkonformismus.« (Scherpe, S. 69) Die fortwährende Kollision seiner inneren Welt mit der äußeren lässt ihn früh schon den Verlauf seiner »Krankheit« (S. 39; S. 44) erahnen: »Ich sehe dieses Elendes kein Ende als das Grab.« (30. August; S. 50) schreibt er vor seiner Abreise an den Hof. Die erniedrigenden Erlebnisse dort lassen den Wunsch in ihm, zu sterben, erneut mächtig werden: »Ich möchte mir eine Ader öffnen, die mir die ewige Freiheit schaffte.« (16. März; S. 65) heißt es angesichts der erneuten »Einschränkungen«, die er bei dem Versuch, »sich [...] über alle Verhältnisse hinaus[zu]setzen« (15. März; S. 64) schmerzhaft erfährt. Um seiner Todessehnsucht nachzugeben, hegt er vorübergehend sogar den Plan, »in den Krieg« zu ziehen (25. Mai; S. 68).

Noch durch die Art seines Todes zeigt sich Werther als Nonkonformist. Als besonders verwerflich werden die zeitgenössischen Theologen dabei empfunden haben, was Werther in seiner eigenwilligen Umdeutung der Parabel vom verlorenen Sohn von seinem »himmlische[n] Vater« erwartet: »Zürne nicht, dass ich die Wanderschaft abbreche, die ich nach deinem Willen länger aushalten sollte.« (30. November; S. 84) Er setzt damit, was für ungeheuerlich gehalten werden musste, seinen »Willen« wissentlich über den göttlichen und rückt sich in die Nähe des Prometheus. Aber nicht Selbstherrlichkeit und Eigensinn, sondern Lebensüberdruss ist Werthers Motiv: »Mir wäre besser, ich ginge.« heißt es im Brief vom 20. Dezember (S. 94), und, als Ausdruck seines selbstinszenierten theatralischen Abgangs, den er von Hamlet abgeguckt hat:

Den Vorhang aufzuheben und dahinter zu treten! das ist alles! Und warum das Zaudern und Zagen? Weil man nicht weiß, wie es dahinten aussieht? und man nicht wiederkehrt? (14. Dezember; S. 94)

Gleich viermal kündigt er seinen Entschluss »ich will sterben« im Abschiedsbrief an Lotte an (S. 97), in dem sich Entschlossenheit und Angst gleichermaßen dokumentieren.

Werthers besondere Tragik liegt darin, dass er bis zuletzt unverstanden bleibt: »Wie denn auf dieser Welt keiner leicht den andern versteht.« (12. August; S. 45) klagt er nach der ergebnislosen Auseinandersetzung mit Albert, und eben dieser wird ihm nichtsahnend das Tatwerkzeug leihen, mit dem Werther seinen von der Außenwelt offenbar nicht für möglich gehaltenen Entschluss genau so ausführt, wie er ihn Albert vor dem Streitgespräch bereits vorgespielt hat: »Über dem rechten Auge hatte er sich durch den Kopf geschossen [...].« (S. 116)

Unterrichtsverlauf

Angesichts der Bedeutung des Themas »Selbstmord« für die leidenschaftlich geführte Kontroverse um den »Werther« in seiner Zeit ist es durchaus vertretbar, den Rahmen einer Doppelstunde um eine Einzelstunde zu erweitern. Auch bei Zeitknappheit sollten die in Phase 5 vorgesehenen Zeugnisse der Wirkungsgeschichte nach Möglichkeit einbezogen und ausgewertet werden. – Bei der inhaltlichen Gestaltung der Phasen 2 und 5 habe ich mich eng an die Ausführungen von Klaus Oettinger (vgl. Literaturverzeichnis) gehalten.

Phase 1:
Gründe für Werthers Selbstmord

Das Zusammentragen und Paraphrasieren der Textpassagen zur Todes- und Selbstmordthematik hat den Zweck, einen für alle Schüler gleichen Informationsstand zu sichern.

Phase 2:
Der Selbstmord im 18. Jahrhundert in juristischer, moralischer und theologischer Sicht

Da der Suizid heute weitgehend vom Tabu befreit ist und nach psychologischen und sozialen, aber kaum noch nach moralischen Grundsätzen beurteilt wird, ist es zum Verständnis der Empörung über den »Werther« bei dessen Erscheinen unerlässlich, den Schülern zunächst einige historische Dokumente zur Bewertung des Selbstmordes im 18. Jahrhundert vorzulegen. Die Textausschnitte aus Zedlers Lexikon sowie von v. Soden und Gerstlacher (vgl. Arbeitsblatt S. 96ff.) sind trotz ihres Umfangs und der umständlichen Diktion leicht ver-ständlich und daher in relativ kurzer Zeit lesbar. – Die Schüler werden auf einzelne Textaussagen vermutlich entrüstet reagie-ren, von daher aber zugleich verstehen, weshalb und mit welchen Argumenten die orthodoxen Vertreter von Kirche und Staat ihrerseits den »Werther« verurteilten. Den Schülern soll hier klar werden, inwiefern dieser Roman, der einen Selbstmörder als Ich-Erzähler und Titelfigur aufweist, den Erwartungshorizont seiner Leser und Rezensenten durchbrach. – Die Ergebnisse der Stillarbeitsphase werden stichwortartig an der Tafel festgehalten. (Möglicherweise stoßen einzelne Schüler auf die sprachlichen Parallelen zwischen den Ausführungen von Sodens und Werthers Brief vom 12. August (vor allem am Schluss) – ob der Strafrechtler bewusst oder unbewusst Formulierungen aus Goethes Roman übernommen hat oder ob es sich hier um einen Zufall handelt, kann allerdings nicht geklärt werden.

Phase 3:
Die Selbstmord-Kontroverse zwischen Werther und Albert

Nachdem die Schüler einige zur Zeit Goethes gültige Auffassungen zum Suizid kennen gelernt haben, ist der Boden bereitet, die im Roman selbst geäußerten Meinungen zu untersuchen. Mit Hilfe des Tafelbildes werden die gegensätzlichen Standpunkte Alberts und Werthers, die beide Figuren zugleich charakterisieren, einander gegenübergestellt.

Albert zeigt sich in seiner Argumentation als nüchterner, prinzipientreuer und gesellschaftlichen Anforderungen verpflichteter Mann des Verstandes, als aufgeklärter

Beamter, der des Lebens Bürde zu tragen für selbstverständliche Pflicht hält. Werther dagegen beruft sich auf das Recht (notfalls extremer) Selbstverwirklichung des Subjekts, seiner Gefühle und Leidenschaften, die keine »Grenzen« (12. August; S. 43/ S. 45) akzeptieren. Während Werther seine subjektiven Ansprüche absolut setzt und sich den vorgegebenen Verhältnissen nicht anzupassen vermag, versteht sich Albert als ein nützliches Glied der Gesellschaft. Seine Haltung zum Selbstmord weicht zwar von der orthodox-religiösen Verurteilung ab, insofern er sich nicht auf den Hauptvorwurf der Kirchen bezieht (Eingriff in die göttliche Allmacht, Todsünde, Frevel usw.), dafür aber greift er den Selbstmörder mit weltlichen Argumenten an: »töricht« (S. 41), »lasterhaft« (S. 42), »Schwäche« (S. 43) – das sind Vorhaltungen, die seinem aufklärerisch-moralisierenden Weltbild entstammen. Ähnlich wie Zedlers Großes Universal Lexikon gesteht Albert zu, dass es pathologisch begründbare Ausnahmen von einer generellen Verurteilung des Suizids gibt: verlorene »Besinnungskraft«, »Wahnsinn« (S. 42). Anders als Werther aber kann er den von einem »Mensch(en) von Verstande« (S. 45) vollzogenen Selbstmord nicht nachvollziehen, da er den Vergleich der »Leidenschaft« mit einer »Krankheit« nicht zulässt. – Die Gegenüberstellung ergibt, dass Albert als Rationalist und Aufklärer, Werther dagegen als Stürmer und Dränger streitet – Vernunft und Gefühl treffen hier aufeinander, ohne dass gegenseitiges Verständnis eine Annäherung herbeiführen könnte. – Die abschließenden Fragen zielen auf die Einordnung des Briefes in den Gesamtzusammenhang des Romans. Die Vorausdeutungen in Symbolik und Handlung sollten kurz herausgestellt werden.

Phase 4:
Der Roman-Schluss

Mit der Analyse des Romanschlusses (ab S. 115, Z. 30) erfolgt zum einen der in Phase 3 vorbereitete Anschluss an den für das Thema zentralen Brief vom 12. August, zum anderen werden hier die Voraussetzungen für die Frage nach der Rezeption des »Werther« erarbeitet. Resultat der eingehenden Stiluntersuchung, in der auf die Verwendung der Fachtermini nicht verzichtet werden sollte, ist die Erörterung der beabsichtigten und der erzielten Wirkung dieses Schlusses auf den Leser des Romans. Dass dessen Mitgefühl erregt werden soll, leuchtet unmittelbar ein. Ob aber daraus gefolgert werden darf, dass der Leser zur Identifikation mit dem Selbstmörder gedrängt wird und dessen Tat gutheißen, womöglich nachahmen soll, wie zeitgenössische Kritiker aus den Reihen des orthodoxen Klerus unterstellten, ist sehr fraglich und führt zum Problem der Beurteilung der Moralität des Selbstmordes im Roman, das in der nächsten Phase behandelt wird.

Phase 5:
Das Problem der Moralität des Selbstmordes in der Rezeption des »Werther«

Der Lehrer gibt einen knappen Hinweis bezüglich des Stellenwertes dieser Frage, indem er die Erwartungshaltung damaliger Leser erläutert, nach der »der Dichter immer noch als moralische Instanz betrachtet wurde.« (Oettinger, S. 63) Die Schüler lesen zunächst die scharfe Polemik Christian Ziegras (abgedruckt in Editionen »Werther«, S. 139), darauf die entgegengesetzte Auffassung eines anonymen Verfassers und abschließend die Thesen Oettingers (vgl. Arbeitsblatt S. 98 f.). Zur Überprüfung der kontroversen Positionen werden das Vorwort des »Werther« (S. 3), der Brief vom 12. August (S. 40 ff.) sowie evtl. weitere Textstellen eigener Wahl herangezogen. Die Frage lautet: Erfolgt im »Werther« durch den Briefschreiber oder durch den fiktiven Herausgeber eine moralische Rechtfertigung des Selbstmordes? Die möglichst akribische philologische Analyse wird voraussichtlich ergeben, dass Oettinger sowie der anonyme Verfasser Recht haben.

Phase 6:
Das neue Verhältnis zwischen Moral und Poesie

Um den Schülern das Neuartige dieser, einer moralischen Bewertung gegenüber indifferenten, Erzählweise zu demonstrieren, wird anschließend Lessings behutsame Kritik am »Werther« nachgelesen (Editionen »Werther«, S. 137).
Hier finden sich einige Grundsätze, die als typisch für die aufklärerische Poetik gelten können. Darauf wird anhand zweier Texte Goethes Gegenposition hinzugezogen (Editionen »Werther«, S. 131, vor allem Z. 20–22, außerdem Goethes Äußerung nach einer brieflichen Mitteilung Lavaters (vgl. S. 99). Die Ergebnisse hält der Lehrer zum Zwecke einer besseren Übersichtlichkeit an der Tafel fest – als Belege werden inzwischen vertraute Textstellen vor allem aus dem Brief vom 12. August herangezogen.
Die Schüler sollen erkennen, dass sich im »Werther« ein für die Entwicklung der modernen Literatur bedeutsamer Wandel in der Erzählkunst ankündigt. Da der Autor im Hintergrund bleibt und die erzählten Vorgänge von keinem didaktisch ausgerichteten Kommentar begleitet werden, muss das Werk für sich selbst sprechen.

Hausaufgabe:
Die Hausaufgabe dient wiederum weniger der Nachbereitung der vergangenen als vielmehr der Hinführung zur nächsten Doppelstunde. Durch das Aufspüren von Dichtern und ihren Werken, die im »Werther« erwähnt werden, sollen die Schüler auf die Bedeutung des Themas »Literatur in der Literatur« aufmerksam werden. – Über die Lektüre des Auszugs aus Klopstocks »Ode über die ernsthaften Vergnügungen des Landlebens« erhalten die Schüler einen ersten Zugang zu diesem zunächst ungewohnt fremd erscheinenden Gedicht, sodass eine zeitraubende Einlesezeit im Unterricht vermieden werden kann. –

Sofern Phase 5 der folgenden Einheit eingeplant wird, sollte eine Schülerin bzw. ein Schüler mit einem kurzen Referat zu Lessings »Emilia Galotti« betraut werden. Als Arbeitsgrundlage dafür ist Kindlers Literatur Lexikon ausreichend.

Stundenziele zur 18./19. Stunde

Die Schüler sollen:
* die Gründe für Werthers Todeswunsch am Text aufzeigen;
* mit der Bedeutung des Selbstmords im 18. Jahrhundert unter verschiedenen Aspekten vertraut gemacht werden;
* über die Selbstmord-Kontroverse zwischen Werther und Albert diese beiden Figuren charakterisieren und als Vertreter unterschiedlicher Weltanschauungen identifizieren;
* den Roman-Schluss analysieren und auf die vom Autor beabsichtigte Wirkung schließen;
* das Problem der Moralität des Selbstmords in seiner Bedeutung für die »Werther«-Rezeption einschätzen können;
* das im Hinblick auf die Aufklärung veränderte Verhältnis zwischen Moral und Poesie im Sturm und Drang herausarbeiten.

Lexikon-Artikel von 1743 zum Stichwort »Selbstmord«

(Die ursprüngliche, z. T. uneinheitliche Orthographie und Interpunktion in den Texten wurden exakt übernommen, um die historische Distanz dieser Texte auch über die Fremdheit des schriftsprachlichen Erscheinungsbildes wirken zu lassen.)

1595 [...] *Der grobe Selbst-Mord* ist, wenn jemand vorsetzlich gewaltthätige Hand an sich legt, und sich selbst das Leben nimmt, es sey gleich, daß er sich erhenckt, ersticht, ersäufft, von einer gewissen Höhe herabstürzt, oder sonst vom Leben zum Tode bringt. Welches aber schlechterdings unrecht oder offenbarlich wider das Gesetz der Natur ist. [...], so müssen wir sagen, es sey der Selbst-Mord 1) was unnatürliches, welches wider die von GOtt in der Natur des Menschen, auch der Thiere eingepflanztze Begierde, sein Leben zu erhalten, streitet. [...]
Solche Begierde ist nicht nur natürlich; sondern auch von GOtt eingepflanzet, weil sie auf was gutes zielet. Ist sie von GOtt, so hat er dadurch seinen Willen an den Tag geleget, daß er wolle, man soll sein Leben erhalten, folglich, wer sich ums Leben bringt, u. wider solchen Trieb handelt, der handelt zugleich wider den Willen GOttes: 2) ist er was ungerechtes, sofern das Wort Gerechtigkeit in weiterm Verstand genommen wird, und sich auf alle Pflichten, die man nach dem Gesetz in acht zu nehmen, gehet. [...] Man sündiget also durch den Selbst-Mord wider alle Pflichten, jedoch auf ungleiche Art. Denn wider die Pflichten gegen sich handelt man directe, und unterlässet, was man sich selber nach dem göttlichen Gesetz schuldig ist. [...]

1596 Indirecte sündiget ein Selbst-Mörder wider GOtt und seinen Nächsten. Wider GOtt, indem er nicht nur sein Gesetz überschreitet; sondern sich auch etwas anmasset, so ihm zukommt, welches die Herrschaft über das Leben ist. Diese kommt GOtt zu, der uns das Leben gegeben; da wir uns nun solches nicht selber gegeben, indem kein Mensch weiß, wie er auf die Welt gekomen, und wie ihm zu Muthe gewesen, als er zu einem Menschen gebildet worden; so stehet es auch nicht in unserer freyen Macht, solches nach Gefallen zu lassen. Die Schuldigkeit gegen den Nächsten wird durch den Selbst-Mord beleidiget, sofern man ihn durch solchen Tod derjenigen Dienste, die man ihm noch hätte erweisen können, beraubet, wie denn der Fall, daß ein Mensch auf der Welt zu gar nichts nutze seyn solte, nicht wohl möglich ist. [...]

1597 wie [ist] es mit der Imputation[1] desselbigen zu halten? [...] Denn es kommt darauf an, ob eine solche That mit Wissen und Willen geschiehet. Nimmt sich jemand das Leben, ist aber seines Verstandes nicht mächtig gewesen, indem er in der Raserey, oder in dem höchsten Grad der Melancholey gestanden, und also nicht wissen können, was er thut, so kan man ihn für keinen Selbst-Mörder ansehen. Thut er aber dieses vorsetzlich, mit Wissen und Willen, so wird ihm die That billig zugerechnet. Denn wollte man einwenden, es werde sich kein Mensch, der vernünftig sey, ermorden, und wären alle Selbst-Mörder, indem sie gewaltthätige Hand an sich geleget, zu der Zeit, da sie dieses gethan, nicht bey Verstand gewesen, daher erschiene, daß man ihnen nichts zurechnen könnte, so hat wohl dieses seine Richtigkeit, daß ein Selbst-Mörder nicht bey Verstand

---

1. Schuldzuschreibung

ist; es hebt aber dieses seine Schuld nicht auf. Denn da er durch seine Affecten in einen solchen Stand gesetzt wird, daß er gleichsam seiner Vernunft beraubt wird, und nicht weiß, was er thut, so ist er ja selbst die Ursache von solchem Zustande, und setzt sich dadurch in die Schuld, daß er seine hefftige Gemüths-Regungen nicht in Zaum gehalten. [...]

So lebt auch in Wahrheit derjenige GOtte nicht zum Schimpf, welcher alle Noth willig über sich nimmt, und geduldig erträget, mithin seinen Gehorsam gegen GOtt erweiset. [...]

1604 Ja derjenige sündiget noch viel mehr, welcher sich selbst, als der einen andern, entleibet: indem der letztere solchen Falls nur seines Nächsten Leib tödtet, dessen Seele aber nicht zu schaden vermag; da hingegen derjenige, welcher sich selbst umbringet, unstreitig so wohl den Leib, als die Seele, zugleich auf das schändlichste und kläglichste verlieret. [...]

1605 Da aber die Umstände klärlich und unstreitig auswiesen, daß der Entleibte entweder aus würcklicher Verzweifelung, oder aus Verdruß und Furcht, etwas Zeitliches zu verlieren, und also mit Fleiß und gutem Willen sich umgebracht hätte; so wäre der Cörper durch den Hencker mit Stricken durch das Haus, oder durch ein Fenster, hinab zu lassen, und unter den Galgen, wie ein Hund zu vergraben. [...] Wie selbige denn auch würcklich insgemein nur oben aus denen Fenstern herunter geworffen, oder zum Hause heraus geschleppet, hernach aber auf dem Schinderkarren zur Fehmstatt geschleifft, und entweder unter dem Galgen, oder doch wenigstens an einem solchen Orte, allwo man sonst keine ehrliche Leute zu begraben pfleget, in die Erde eingescharret werden. [...]

1606 Da aber die Umstände allzuzweifelhafft schienen, dergestalt, daß man so genau nicht zu bestimmen wüßte, ob der Selbstmörder sich aus purem Unverstande, Schwermuth, Raserey, oder aus andern gleichmäßigen Ursachen, folglich aus Mangel der Vernunfft, oder dagegen aus Verzweifelung entleibet hätte; so wäre, verschiedener Meynung nach, sicherer, mit Ausschlüssung der letztern das erstere anzunehmen, und also auch der Cörper, wiewohl ohne alle Ceremonien und nur in der Stille, in die Erde zu bringen, zuvorher aber mit der Geistlichkeit darüber zu berathschlagen, und die Umstände wohl zu überlegen. Wiewohl die Gemeinen und Nachbarschafften dieserwegen gemeiniglich sehr schwürig sind, indem sie vermeynen, daß dergleichen Cörper nichts, als Unglück, Schauer und Hochwetter zu verursachen pflegen. [...] (1743)

Auszüge aus: Großes vollständiges Universal Lexikon aller Wissenschaften und Künste. – Bd. 36. – Leipzig und Halle: Verlegts Johann Heinrich Zedler, 1743. – Sp. 1595 ff.

Der Strafrechtstheoretiker J. F. von Soden

Der Zustand, in dem sich ein Mensch tödet, ist nicht der natürliche; der natürliche Trieb der Selbsterhaltung fordert einen heftigen übernatürlichen zur Bezwingung. Nur in der äußersten Verzweiflung, nur im Taumel unbegränzter Leidenschaft, wo keine Moralität, keine Freyheit des Willens stattfindet, vergißt der Mensch auf diesen Grad, was er Gott, der Gesellschaft, und hauptsächlich sich selbst schuldig ist.

Wer will die krampfhaften Bewegungen der widerstrebenden Natur und die Gränzen der allmächtigen Leidenschaft bestimmen, die in diesem schrecklichen Augenblicke in seinem Innersten wüthete und ihn zu der fürchterlichen That hinriß? [...] - wenn er hingeht und den Vorhang eigenmächtig aufzieht, so folgen ihm meine Thränen, nicht mein Abscheu.
(1783)

Zitiert nach: Oettinger, Klaus: »Eine Krankheit zum Tode«. Zum Skandal um Werthers Selbstmord. – In: Der Deutschunterricht. – Jg. 28. – Heft 2 – Seelze: Friedrich, 1976. – S. 59f.

Der Strafrechtler Carl Friedrich Gerstlacher

Freilich wird eine kluge Obrigkeit mit dem Leichnam eines solchen Unglücklichen etwas auszeichnender[1] verfahren, als es das übertriebene Mitleiden unserer superklugen Aufklärer haben möchte. Aber dieses geschieht nicht zur Bestrafung des todten Leichnams, sondern um den noch lebenden dieses schrecklichen Verbrechen in seiner ganzen Abscheulichkeit darzustellen.
(1793)

Oettinger, Klaus: »Eine Krankheit zum Tode«.– a.a.O.

---

1. hier: öffentlich anprangern, zur Schau stellen

2. Arbeitsblatt zur 18./19. Stunde → *CD-ROM / Datei: AB_18_19_2.doc*

Anonym: Kann Literatur die Moral gefährden?

[...] Wir wünschten recht sehr, zum Besten der Menschheit, daß man den albernen Begriff, als wenn Bücher gefährlich seyn könnten, ablegte. Er ist für den Fortgang der Wissenschaften höchst verderblich, gebiert die Büchercensuren, und erstikt dadurch, und durch die Verfolgungen, die er gegen alle von den angenommenen Meinungen abgehende Menschen veranlast, allen Untersuchungsgeist. [...] In der That, es gehören besondre Umstände, eine ganz besondre, einem Krankheitszustande sehr ähnliche Gemüthsbeschaffenheit dazu, um den desperaten Entschlus zu fassen, sich selbst zu entleiben. [...] Und so eine Gemüthsbeschaffenheit bringt kein Buch hervor. [...] Weg also mit dem Geschwätz: Werthers Leiden lehren den Selbstmord. Zudem lobt und vertheidigt der Verf. nirgend seines Helden That. [...]
(1775)

Anonym – In: Auserlesene Bibliothek der neuesten deutschen Litteratur. – Bd. 8. – Lemgo, 1775. – Zitiert nach: Braun, J. W. : Goethe im Urtheile seiner Zeitgenossen (1773 – 1786). – Bd. I. – Hildesheim: Georg Olms Verlagsbuchhandlung, 1969. – S. 150, 152f. (Reprographischer Nachdruck der Ausgabe Berlin 1883).

Klaus Oettinger: »Eine Krankheit zum Tode«. Zum Skandal um Werthers Selbstmord.

So findet sich unter Werthers Briefen keiner, in dem förmlich für das Recht zum Selbstmord argumentiert würde [...].

3 Darstellung der Einzelstunden

Werther lässt sich [...] auf eine Reflexion der moralischen Aspekte des Selbstmords gar nicht ein.

Auch der fiktive Erzähler gibt keine Anweisungen, wie seine Geschichte zu beurteilen sei. [...] In ‚Werthers Leiden‘ beschränkt sich der Erzähler fast ganz auf die Funktion des Chronisten. [...]

In ‚Werthers Leiden‘ [...] wird die Moralität des Selbstmords als Problem gar nicht gestellt.
(1976)

Oettinger, Klaus: »Eine Krankheit zum Tode«.– a.a.O. – S. 63.

Johann Kaspar Lavater: Auszug aus einem Brief vom 10. Juli 1777

‚*Historiam morbi*[1] zu schreiben ohne angegebene Lehren a.b.c.d.‘, sagte mir einst Goethe, da ich ihm einige Bedenklichkeiten über seinen Werther ans Herz legte, ‚ist tausendmal nützlicher als alle noch so herrlichen Sittenlehren, geschichtlich oder dichterisch dargestellt. Siehe, das Ende dieser Krankheit ist Tod! Solcher Schwärmereien Ziel ist Selbstmord! Wer's aus der Geschichte nicht lernt, lernt's gewiß aus der Lehre nicht.'
Zitiert nach: Oettinger, Klaus: »Eine Krankheit zum Tode«.– a.a.O. – S. 64.

---

1. die Geschichte einer Krankheit

20./21. Stunde:
Literatur in der Literatur –
Werther als Leser

Sachanalyse

Der junge Werther ist in doppelter Hinsicht als poetisch zu bezeichnen. Zum einen ist er eine Erfindung Goethes, zum anderen erfindet er sich selbst, und zwar als Projektion seiner Lese-Erfahrungen.

Dass Werther nicht wie die von ihm vergötterten Kinder »in den Tag hinein« lebt (22. Mai; S. 10), sondern sein Leben inszeniert, tritt nirgends so deutlich zutage wie in seinem Umgang mit der Literatur. Schon zu Beginn des Romans zeigt sich, dass ihm Lesen mehr bedeutet als dem normalen Leser, der nach der Lektüre sein Buch aus der Hand legt und sich wieder den Alltäglichkeiten widmet: bei Werther hingegen fließen Literatur und Leben unmittelbar zusammen. Distanzlose Beziehung zur Literatur erhebt der leidenschaft-

liche Werther für sich zum Programm. Die Frage, ob ihm Ossian gefalle (Brief vom 10. Julius; S. 33), treibt ihn zur Weißglut – denn die Welt der Dichtung ist ihm kein Gegenstand vernünftig-kritischer Betrachtungen, sondern Erlebnis, das ihm »alle Sinne, alle Empfindungen ausfüllt!« (S. 32f.) Wenn er ‚seinen‘ Homer liest, wird ihm die dörfliche Umgebung von Wahlheim zum Schauplatz von Odysseus' Abenteuern. Werther gibt sich dieser durch seine Einbildungskraft hervorgebrachten Harmonie von äußerer Lesesituation und Inhalt des Büchleins hin, ohne der »Diskrepanz zwischen der fernen Idealität des Gelesenen und der nahen Trivialität des Gelebten« (Schlaffer, S. 215) gewahr zu werden, die Schlaffer »parodistisch« nennt.

»[...] dahin lass' ich mein Tischchen aus dem Wirtshause bringen und meinen Stuhl, trinke meinen Kaffee da und lese meinen Homer.« [26. Mai; S. 11; R. K.] Kaffee und Homer – an anderer Stelle: Zuckererbsen und Homer –, die empfindsa-

me, anempfindende Lektüre [...] führt Werther nicht zu einer ursprünglicheren Natur, sondern zur Selbsttäuschung. Nichts ist falscher (und deshalb nur ironisch zu verstehen), als wenn er den Vergleich zwischen sich, der Homer liest und Zuckererbsen isst, und den homerischen Figuren, die Schweine schlachten und Ochsen braten, mit der Beteuerung schließt: »Es ist nichts, das mich so mit einer stillen, wahren Empfindung ausfüllte als die Züge patriarchalischen Lebens, die ich, Gott sei Dank, ohne Affektation in meine Lebensart verweben kann.« [21. Junius; S. 25; R. K.] Es ist nur Affektation. (Schlaffer, Heinz: Exoterik und Esoterik in Goethes Romanen, S. 216)

Werthers »Selbsttäuschung« muss gerade deshalb verwundern, weil er an anderer Stelle recht klar erkennt, dass »man sich die Wände, zwischen denen man gefangen sitzt, mit bunten Gestalten und lichten Aussichten bemalt« (22. Mai; S. 10); er selbst findet genug davon in den homerischen Epen.
Die Funktion des Lesens erschöpft sich für Werther aber nicht in der literarischen Ausstattung der Scheinwelt, die er um sich herum errichtet hat. Lesen dient ihm zu einem späteren Zeitpunkt, da die Enttäuschungen vor allem im Umgang mit anderen Menschen zunehmen, als Kompensation. Nachdem er, der Bürgerliche, von den adeligen Gästen aus der Abendgesellschaft vertrieben worden ist, zieht er sich als einsamer Leser in das Reich der Poesie zurück und liest im Homer »den herrlichen Gesang«, »wie Ulyß [Odysseus; R. K.] von dem trefflichen Schweinehirten bewirtet wird. Das war alles gut.« (15. März; S. 63 f.) Schon Schiller bemerkte, von welcher Art Werthers Lektüre ist:

Es war ohne Zweifel ein ganz anderes Gefühl, was Homers Seele erfüllte, als er seinen göttlichen Sauhirt den Ulysses bewirten ließ, als was die Seele des jungen Werthers bewegte, da er nach einer lästigen Gesellschaft diesen Gesang las. Unser Gefühl für Natur gleicht der Empfindung des Kranken für die Gesundheit. (Schiller, Fried-

rich: Über naive und sentimentalische Dichtung. – In: ders.: Sämtliche Werke/hrsg. von G. Fricke und H. G. Göpfert. – München: Hanser, 6. Aufl., 1980, S. 711.)

Die antiken Mythen einer Welt ohne diskriminierenden Standesdünkel bieten Werther also Balsam für seine gekränkte Seele. Dabei spielt es keine Rolle, dass diese Welt lediglich als »patriarchalische Idee« (12. Mai; S. 6) existiert, die er sich als Gegenwelt in seine eigene hineinholt – in Wirklichkeit hat es sie ja nie gegeben. Aber auch ihre nur literarische Existenz reicht aus, ihn die eigene Wirklichkeit in solchen Momenten tiefster Depression leichter ertragen zu lassen. Insofern Poesie für Werther den Aufschein einer besseren vergangenen Welt bietet, hat sie für ihn nur kontemplativen Wert, nicht aber Vorbildcharakter für die Schaffung einer besseren neuen Welt. Werther nimmt Literatur wie eine Droge, deren betäubende Wirkung (»träumende Resignation« [22. Mai; S. 10]) sein Scheitern an der Wirklichkeit nicht verhindern kann.
Die Literatur eignet sich für Werther aber nicht nur zur Verklärung seiner Lebensumstände, sondern auch zur Stiftung bzw. Feststellung von Gemeinsamkeiten mit Lotte. Schon bei ihrer ersten Begegnung, auf der Fahrt zum Ball, sind Romane ihr Gesprächsthema. Dabei zeigt sich, dass Lotte ein anderes Verhältnis zur Literatur hat als ihr Begleiter. Die junge Frau will in dem Gelesenen ihre Welt wiederfinden, in der sie, die für ihre vielen Geschwister zu sorgen hat, mit beiden Beinen steht; die Flucht in eine Scheinwelt ist ihre Sache nicht, weshalb Werther ihr auch nie den Homer nahe zu bringen versucht, wie Erich Trunz richtig bemerkt hat (Trunz, S. 575). Werther dagegen sucht, wie seine Homer-Lektüre zu Beginn beweist, die Welt der Literatur in seinem Leben, wodurch er sich, wie Schlaffer feststellt, eine nüchterne Sicht der Wirklichkeit immer schon verbaut: »Aller Erfahrung geht die poetische

Idee voraus, die jene verhindert.« (Schlaffer, S. 216) Schon bei ihrem ersten Zusammentreffen idealisiert Werther seine Gesprächspartnerin Lotte, wogegen im Roman gleich in doppelter Weise ironisch Einspruch erhoben wird. Zum einen wertet der Herausgeber in den Anmerkungen Lottes Worte als »Urteil eines einzelnen Mädchens« ab, an dem »im Grunde jedem Autor wenig [...] gelegen sein kann« (S. 18), zum anderen ist die Situation im Wagen, liest man den Text einmal ganz genau, sehr aufschlussreich: Lottes Bemerkung über den »Landpriester von Wakefield« begeistert Werther so sehr, dass er zu einem längeren Monolog ansetzt, in dem er von Lotte unterbrochen wird, die »nach einiger Zeit [...] das Gespräch an die anderen wendete« (16. Junius; S. 19) – offenbar ist sie gelangweilt und hat nur mit halbem Ohr zugehört. Die Base »mit einem spöttischen Näschen« (ebenda) jedenfalls durchschaut Werthers Wichtigtuerei, mit der er Lottes Aufmerksamkeit gewinnen will.

Noch ein weiteres Mal wird in dem Brief vom 16. Junius die Literatur als Schlüssel gegenseitigen Verständnisses vorgestellt, aber wieder nicht ungebrochen: in der »Klopstock«-Episode. Am Abend des Balles stehen Werther und Lotte nach einem heftigen Spätfrühlingsgewitter gemeinsam am Fenster und schauen stumm in die Natur hinaus:

[...] sie sah gen Himmel und auf mich, ich sah ihr Auge tränenvoll, sie legte ihre Hand auf die meinige und sagte: »Klopstock!« – Ich erinnerte mich sogleich der herrlichen Ode, die ihr in Gedanken lag, und versank in dem Strome von Empfindungen, den sie in dieser Losung über mich ausgoss. (16. Junius; S. 23)

Beide haben Klopstocks »Ode über die ernsthaften Vergnügungen des Landlebens« (später »Die Frühlingsfeier«) im Ohr, und für einen Moment stellt sich zwischen ihnen eine träumerisch-empfindsame Übereinstimmung ein. Sie haben sich als Klop-

stock-Verehrer erkannt, als zugehörig zu der in jenen Jahren großen Gemeinde des Dichters, und Werther glaubt – nur durch die Nennung der »Losung« eines Dichternamens – ihrer beider Seelen vereint. Für die Beschreibung des Gewitters im Brief bedient er sich teilweise des Vokabulars der Ode (»Himmel«, »Donner«, »herrlich«, »Säuseln«, »erquickt«, »Regen«) und zeigt damit, dass er es nur literarisch gefiltert wahrgenommen hat.

Nicht nur die Zeitgenossen, sondern auch moderne Interpreten haben die »Klopstock«-Episode verstanden wie Werther selbst:

Das Glück, das Werther in der Beziehung zu Lotte zu erleben glaubt, resultiert gerade aus dem Gefühl eines solchen vorsprachlichen Verstehens der Herzen. Diese Symmetrie der Gefühlserregung, wie sie vor allem durch Lektüre vermittelt wird, bedarf keiner sprachlichen Objektivation, wie in der Gewitterszene deutlich wird: Das Losungswort »Klopstock« ist Garantie der gemeinsamen Empfindungen. (Nutz, Maximilian: Die Sprachlosigkeit des erregten Gefühls, S. 225)
Die Lektüre des »Vicar of Wakefield« weist Lotte bei der ersten Bekanntschaft aus und verbindet sie mit Werther. Beide isolieren sich damit als gleichgestimmte Seelen von ihren Gefährten auf dem Weg zum Ball. [Dies trifft, wie oben gezeigt wurde, nicht zu; R. K.] Dort erkennen sich die Liebenden [!] wortlos in Klopstocks »Frühlingsfeier«. (Jäger, Georg: Die Wertherwirkung, S. 127)

Werther erliegt wie seine Interpreten der Illusion, seine Beziehung zu Lotte sei mehr als nur poetischer Natur, sie gehe über den literarischen Bereich hinaus.
Schlaffer hat demgegenüber darauf hingewiesen, dass die Begegnung mit Lotte durch Werthers Illusionen vorgeprägt ist. Die Nähe, die er sucht, bestehe nur in seiner Einbildung:

Wie Don Quijotes Dulcinea ist Werthers Lotte als »Gestalt einer Geliebten« [Zitat aus dem Brief vom 10. Mai; S. 6; R. K.], als Hohlform schon fertig, ehe er sie sieht; er wird sie nie richtig sehen. Zur Erkundung ihres Inneren genügt ihm ein Dichter-Name: »Klopstock«. (Schlaffer, S. 216)

Lotte teilt zwar Werthers Liebe zur Literatur, nicht jedoch seine Literarisierung des eigenen Lebens: Als Werther weiter in der Sphäre der Poesie seinen Träumen nachjagt, stößt er schon bald an die ihm von Lotte gesetzten Grenzen, die nicht daran denkt, ihren zwar unliterarischen, dafür aber bodenständigen Albert für den Schwärmer Werther aufzugeben. Werther entschließt sich deshalb zur Flucht (ähnlich wie zu Beginn: vgl. den Brief vom 4. Mai; S. 4). Er will sich Lottes Nähe entziehen, ohne ihr dies zuvor mitzuteilen. Für die letzte Begegnung mit ihr wählt er als Kulisse ein »Plätzchen«, »das wahrhaftig eins von den romantischsten ist, die ich von der Kunst hervorgebracht gesehen habe.« (10. September; S. 51): ein »düsteres Kabinett« am Ende einer von Buchen dicht gesäumten Allee. Der Schauplatz veranlasst Lotte, die Werthers Arrangement zwar nicht durchschaut, aber ganz in seinem Sinne auf die Szenerie reagiert, zu einer literarischen Reminiszenz an »Die frühen Gräber« (1764) von Klopstock:

Lotte machte uns aufmerksam auf die schöne Wirkung des Mondenlichtes [...], und sie fing nach einer Weile an: »Niemals gehe ich im Mondenlichte spazieren, niemals, dass mir nicht der Gedanke an meine Verstorbenen begegnete, dass nicht das Gefühl von Tod, von Zukunft über mich käme. Wir werden sein! [...] aber, Werther, sollen wir uns wieder finden? wieder erkennen?« (S. 52)

Sie mag an folgende Verse Klopstocks denken:

Willkommen, o silberner Mond,
  Schöner, stiller Gefährte der Nacht!
  [...]
Ihr Edleren, ach es bewächst
Eure Male schon ernstes Moos!

O wie war glücklich ich, als ich noch mit euch
Sahe sich röten den Tag, schimmern die
                    Nacht.

Während Lotte an ihre verstorbene Mutter denkt, greift Werther die Frage nach einem möglichen Wiedersehen im Jenseits auf, indem er sie auf sich und Lotte bezieht: »[...] wir werden uns wiedersehn! Hier und dort wiedersehn!« (S. 52) und beim Abschied noch einmal: »[...] wir werden uns finden, unter allen Gestalten werden wir uns erkennen!« (S. 54) Werther hat dabei, wie Erich Trunz (S. 599) anmerkt, wohl Klopstocks Ode »An Fanny« (1748) im Ohr, in der es heißt:

Dann wird ein Tag sein, den werd ich auferstehn!
Dann wird ein Tag sein, den wirst du auferstehn!
  Dann trennt kein Schicksal mehr die Seelen,
    Die du einander, Natur, bestimmtest.

Die Parallele zur Situation der drei Menschen wird offensichtlich, wenn man folgende Verse der Ode hinzunimmt:

Ach! wenn du dann auch einen Beglückteren
  Als mich geliebt hast, lass den Stolz mir,
    Einen Beglückteren, doch nicht Edlern!

Da Lotte den Sinn von Werthers Worten nicht erkennt, missverstehen sie einander. Sie wird ihn erst nach seinem Tod verstehen, wenn sie den nach ihrer letzten, dramatischen Begegnung geschriebenen Brief Werthers in Händen hält, der sowohl auf die Worte bei der ersten Trennung im September als auch auf die besagte Ode anspielt:

Ich gehe voran! [...] und ich fliege dir entgegen und fasse dich und bleibe bei dir vor dem Angesichte des Unendlichen in ewigen Umarmungen. [...] Nahe am Grabe wird mir es heller. Wir werden sein! wir werden uns wieder sehen!« (S. 100)

Die dazu passenden Verse in Klopstocks »Ode an Fanny« lauten:

Wenn dann du dastehst jugendlich auferweckt,
Dann eil ich zu dir! säume nicht, bis mich erst
  Ein Seraph bei der Rechten fasse,
    Und mich, Unsterbliche, zu dir führe.

[...] dann will ich tränenvoll,
  Voll froher Tränen jenes Lebens
    dir stehn, dich mit Namen nennen,

Und dich umarmen! [...]

Liebe, Natur, Abschied und Tod, all dies erlebt Werther stets doppelt, gespiegelt durch die vorgeprägte literarische Erfahrung. In dem Bemühen, Poesie und Leben als untrennbares Gesamterlebnis zusammenschmelzen zu lassen, stößt er, da sich seine Lebensumstände vollständig geändert haben, auf die schwermütigen Gesänge des keltischen Barden Ossian: »Ossian hat in meinem Herzen den Homer verdrängt.« schreibt er am 12. Oktober (S. 76). Der einfache, klare Homer aus dem warmen, hellen Süden muss dem düsterrauhen, verwickelten Ossian, der von Tod und Zerstörung, von Leid und tragischem Untergang singt, weichen. Werther gestaltet die Literarisierung seines Lebens um, denn er weiß, dass er Lotte endgültig verloren hat und dass es für ihn kein glückliches Ende mehr geben kann. Er fühlt sich als »Wandrer« (S. 69) wie Odysseus, aber anders als dieser, der nach langer Irrfahrt Heimat und Familie wiederfindet, sieht Werther für sich einen tödlichen Ausgang wie für Fingal, der von dem um ihn trauernden Sohn Ossian beklagt wird.

Welch eine Welt, in die der Herrliche mich führt!
[...] Zu hören [...] die Wehklagen des zu Tode sich
jammernden Mädchens, um die vier moosbedeckten,
grasbewachsenen Steine des Edelgefallnen,
ihres Geliebten. (12. Oktober; S. 76)

Schon in der ersten Erwähnung der Begeisterung für die Ossian-Gesänge ist das Todesmotiv zentral, ebenso in der letzten (S. 107) – Ossian bietet den Rahmen für Wer-

thers Abgesang und gibt ihm für die Briefe vor dem Ende den klagenden Ton vor. Die schwer durchschaubare Handlung der Gesänge ist dabei kaum von Bedeutung, ihre Verwirrung, das Durcheinander von Namen und Handlungsebenen spielt nur als Reflex auf Werthers Gemütszustand eine Rolle, wie Goethe in einem Gespräch im August 1929 ausführte: »[...] it was never perceived by the critics that Werther praised Homer while he retained his senses, and Ossian when he was going mad. But reviewers do not notice such things.« (Erläuterungen und Dokumente, S. 56)

Wie zu Beginn Goldsmith und Klopstock eine Bedeutung für die Bekanntschaft zwischen Werther und Lotte zukam, so spielt bei ihrer letzten Begegnung Ossian die entscheidende Rolle. Selbst zum Schluss noch hilft die Literatur den beiden, die sich angesichts der für sie beide – wenn auch aus unterschiedlichen Gründen – unerträglichen Situation nichts Rechtes zu sagen wissen, aus der Verlegenheit: »›Haben Sie nichts zu lesen?‹, sagte sie. – Er hatte nichts. – ›Da drin in meiner Schublade', fing sie an, liegt Ihre Übersetzung einiger Gesänge Ossians[...].‹« – (S. 100f.). Nachdem Werther einige Auszüge der Klagegesänge vorgetragen hat, fließen wie vormals in der Ballnacht nach dem Gewitter die Tränen: »Sie fühlten ihr eigenes Elend in dem Schicksale der Edlen, fühlten es zusammen, und ihre Tränen vereinigten sich.« (S. 107) Die Literatur, die in der bedrückenden Stimmung zuvor als Blitzableiter, als Lückenbüßer herhalten sollte, hat unversehens ihr »Elend« noch verstärkt. Noch immer unfähig, sich über sich selbst und ihre Beziehung zueinander zu verständigen, fliehen Werther und Lotte in das Reich der Poesie, zelebrieren und literarisieren ihr Leiden, ohne ihm doch dadurch einen Schlusspunkt setzen zu können. Werther geht allerdings noch einen erheblichen Schritt weiter als Lotte, die zwar auch unter der in Aussicht stehenden Trennung leidet, aber im Traum nicht daran denkt, dass Werther das Schicksal der Helden Ossians zu wiederholen beabsichtigt. Dass sie seine derart konsequente Verknüpfung von Literatur und Leben nicht für möglich hält und damit im Grunde Werther selbst nicht verstanden hat, beweist sie, indem sie dem Knaben die Pistolen für ihn aushändigt. Sie glaubt, dass er die von ihr empfohlene Reise (S. 96) wirklich vorhat, und hätte stattdessen besser auf das hören und für Ernst nehmen sollen, was Werther ihr mit den Worten der Poesie gesagt hat:

,Aber die Zeit meines Welkens ist nahe, nahe der Sturm, der meine Blätter herabstört! Morgen wird der Wanderer kommen, kommen der mich sah in meiner Schönheit, ringsum wird sein Auge im Felde mich suchen und wird mich nicht finden. –'
(S. 107)

Während Werther sogar seinen eigenen Tod literarisch vorhersagt und nicht zuletzt an seiner Unfähigkeit, authentisch, d. h. nur aus sich selbst und nicht aus poetischen Bildern heraus zu leben, zugrunde geht, unternimmt Lotte nur gelegentliche Ausflüge in den Bereich der Poesie, um dann doch jederzeit den Weg zurück in die Realität zu finden, etwa, wenn sie ihren beträchtlichen häuslichen Pflichten nachgeht oder sich mit ihren Freundinnen über den üblichen Dorfklatsch unterhält (Brief vom 26. Oktober; S. 77).

Weniger Aufmerksamkeit als Homer, Klopstock und Ossian haben in der Literatur zum »Werther« die vielen Bibelanklänge im Roman gefunden (von denen Erich Trunz die meisten zusammengestellt und den jeweiligen Bibelzitaten gegenübergestellt hat: Trunz, S. 591 f.). Dabei fällt auf, dass die meisten Stellen erst gegen Ende des »Werther« erscheinen und viele den Passionsgeschichten des Johannes und des Matthäus entstammen. Werther vergleicht seine Leiden mit den Leiden Jesu und beklagt mit dessen Worten sein Schicksal und sein bevorstehendes Ende, das er – im Un-

terschied zum Gottessohn – für sich selbst bestimmt hat: »Mein Gott! Mein Gott! warum hast du mich verlassen?« (15. November; S. 80)

Schon hier wird deutlich, dass nicht religiöses Gefühl der Grund für die vielen Bibelanklänge sein kann, denn die Gleichsetzung der eigenen Leiden mit denen des Gekreuzigten muss dem gottesfürchtigen Zeitgenossen als Anmaßung, wenn nicht gar als Blasphemie erscheinen. Die Religion kann Werther keinen Trost bieten und ihm nicht »Stab« oder »Erquickung« sein (15. November; S. 79 f.) – dennoch ist ihm die Bibel nützlich, weil sie ihm, dem Briefschreiber, Worte für die Darstellung seiner Qualen und seiner Todesnähe leiht und seinen Leiden eine höhere Weihe gibt. Der bibelfeste, aber nicht religiöse Werther benutzt das »Buch der Bücher« als Steinbruch für Zitate und entnimmt ihm Vergleiche (z. B. das Gleichnis vom barmherzigen Samariter: Brief vom 12. August, S. 42; S. 115), um die seit ewigen Zeiten gleiche Bigotterie und Gleichgültigkeit der Menschen zu verurteilen. Im selben Brief, der die gewagte Identifizierung mit der Gestalt Jesu enthält, bemüht Werther noch einen anderen Leidenden der Weltliteratur, Hamlet, wenn er schreibt, dass er »zwischen Sein und Nichtsein zittert« (S. 80). Ob Jesus oder Hamlet – Werther sieht seine eigene Tragik immer im Licht anderer, die vor ihm in den Tod gegangen sind: »Werther ist sich selbst literarisch geworden.« (R. Assling, S. 184)

Es ist nur konsequent, dass Werther auch seinen Selbstmord noch nach einem literarischen Vorbild inszeniert: Er blättert vor seinem Tod in Lessings »Emilia Galotti« herum, der Tragödie einer jungen Frau, die aus Verzweiflung über gesellschaftliche Intrigen und ihre eigene Sinnlichkeit ihren Vater auffordert, sie zu töten. Werther spielt Emilias und Odoardos Rolle in einer, seiner eigenen, selbst, was denen, die ihn tot auffinden, durch das Textbuch, das

»auf dem Pulte aufgeschlagen« liegt (S. 116), sofort sinnfällig werden soll. Sein Freitod kann so als eine bewusst vollzogene, nicht im Affekt begangene Handlung begriffen werden, mit der er sich und die anderen – Lotte und Albert – vor den unabsehbaren Folgen seiner Leidenschaft befreien wollte. Durch den literarischen Fingerzeig auf das Werk Lessings interpretiert Werther seine Tat als tragisch, d.h. unausweichlich, um so der Kritik seines Werkes, d.h. seines Lebens, als unmoralisch und sündhaft zuvorzukommen. Zugleich hat er sich durch seine Briefe eine literarische Existenz über seinen Tod hinaus geschaffen. Ähnlich wie Ossians Helden findet er jung ein tragisches Ende – er wird durch die von ihm selbst verfassten monologischen Briefe poetisch fortleben.

Unterrichtsverlauf

Für die Bearbeitung dieses wichtigen Themas wird eine Doppelstunde möglicherweise nicht ausreichen. Für das Normalprogramm sind drei Stunden anzusetzen. Das Minimalprogramm, zu dem der Lehrer sich nur bei extremer Zeitknappheit entschließen sollte, sieht eine auf zwei Stunden bemessene exemplarische Bearbeitung (z. B. die Phasen 1, 2, 3, 4 und 6 ohne den Exkurs) vor. – Die Bedeutung Klopstocks wird im Zusammenhang der so genannten »Klopstock«-Episode (Brief vom 16. Junius) behandelt. Weitere im »Werther« auffindbare Literarisierungen (vgl. Sachanalyse) können auch als Klausurthema oder im Rahmen einer Halbjahresarbeit berücksichtigt werden.

Phase 1:
Literatur im »Werther«

Die Auswertung der 1. Hausaufgabe dient der Fixierung der Dichter bzw. ihrer Werke. Die Namen von Homer, Ossian und Klopstock sowie das Drama »Emilia Galotti« hält der Lehrer im auf Erweiterung hin angelegten Tafelbild vorläufig fest; weitere

Nennungen schreibt er auf eine Nebentafel. Die näheren Bestimmungen zu Homer usw. sowie die thematisch-motivischen Bezüge und Gegensätze zwischen den vier Polen werden im Laufe des Unterrichts entsprechend eingefügt.

Phase 2:
Werthers und Homers Welt

In Still- und Partnerarbeit setzen die Schülerinnen und Schüler sich zunächst mit dem vom Thema »Kinder und Kindheit« her bekannten Brief vom 9. Mai (S. 67, Z. 36 – S. 68, Z. 13) auseinander und stellen von hier aus den Bezug zu Homers »Odyssee« her. Nötigenfalls wird der Lehrer den Schülern mit wenigen Worten den Inhalt des Epos in Erinnerung rufen, ehe er das entsprechende Arbeitsblatt austeilt. Die Zitate aus dem 15. und dem 20. Gesang sollen vor allem demonstrieren, dass Werther sich auf authentische Textstellen bezieht. – Bei der Zusammenstellung des Arbeitsblatts wurde auf die Prosa-Übersetzung von Wolfgang Schadewaldt zurückgegriffene, da diese aus hier nicht weiter darzulegenden Gründen dem Original näher kommt als die Voss'sche Übertragung in Hexametern von 1781, die Goethe bzw. Werther noch nicht vorgelegen hat.
Unter Bezug auf die Briefe vom 13. Mai (»Wiegengesang [...] habe ich [...] gefunden in meinem Homer.« (S. 6) sowie vom 26. Mai und vom 21. Junius wird herausgearbeitet, wie Werther die »patriarchalische« Welt in seine eigene hineinnehmen möchte. Das Einfache, Schlichte, Ursprüngliche versucht er nachzuleben. Ein Vergleich zwischen dem Brief vom 21. Junius und der von Werther erwähnten Passage aus dem 20. Gesang (2. Textauszug) zeigt die Unangemessenheit dieser Verknüpfung: Zuckererbsen pflücken und Ochsen schlachten; die Helden essen mit den Fingern, während Werther seinen Kaffee (im 18. Jahrhundert Getränk der privilegierten vornehmen Schicht) schlürft – wahrscheinlich aus einem Porzellantässchen. Der ironische

Kontrast, der durch diese Illusion Werthers hervorgebracht wird, sollte den Schülern deutlich werden. – Die Untersuchung zum Brief vom 15. März reicht bereits in das Thema »Gesellschaft« hinein und kann deshalb auch in der 24./25. Stunde erfolgen.

Phase 3:
Die »Klopstock«-Episode

Die »Klopstock«-Episode wird in der Literatur meist mit der 1771 veröffentlichten Ode bzw. Hymne »Die Frühlingsfeier« in Verbindung gebracht. Ebenso könnte auch die 1759 erschienene erste Fassung mit dem Titel »Ode über die ernsthaften Vergnügungen des Landlebens« gemeint sein. (vgl. S. 107) In Form und Wortbestand finden sich einzelne Unterschiede, aber die für die »Klopstock«-Episode entscheidenden Abschlussstrophen sind identisch.

Die Besprechung von Inhalt, Form und Wirkung der Ode sollte, da sie durch die Hausaufgabe vorbereitet ist, nicht allzu viel Zeit in Anspruch nehmen. Der für heutige Leser sehr fremdartige hymnische Gestus wird die Schüler verwirrt, womöglich abgestoßen haben; ggf. haben sie formale Ähnlichkeiten zur »Prometheus«-Hymne Goethes bemerkt, die vom Thema her aber wesentlich moderner wirkt. Es ist didaktisch nicht nur sinnvoll, sondern notwendig, die Distanz, die wir den Klopstock'schen und anderen Texten der Empfindsamkeit gegenüber haben, zu benennen, statt einzuebnen. Nur über die Irritation führt der Weg des Verstehens. Gar nicht erfassen wird man die Besonderheiten der Epoche und ihrer Jünger, wenn man die Merkwürdigkeiten ihrer Dichtung – sei es aus Gleichgültigkeit oder aus falsch verstandener Achtung vor den »Klassikern« – einfach übergeht oder für normal nimmt.

Danach wird die so genannte »Klopstock«-Episode, eine der bekanntesten Stellen der Weltliteratur, inhaltlich ausgeweitet. Welche Rückschlüsse auf die beiden Protagonisten der Szene lässt die emphatische Nen-

nung des Namens Klopstock zu? Bei der Gelegenheit kann der Lehrer über die vor allem in der Empfindsamkeit, aber auch im Sturm und Drang übliche Dichter-Verehrung informieren. Insbesondere um Klopstock wurde ein richtiger Kult betrieben, den man heutigen Schülern am besten mit dem Starkult unserer Zeit anschaulich machen kann.

Im Anschluss an die Frage nach der Bedeutung der Nennung von Klopstocks Namen stellt der Lehrer einander widersprechende Deutungen vor (Zitate von Nutz und Jäger bzw. Schlaffer [ggf. als Textbogen]; vgl. Sachanalyse). Die Diskussion darüber muss nicht unbedingt zu einem abschließenden Ergebnis kommen – wichtig ist, dass die Schüler möglichst eng am Text argumentieren. Wenn in Phase 4 die Ossian-Episode, die in vieler Hinsicht eine Parallele zur Klopstock-Episode darstellt, besprochen wird, sollten die Stellungnahmen aus der Diskussion noch einmal überprüft werden.

Phase 4:
Werthers und Ossians Welt

Zu Beginn gibt der Lehrer einige Hinweise zur Ossian-Fälschung. Die darauf folgende Frage: »Weshalb zieht Werther gegen Ende Ossian Homer vor?« bezieht sich auf den ersten Satz im Brief vom 12. Oktober (S. 76): Homer und Ossian bilden trotz mancher Gemeinsamkeiten zwei Pole im Leben Werthers (Tafelbild 1), der sich entsprechend seiner jeweiligen Verfassung zu unterschiedlichen Zeiten mit ihnen einrichtet. Ähnlich wie in Phase 2 wird die Bedeutung der Ossian-Gesänge anschließend näher untersucht. Vermutlich werden die Schüler zunächst irritiert sein, weil die Handlung in den von Werther vorgetragenen Passagen aufgrund der vielen Namen und verschiedenen Ebenen nicht zu entschlüsseln ist – um sie geht es in diesem Auszug aber auch gar nicht, sondern um Werthers inneren Zustand der Verwirrung und grenzenlosen Verzweiflung. Diesen Sachverhalt hat Goethe

3 Darstellung der Einzelstunden

1829 selbst angesprochen (vgl. Sachanalyse) – der Lehrer zitiert die entsprechende Bemerkung eventuell.

Anders als in Phase 2 wird bei der Analyse der Ossian-Vorlesung unterschieden zwischen a) der Situation Lottes und Werthers (psychologische Funktion) und b) der Stellung der Passage im Roman (poetische Funktion). Damit wird die Differenz zwischen Werther und dem Autor, der weder mit ihm noch mit dem Herausgeber identisch ist, bewusst gemacht.

2. Arbeitsblatt zur 20./21. Stunde → CD-ROM / Datei: AB_20_21_2.doc

Friedrich Gottlieb Klopstock (1724–1803):
Ode über die ernsthaften Vergnügungen des Landlebens [Auszüge]
[später: Die Frühlingsfeier]

Nicht in den Ocean
Der Welten alle
Will ich mich stürzen!
Nicht schweben, wo die ersten Erschafnen[1],
Wo die Jubelchöre der Söhne des Lichts
Anbeten, tief anbeten,
Und in Entzückung vergehn!

Nur um den Tropfen am Eimer,
Um die Erde nur, will ich schweben,
Und anbeten!

Halleluja! Halleluja!
Auch der Tropfen am Eimer
Rann aus der Hand des Allmächtigen!

Da aus der Hand des Allmächtigen
Die grössern Erden quollen,
Da die Ströme des Lichts
Rauschten, und Orionen wurden;
Da rann der Tropfen
Aus der Hand des Allmächtigen!

Wer sind die tausendmal tausend,
Die myriadenmal hundert tausend,
Die den Tropfen bewohnen?
Und bewohnten?
Wer bin ich?
Halleluja dem Schaffenden!
Mehr, als die Erden, die quollen!
Mehr, als die Orionen,
Die aus Strahlen zusammenströmten!
[...]

Hier steh ich.
Rund um mich ist Alles Allmacht!
Ist Alles Wunder!

Mit tiefer Ehrfurcht,
Schau ich die Schöpfung an!
Denn Du!
Namenlosester, Du!
Erschufst sie!
[...]

Nun fliegen, und wirbeln, und rauschen die Winde!
Wie beugt sich der bebende Wald!
Wie hebt sich der Strom!
Sichtbar, wie du es Sterblichen seyn kannst,
Ja, das bist du sichtbar, Unendlicher!
[...]

Seht ihr den neuen Zeugen des Nahen,
Seht ihr den fliegenden Blitz?
Hört ihr, hoch in den Wolken, den Donner des Herrn?
Er ruft Jehovah!
Jehovah!
Jehovah!
Und der gesplitterte Wald dampft!
[...]

Ach schon rauschet, schon rauschet
Himmel und Erde vom gnädigen Regen!
Nun ist, wie dürstete sie! Die Erd erquickt,
Und der Himmel der Fülle des Segens entladen!

Siehe, nun kömmt Jehovah nicht mehr im Wetter!
Im stillen, sanften Säuseln
Kömmt Jehovah!
Und unter ihm neigt sich der Bogen des Friedens.
(1759)

Zitiert nach: Epochen der deutschen Lyrik/hrsg. von Walter Killy. – Bd. 5. Gedichte 1700–1770/nach d. Erstdr. in zeitl. Folge hrsg. von Jürgen Stenzel. – München: Dt. Taschenbuch-Verl., 2. Aufl., 1977.

---

1. Erzengel

Arbeitsauftrag:

*   Lesen Sie die Auszüge aus Klopstocks »Ode über die ernsthaften Vergnügungen des Landlebens«, und halten Sie Ihre Eindrücke stichwortartig fest.

Phase 5:
»Emilia Galotti« –
die letzte Lektüre Werthers

Da nicht davon ausgegangen werden kann, dass »Emilia Galotti« allen Schülern bekannt ist, sollte eine kurze Inhaltsangabe durch den Lehrer oder einen Schüler (vgl. Hausaufgabe) erfolgen (zur schnellen Information: Kindlers Literatur Lexikon). Im Unterrichtsgespräch wird die Bedeutung des »auf dem Pulte aufgeschlagen« (S. 116) liegenden Buches sowohl in thematischer Hinsicht (Selbstmord u. a.) als auch im Hinblick auf Werthers Absicht (Selbstinterpretation und Rechtfertigung) erörtert.

Exkurs:
Die Bedeutung der Bibelanklänge

Um Zeit zu sparen, suchen die Schüler die Bibelanklänge und -zitate nicht selbst aus dem Text heraus (viele sind ohnehin nur von äußerst bibelkundigen Lesern zu ermitteln); der Lehrer gibt ihnen eine Übersicht (Textbogen 2) an die Hand, mit der sie sich in Stillarbeit vertraut machen. Das anschließende Unterrichtsgespräch geht vom Brief vom 15. November aus; gezeigt werden soll, dass nicht religiöse Bindung ans Christentum, sondern der Wunsch nach Literarisierung des eigenen Schicksals Werther zu den Bibelzitaten greifen lässt. – Dieser Teil kann auch durch eine schriftliche Hausaufgabe bearbeitet werden.

Phase 6:
Zusammenfassung

Nachdem die wesentlichen literarischen Werke im »Werther« unter dem Aspekt ihrer Funktion für den Roman zur Sprache gekommen sind, bietet sich eine Zusammenfassung der wichtigsten Ergebnisse an, ehe Schlussfolgerungen gezogen werden hinsichtlich einer angemessenen Haltung von Lesern der Literatur gegenüber. In Gruppenarbeit wird die Diskussion zu dieser Frage vorbereitet; nach Möglichkeit

sollte anhand von Werthers falschem Leseverhalten erkannt worden sein, dass nur ein distanziertes Verhältnis zum Gelesenen Voraussetzung für eine von Illusionen freie Bewältigung der Wirklichkeit ist.

Hausaufgabe:

Die Hausaufgabe fällt diesmal etwas arbeitsintensiver aus und besteht für alle Schüler aus zwei schriftlichen Teilen: Bei der ersten Aufgabe handelt es sich um eine Nachbereitung des Themas der Doppelstunde; die Schüler können sich zwischen drei verschieden anspruchsvollen Themen entscheiden: a) ein sauber ausgearbeitetes Ergebnisprotokoll, das vervielfältigt und an die Kursteilnehmer verteilt wird (hierzu sollten sich wenigstens zwei oder drei Schüler bereit finden); b) die Beantwortung der (im Unterricht ausgesparten) Fragen zu den Bibelanklängen (vgl. Exkurs); c) eine (streng gegliederte) Erörterung oder ein (etwas freier gestalteter Essay) über Beobachtungen und Schlussfolgerungen zum identifikatorischen Lesen heute. (Sofern Überschneidungen mit dem Thema der 29./30. Stunde befürchtet werden, sollte diese Hausaufgabe nicht gestellt werden.) – Die zweite Aufgabe bereitet die folgende Doppelstunde vor, insofern sich die Schüler mit für den Unterricht wichtigen Textpassagen zum Thema »Natur« vertraut machen. Die Begründungen für die Auswahl bestimmter Schilderungen müssen nicht allzu umfangreich sein, sollen aber auf jeden Fall ausformuliert werden. Wenn die Schüler dabei bemerken, wie schwer es ist, sich über Natur zu äußern, ohne in abgegriffene Sprachmuster, Plattheiten usw. zu verfallen, ist ein wichtiges Ziel bereits erreicht.

Stundenziele zur 20./21. Stunde

Die Schüler sollen:
- Werthers Homer-Begeisterung als Kompensation und als Selbsttäuschung erkennen;

- die mit »Klopstock« gemeinte berühmte Ode in Auszügen analysieren und vor dem Hintergrund der Klopstock-Verehrung in Empfindsamkeit und Sturm und Drang die Episode am Ballabend (Brief vom 16. Junius) deuten können;
- die motivische Bedeutung Ossians (im Unterschied zu Homer) für den Handlungsverlauf erkennen und in psychologischer und poetischer Hinsicht einordnen können;

- den Zusammenhang zwischen »Emilia Galotti« und Werther erfassen;
- die Funktion der Bibelanklänge im Roman herausarbeiten;
- die Bedeutung der Literatur für Werthers Existenz aufdecken und kritisch beurteilen;
- in der falschen Identifikation die Ursache für die ungewöhnliche Werther-Rezeption erkennen und im Hinblick auf ihr eigenes Leseverhalten problematisieren.

1. Arbeitsblatt zur 20./21. Stunde → CD-ROM / Datei: AB_20_21_1.doc

Textauszüge aus Homers »Odyssee«

Zum Brief vom 9. Mai

Als aber die frühgeborene erschien, die rosenfingrige Eos, da setzte ich eine Versammlung an und sprach unter ihnen allen:
»Freunde! Wir wissen ja nicht, wo das Dunkel ist, und nicht, wo Morgen, auch nicht, wo Helios, der den Sterblichen scheint, unter die Erde geht und wo er wieder heraufkommt. [...] ich sah, auf einen schroffen Ausguck hinaufgestiegen, eine Insel, die rings im Kreis ein unendliches Meer umgibt.« (Zehnter Gesang; S. 171)
»Denn darin liegt beides: Pracht und Glanz wie auch Erquickung, wenn man zuvor gespeist hat, ehe man weit über die grenzenlose Erde geht.« (Fünfzehnter Gesang; S. 259)

Zum Brief vom 21. Junius

Und sie kamen in das Haus des göttlichen Odysseus und legten die Mäntel ab auf Sessel und auf Stühle, und schlachteten große Schafe und fette Ziegen, schlachteten fette Schweine und ein Herdenrind, und brieten die inneren Teile und verteilten sie und mischten den Wein in den Mischkrügen. Die Becher aber teilte der Sauhirt aus, Brot teilte ihnen Philoitios zu, der Vogt der Männer, in schönen Körben, und den Wein schenkte Melantheus. Die aber streckten die Hände aus nach den bereiten, vorgesetzten Speisen. (Zwanzigster Gesang; S. 359 f.)

Zum Brief vom 15. März

So sprach er und ging zur Hütte voran, der göttliche Sauhirt, und führte ihn hinein und hieß ihn niedersitzen und schüttete dichtes Laubwerk auf und breitete das Fell einer langbärtigen wilden Ziege darüber, die Einlage seines eigenen Bettes, groß und dicht. Und es freute sich Odysseus, dass er ihn so empfing, und er sprach das Wort und benannte es heraus:
»Mögen Zeus und die anderen unsterblichen Götter dir geben, Fremder, was du am meisten wünscht, weil du mich freundlich aufgenommen!« Da antwortetest du und sagtest zu ihm, Sauhirt Eumaios:

»Fremder, nicht recht wäre es von mir – und wäre auch ein Geringerer als du gekommen –, dem Fremden die Ehre zu verweigern. Denn von Zeus her sind allgesamt die Fremden und die Bettler; [...],«

So sprach er und schloss schnell den Rock mit dem Gurt zusammen, schritt hin und ging zu den Kofen, wo die Völker der Ferkel eingeschlossen waren, nahm zwei dort fort, trug sie herbei und schlachtete und sengte und zerhieb sie beide und steckte sie an Bratspieße. Und als er alles gebraten hatte, trug er es herbei und setzte es dem Odysseus vor, noch heiß, mitsamt den Spießen, und streute weißes Gerstenmehl darüber und mischte honigsüßen Wein in einem Holznapf und setzte sich ihm selber gegenüber [...].
(Vierzehnter Gesang; S. 239 f.)

Homer: Odyssee/ins Deutsche übertr. von Wolfgang Schadewaldt. – Zürich; München: Artemis, 1966.

3. Arbeitsblatt zur 20./21. Stunde → CD-ROM / Datei: AB_20_21_3.doc

Bibelzitate und -anklänge im »Werther« (Zusammenstellung nach E. Trunz)

S. 6. [...] wie sie, alle die Altväter, am Brunnen Bekanntschaft machen und freien [...].

1. Mos. 24,13 f. Herr, siehe, ich stehe hier bei dem Wasserbrunnen, und der Leute Töchter in dieser Stadt werden herauskommen, Wasser zu schöpfen. Wenn nun eine Dirne kommt, zu der ich spreche »Neige deinen Krug [...]«, und sie wird sprechen »Trinke, ich will deine Kamele auch tränken«, dass sie die sei, die du deinem Diener Isaak bescheret habest [...].

S. 26. [...] meinem Herzen sind die Kinder am nächsten [...] immer wieder hole ich dann die goldenen Worte [...] »Wenn ihr nicht werdet wie eines von diesen!«

Matth. 18,3. Wahrlich, ich sage euch, es sei denn, dass ihr euch umkehret und werdet wie die Kinder, so werdet ihr nicht ins Himmelreich kommen.

S. 33 f. [...] ich habe selbst Leute gekannt, die des Propheten ewiges Ölkrüglein ohne Verwunderung in ihrem Hause angenommen hätten.

1. Könige 17,16. [...] und dem Ölkruge mangelte nichts, nach dem Wort des Herrn, das er geredet hatte durch Elia.

S. 42. Wer hebt den ersten Stein auf [...].

Ev. Johannis 8,7. Wer unter euch ohne Sünde ist, der werfe den ersten Stein auf sie.

S. 42. Ihr steht so gelassen, so ohne Teilnehmung da, ihr sittlichen Menschen [...] geht vorbei wie der Priester und dankt Gott wie der Pharisäer, dass er

Luk. 10,31. Es begab sich aber ohngefähr, dass ein Priester dieselbige Straße hinabzog, und da er ihn sahe, ging er vorüber.

euch nicht gemacht hat wie einen von diesen.

Luk 18,11. Der Pharisäer stund und betete bei sich selbst also: Ich danke dir, Gott, dass ich nicht bin wie die andern [...].

S. 43f. [...] wir nennen das eine Krankheit zum Tode [...]

Joh. 11,4. Da Jesus das hörte, sprach er: Die Krankheit ist nicht zum Tode [...].

S. 50. [...] das härene Gewand und der Stachelgürtel [...].

Matth. 3,4. Johannes hatte ein Kleid von Kamelhaaren und einen ledernen Gürtel um seine Lenden [...].

S. 79. [...] und der ganze Kerl vor Gottes Angesicht steht [...] wie ein verlechter Eimer.

Prediger 12,6. Ehe denn [...] der Eimer zerleche am Born [...].

S. 79. [...] wenn der Himmel ehern über ihm ist [...].

5. Mose 28,23. Dein Himmel, der über deinem Haupte ist, wird ehern sein.

S. 79f. [...] manchem Ermatteten Stab, manchem Verschmachtenden Erquickung [...].

23. Psalm. Er erquicket meine Seele, [...] dein Stecken und Stab trösten mich.

S. 80. Sagt nicht selbst der Sohn Gottes, dass die um ihn sein würden, die ihm der Vater gegeben hat?

Joh. 6,44. Es kann niemand zu mir kommen, es sei denn, dass ihn ziehe der Vater [...].
Joh. 6,65. Darum habe ich euch gesagt: Niemand kann zu mir kommen, es sei ihm denn von meinem Vater gegeben.

S. 80. Und ward der Kelch dem Gott vom Himmel auf seiner Menschenlippe zu bitter, warum soll ich großtun und mich stellen, als schmeckte er mir süß?

Matth. 26,39. [...] fiel nieder auf sein Angesicht und betete und sprach: Mein Vater, ist's möglich, so gehe dieser Kelch von mir [...].

S. 80. Mein Gott! mein Gott! warum hast du mich verlassen?

Matth. 27,46. Und um die neunte Stunde schrie Jesus laut und sprach: Mein Gott, mein Gott, warum hast du mich verlassen?

S. 80. [...] der die Himmel zusammenrollt wie ein Tuch?

Psalm 104,2. Du breitest aus den Himmel wie einen Teppich.
Jesaia 34,4. Der Himmel wird zusammengerollt werden.
Offenbarung Johannis 6,14. [...] der Himmel entwich wie ein zusammengerolltes Buch.

S. 84. [...] ein Vater, [...] dem sein unvermutet zurückkehrender Sohn um den Hals fiele [...].	Luk. 15, 11–24. (Parabel vom verlorenen Sohn)
S. 109. Ich gehe voran! gehe zu meinem Vater.	Joh. 14,28. Ich gehe zum Vater; denn der Vater ist größer denn ich. Joh. 13,1. [...] da Jesus erkannte, dass seine Zeit kommen war, dass er aus dieser Welt ginge zum Vater [...].
S. 115. [...] dass Priester und Levit vor dem bezeichneten Steine sich segnend vorübergingen und der Samariter eine Träne weinte.	Luk. 10,31-33. Es begab sich aber ohngefähr, dass ein Priester dieselbige Straße hinabzog, und da er ihn (den von Räubern Überfallenen und Zerschlagenen) sahe, ging er vorüber. Desselbigen gleichen auch ein Levit, da er kam bei der Stätte und sahe ihn, ging er vorüber. Ein Samariter aber reiste und kam dahin; und da er ihn sahe, jammerte ihn sein [...].

Arbeitsaufträge:

- Welchen Stellenwert hat für Werther die Religion (vgl. Brief vom 15. November)?
- Welche Bedeutung haben für ihn als Leser und Briefschreiber die Bibelanklänge?

22./23. Stunde:
Naturerfahrung und Naturdarstellung im »Werther«

Sachanalyse

In seinem ersten Brief (4. Mai 1771) beschreibt Werther einen gräflichen Garten, in dem er sich gern aufhält: »Der Garten ist einfach, und man fühlt gleich bei dem Eintritte, dass nicht ein wissenschaftlicher Gärtner, sondern ein fühlendes Herz den Plan gezeichnet, das seiner selbst hier genießen wollte.« (S. 5) In diesem einen Satz finden sich mehrere Hinweise auf ein durch Empfindsamkeit und Sturm und Drang hervorgebrachtes Naturverständnis, das sich von dem der Aufklärung deutlich unterscheidet. Werther lobt hier den vorgefundenen englischen Landschaftsgarten und kritisiert zugleich die in herrschaftlichen Anwesen zumeist noch üblichen Rokokogärten; »einfach« ist der Garten und (scheinbar) urwüchsig, nicht regelmäßig, nach genau berechneten geometrischen Mustern gestaltet. Das »fühlende Herz« soll erregt werden, während der »wissenschaftliche Gärtner« lediglich den Verstand anzusprechen vermag. Statt der Sachlichkeit klarer Formen will Werther in der Natur die Subjektivität »seiner selbst« wiederfinden.

Dieses Verständnis von Natur ist dem im »wissenschaftlichen« Zeitalter geprägten Naturbegriff fremd. Den Vertretern der Aufklärung galt Natur vor allem als Objekt vernünftiger, logischer Betrachtungen. Die Gesetze, die, einem göttlichen Plan gehorchend, in ihr wirksam sind, wurden als dem Verstande zugänglich erkannt; sie sollten methodisch exakt in Experimenten erforscht und den Menschen nach Möglichkeit nutzbar gemacht werden. Viele Entdeckungen und Erfindungen im 18. Jahrhundert brachten den Naturwissenschaften und der Technik einen nachhaltigen Aufschwung.

Neben diesem überwiegend vom Verstand und vom Nützlichkeitsdenken bestimmten Interesse an der Natur entstand etwa seit der Mitte des Jahrhunderts ein dazu fast gegenläufiges, das vom Gefühl ausging und die Erscheinungen der Natur vor allem als »Landschaft« wahrnahm, die Joachim Ritter folgendermaßen definiert:

Landschaft ist Natur, die im Anblick für einen fühlenden und empfindenden Betrachter ästhetisch gegenwärtig ist: Nicht die Felder vor der Stadt, der Strom als »Grenze«, »Handelsweg« und »Problem für Brückenbauer«, nicht die Gebirge und die Steppen der Hirten und Karawanen (oder der Ölsucher) sind als solche schon »Landschaft«. Sie werden dies erst, wenn sich der Mensch ihnen ohne praktischen Zweck in »freier« genießender Anschauung zuwendet, um als er selbst in der Natur zu sein. Mit seinem Hinausgehen verändert die Natur ihr Gesicht. Was sonst das Genutzte oder als Ödland das Nutzlose [...] oder das feindlich abweisende Fremde war, wird zum Großen, Erhabenen und Schönen: es wird ästhetisch zur Landschaft. (Ritter, J.: Landschaft. – In: ders.: Subjektivität, S. 150 f.)

Den Wunsch nach subjektiv bestimmter Naturerfahrung (»[...] um als er selbst in der Natur zu sein«, schreibt Ritter) drückt auch Werther in dem Brief aus: »[...] ein fühlendes Herz [...], das seiner selbst hier genießen wollte.«

Als Begründer dieser Idee von Natur gilt allgemein der Schweizer Philosoph Jean Jacques Rousseau, der die von ihm als Deformation des Individuums gesehene Zivilisation kritisierte und eine Rückbesinnung auf das Ursprüngliche proklamierte (vgl. Sachanalyse zur Stunde »Kinder und Kindheit«). Mit dem Ruf »Zurück zur Natur!«

stellte er sich dem unbegrenzten Fortschrittsoptimismus seiner Zeit entgegen. Der Mensch sollte sich nicht so sehr als Beherrscher, sondern vor allem als Teil der Natur begreifen und fühlen, um zu seinem ursprünglichen, unverfälschten Wesen zurückzufinden. Nicht die Erforschung und Ausbeutung, sondern das Erlebnis der äußeren sowie der inneren Natur sah Rousseau als erstrebenswert an.

Dieses Naturverständnis stieß in Deutschland vor allem in der jüngeren Generation auf begeisterte Zustimmung. Den Wert des einfachen, naturverbundenen und gefühlsbetonten Lebens, das Rousseau in seinem Roman »Julie ou La Nouvelle Héloïse« (1761; vgl. die Doppelstunde zum »Briefroman«) dargestellt hatte, versuchten die Vertreter von Empfindsamkeit und Sturm und Drang für sich zu erfahren und nachzuempfinden. Auf langen, erschöpfenden Wanderungen und Bergbesteigungen sowie beim Eislaufen, das damals in Mode kam, gewann das Individuum das Glücksgefühl, eins mit sich und mit der Natur zu sein. Dieser Natur-Enthusiasmus schlug sich insbesondere in der Lyrik nieder, am deutlichsten zunächst bei Klopstock (vgl. die »Ode über die ernsthaften Vergnügungen des Landlebens« von 1759, »Die Gestirne« und »Der Eislauf« von 1764), in dessen Folge dann beim jungen Goethe und den Dichtern des Göttinger Hains. Auch Herders literarische Position ist durch diesen neuen Naturbegriff geprägt: Das von ihm hochgepriesene Volkslied, dem er zu neuer Würde und Bedeutung verhalf, ist Ausdruck von Unmittelbarkeit, Schlichtheit und Unverfälschtheit. – Im Unterschied zur Lyrik hatte es bis zum Erscheinen des »Werther« in der deutschsprachigen Prosa keine ausführlichen Schilderungen von Naturerleben und -empfinden gegeben.

Wie der bereits behandelte Brief vom 10. Mai deutlich zeigt, ist für Werther das Erlebnis der Natur zugleich subjektives Gotterlebnis – die Natur in ihrer vielfältigen

Gestalt gilt ihm als sinnlicher Ausdruck der Schöpfung des »Allmächtigen«, des »Allliebenden«, des »unendlichen Gottes« (S. 6). Natur, die in ihrer anschaulich-ästhetischen Form als schöne Landschaft erfahren und beschrieben wird, ist also auch ein Bild für das Wesen des Kosmos, dessen das Individuum in sich und außerhalb seiner gewahr wird. Sie wird Werther zum »Spiegel [seiner] Seele« (S. 6), und entsprechend verändert sie sich für ihn angesichts seines wechselhaften, sich verdüsternden Schicksals. Er interpretiert sein Leben immer wieder gleichnishaft mit Bildern aus der Natur – sie kann ihm im Mai Wiedererwachen, Neubeginn und Erwartung bedeuten, ein paar Monate später ebenso Sinnbild einer unaufhörlichen Zerstörung sein, als die er sein Dasein im Zeichen schwindender Hoffnungen auf Lotte nunmehr sieht:

[...] mir untergräbt das Herz die verzehrende Kraft, die in dem All der Natur verborgen liegt; die nichts gebildet hat, das nicht seinen Nachbar, nicht sich selbst zerstörte [...] ich sehe nichts als ein ewig verschlingendes, ewig wiederkäuendes Ungeheuer. (18. August; S. 48)

Im Augenblick des Glücks bietet die Natur ihm höchste »Wonne« (10. Mai, S. 6; 16. Junius, S. 23; 21. Junius, S. 25), später, in der Erinnerung an die verflossene »Glückseligkeit« wird sie ihm zur »Quelle seines Elendes«, zum »unerträglichen Peiniger« (18. August; S. 46).
Den eigentlichen Grund für sein Leiden erkennt Werther dabei richtig in sich selbst, in seiner Natur, seinem Herzen. Da er alle Eindrücke (auch die äußere Natur) nicht nur intensiv, sondern exzessiv aufnimmt, weiß er, »dass in [ihm] die Quelle alles Elendes verborgen ist, wie ehemals die Quelle aller Seligkeiten.« (3. November; S. 78) Das »Ungeheuer«, von dem er im Brief vom 18. August schreibt, wohnt in ihm selbst, ist seine innere Natur, die es ihm unmöglich macht, sich den gegebenen Verhältnissen zu fügen, d. h. auf Lotte zu

verzichten. Schon im Zusammenhang seiner Kritik an den Beschränkungen und Regeln der bürgerlichen Gesellschaft pries Werther als Kontrast dazu die »unendlich reich[e]« Natur; der freie Drang der Triebe, der »geilen Reben« (26. Mai; S. 11 f.) ist ihm Metapher für das drängende Herz, das sich ohne Beschneidung durch sich selbst (seine Vernunft) oder andere (Regeln, Konventionen) entfalten soll. »Auch halte ich mein Herzchen wie ein krankes Kind; jeder Wille wird ihm gestattet.« (13. Mai; S. 7) Werthers Herz ist also eins mit seiner Natur – Einschränkungen werden nicht geduldet. Damit setzt er sich seiner Natur und seiner durch sie bestimmten Leidenschaft als Opfer aus – er muss an ihnen leiden und kann sich zugleich immerhin noch an ausführlichen Schilderungen seiner inneren Zustände berauschen.
Schon von Beginn an richtet sich Werthers Sehnsucht darauf, in der äußeren Natur aufzugehen: »[...] man möchte zum Maienkäfer werden, um in dem Meer von Wohlgerüchen herumschweben und alle seine Nahrung darin finden zu können.« (4. Mai; S. 5) und: »Die ineinander geketteten Hügel und vertraulichen Täler! – O könnte ich mich in ihnen verlieren!« (21. Junius; S. 25). Schon als Kind besaß er die Neigung zu träumerischer Hingabe an die Natur: »Stundenlang konnt' ich hier sitzen und mich hinübersehnen, mit inniger Seele mich in den Wäldern, den Tälern verlieren [...].« (9. Mai; S. 67) Werther träumt davon, sein beschränktes Ich im All zerfließen zu lassen, weil er seine subjektiven Bedürfnisse nicht mit den objektiven Gegebenheiten in Einklang zu bringen vermag. Dies hat Folgen für seine künstlerische Tätigkeit, wie er bereits im Brief vom 10. Mai beklagte und später abermals hervorhebt:

Noch nie war ich glücklicher, noch nie war meine Empfindung an der Natur, bis aufs Steinchen, aufs Gräschen herunter, voller und inniger, und doch – Ich weiß nicht, wie ich mich ausdrücken soll, meine vorstellende Kraft ist so schwach, alles schwimmt und schwankt so vor meiner Seele, dass ich keinen Umriss packen kann; [...]. (24. Julius; S. 39)

Einerseits will Werther in der Natur aufgehen, sich mit ihr vereinigen, andererseits will er sie »packen«, d. h. künstlerisch bewältigen, was ihm misslingt.

Dieser Widerspruch in seinem Verhältnis zur Natur zeigt sich noch auf einer anderen Ebene: So schätzt er im Gespräch mit Albert die Leidenschaft als höchsten Ausdruck der »menschliche[n] Natur« (12. August; S. 43), ohne die Konsequenz davon zu übersehen: »[...] das bisschen Verstand, das einer haben mag, kommt wenig oder nicht in Anschlag, wenn Leidenschaft wütet [...].« (12. August; S. 45) Die durch »Leidenschaft« herbeigeführte Vernichtung des Individuums nimmt Werther in Kauf – das Irrationale ist ihm Kennzeichen natürlichen Verhaltens und bleibt der Ratio gegenüber deshalb stets im Recht – hier erweist sich Werther als Anhänger Rousseaus. Er bemerkt jedoch nicht den Widerspruch, in den er sich verfangen hat. In seiner Begeisterung für Natur und Leidenschaft liegt selbst ein Moment von Bewusstheit, das ihr aufs schärfste entgegensteht. Werther, der Fürsprecher des Natürlichen, Unbewussten, der das einfache Landleben zur Idylle verklärt und am liebsten als »Maienkäfer« in der Natur aufgehen oder in homerische Zeiten entweichen will (ohne allerdings auf »Wein, Bier, Kaffee« [26. Mai; S. 11] verzichten zu müssen), zeigt durch seine fortwährenden Reflexionen und nicht zuletzt in dem Gespräch mit Albert, dass er im Grunde ein Verstandesmensch ist, der als Kind seiner Zeit gelernt hat, keineswegs nur mit dem Herzen, sondern mit wohlgesetzten Worten und klugen Argumenten die intellektuelle Auseinandersetzung um das Wesen der »menschliche[n] Natur« zu führen.

Werthers Naturenthusiasmus ist, wie bereits erwähnt, nichts anderes als Flucht und Kompensation. Vor den Widrigkeiten der Stadt, die er als »unangenehm« (4. Mai; S. 5), ja als »unerträglich« (5. Mai; S. 66) empfindet, flüchtet er in die »unaussprechliche Schönheit der Natur« (4. Mai; S. 5), um in der dort vorgefundenen Einsamkeit dem menschlichen Treiben zu entgehen und zu sich selbst zu finden. Die idyllische Landschaft außerhalb der Stadt ist »Balsam« (ebenda) für sein Herz, das eigentliche Ziel seiner Flucht ist die eigene Innerlichkeit: »Ich kehre in mich selbst zurück, und finde eine Welt.« (22. Mai; S. 10) Innere und äußere Natur werden auch als »Gesellschaftsjenseitiges« (Finsen, S. 33) in Anspruch genommen, um die verletzende Ausweisung aus der »noble[n] Gesellschaft« (15. März; S. 62) zu kompensieren: »Ich [...] fuhr nach M.., dort vom Hügel die Sonne untergehen zu sehen [...].« (S. 63) Werther genießt hier den Sonnenuntergang, um seine durch Standesschranken hervorgerufene Zurücksetzung zu vergessen. Gleichwohl hat sein Natur-Erleben durchaus elitäre Züge, was aus einem früheren Brief deutlich wird:

Wie wohl ist mir's, dass mein Herz die simple, harmlose Wonne des Menschen fühlen kann, der ein Krauthaupt auf seinen Tisch bringt, das er selbst gezogen, und nun nicht den Kohl allein, sondern all die guten Tage, den schönen Morgen, da er ihn pflanzte, die lieblichen Abende, da er ihn begoss, und da er an dem fortschreitenden Wachstum seine Freude hatte, alle in e i n e m Augenblicke wieder mitgenießt. (21. Junius; S. 25; Hervorhebung im Text)

Weil der Müßiggänger Werther Natur ausschließlich als Sphäre der Beschaulichkeit und des Fühlens erlebt, ist es ihm möglich, das Alltäglich-Banale des »Krauthaupt[s]« in den Rang des Besonderen zu erheben. Dem empfindsamen Subjekt ist der tätige, durch physische Anstrengung und Mühe geprägte Bezug zur Natur als materieller Lebensgrundlage unbekannt. Da Werther vom Zwang zur körperlichen Arbeit befreit, also privilegiert ist, ästhetisiert und idealisiert er den Kohlkopf als Teil eines allein »Wonne« und »Freude« schenkenden idyllischen Gartens.

Während die Natur im »Werther« in erster Linie die Funktion besitzt, die Hauptfigur des Romans zu charakterisieren, wird sie vom Erzähler auch noch in anderer Weise als poetisches Gestaltungsmittel eingesetzt, u. a. als Kulisse. Beispielhaft geschieht dies im Brief vom 16. Junius. Schon während der Ankunft bei Lotte kündigen die »schwül[e]« Luft sowie »weißgraue, dumpfichte Wölkchen rings am Horizonte« ein »Gewitter« an (S. 17), das Werther mit »anmaßlicher Wetterkunde« herunterspielt, »ob mir gleich selbst zu ahnen anfing, unsere Lustbarkeit werde einen Stoß leiden.« (S. 17) Noch ehe Werther Lotte zu Gesicht bekommen hat, wird hier mit dem Mittel der Natursymbolik jene Konstellation entworfen, an der sich nur noch wenig ändern soll. Werther sieht die Bedrohung, das »Gewitter«, voraus, täuscht sich aber bewusst darüber hinweg, indem er die unangenehme Wahrheit verdrängt, dass Lotte bereits »vergeben« ist (S. 16).

Als er während des Tanzens den Namen Albert hört, mit dem Lotte verlobt ist, bricht das Gewitter mit »Blitz[en]« herein, die Werther »immer für Wetterkühlen ausgegeben hatte« (S. 22) und die nun den bevorstehenden Konflikt aufleuchten lassen – der »Donner« holt Werther aus der Selbsttäuschung in die Wirklichkeit zurück. Die Spannung entlädt sich durch Lottes Ohrfeigen und durch einen »herrlich[en] Regen« (S. 23), begleitet von »den wonnevollsten Tränen« (ebenda).

Werther »versank in dem Strome von Empfindungen« (S. 23) bei dieser Begegnung am Fenster. Der »Strom« ist diejenige Natur- bzw. Wasser-Metapher, die sich durch den ganzen Roman hindurchzieht und dabei ganz unterschiedliche Bedeutungen annimmt. Auf die Ambivalenz von dem »Strom des Genies« (26. Mai; S. 12) wurde an anderer Stelle bereits hingewiesen. Daneben findet sich immer wieder die Verknüpfung von »Strom« und »Tränen«, die Elementargewalt des Gefühls ausdrückend, welche das Genie bzw. dessen innere Natur kennzeichnet: »[...] ein Strom von Tränen bricht aus meinem gepressten Herzen.« (21. August; S. 48); »Ein Strom von Tränen, der aus Lottes Augen brach und ihrem gepressten Herzen Luft machte, [...].« (S. 106)

Der Strom symbolisiert darüber hinaus für den melancholisch gestimmten Briefschreiber Werther die Vergänglichkeit des »Daseins«, das »in den Strom fortgerissen, untergetaucht und an Felsen zerschmettert wird« (18. August; S. 47 f.). Vollends als zerstörerische Gewalt und als Spiegel von Werthers Seele erscheint der Strom am Ende, wenn er das liebliche Dorf Wahlheim überflutet; die vertrauten Stätten aus der Anfangszeit der Bekanntschaft mit Lotte werden »verstört jetzt vom reißenden Strome« (12. Dezember; S. 93). Angesichts der Fluten erwacht in ihm wieder die Sehnsucht, sich in der Natur zu verlieren, aber nun nicht mehr in dahindämmernder Träumerei, sondern durch die Vernichtung seiner physischen Existenz.

Etwas früher schreibt Werther: Ich »pflücke Blumen am Wege, füge sie sehr sorgfältig in einen Strauß und werfe sie in den vorbeifließenden Strom und sehe ihnen nach, wie sie leise hinunterwallen.« (10. August; S. 40) – als »Blütenträume seiner Liebe im dahinfließenden Strom der Zeit« (Assling, S. 163), d. h. als Symbol der Vergeblichkeit seiner Anstrengungen, Lotte für sich zu gewinnen.

»Werthers Schicksal erfüllt sich im Rhythmus der Jahreszeiten.« (Scherpe, S. 61) Dass die Natur-Zeit den Rahmen der Handlungskurve in symbolischer Absicht verstärkt, lässt sich unschwer belegen. Die relativ unbeschwerte Zeit in Wahlheim, Homer-Lektüre, Spazierritte usw. fallen in den Frühling (Mai 1771). Der Sommer (Juni bis August) ist ausgefüllt durch die Liebe zu Lotte, durch Freude und Enttäuschung, vor allem durch die »Ungewiss-

heit« (8. Julius; S. 32). Noch vor Beginn des Herbstes steht Werthers Entschluss fest, abzureisen (September). Den Herbst und vor allem den Winter (Oktober 1771 bis März 1772) verbringt Werther mit der ungeliebten Tätigkeit als Mitarbeiter des Gesandten am Hofe – die Natur ruht ebenso wie Werthers Leidenschaft. Den Frühling 1772 verlebt Werther als Begleiter des Fürsten, ohne sich allerdings von seiner erneut aufkeimenden Sehnsucht nach Lotte befreien zu können; im Sommer schließlich ist er wieder bei ihr, obwohl er es schwer hat, seine »vergeblichen Wünsche« (29. Julius; S. 69) zu bezwingen. Seine Liebe ist nun nur noch ein einziges großes Leiden: »Wie die Natur sich zum Herbste neigt, wird es Herbst in mir und um mich her.« (4. September; S. 71) Anders als der verwirrte ehemalige »Schreiber bei Lottens Vater« (1. Dezember; S. 85), der Ende November noch nach Blumen der Liebe, nach Rosen, sucht, hat Werther das Gefühl für Zeit nicht verloren: »Das ist auch die Jahreszeit nicht« (30. November; S. 82), belehrt er den Unglücklichen, denn für sich weiß er bereits, dass mit dem Winter auch sein Tod naht.
Die Beziehung zwischen Werther, Lotte und Albert erfährt aufgrund der zunehmenden Spannungen einen Tiefpunkt: »Man bot sich einen frostigen Guten Abend [...].« Albert sagt Lotte »einige Worte«, »die Werthern kalt, ja gar hart vorkamen. [...] Albert lud ihn zu bleiben, er aber [...] dankte kalt dagegen und ging weg.« (S. 97) In »dieser menschenfeindlichen Jahreszeit« (12. Dezember; S. 92) setzt Werther seinem Leben ein Ende – ein »trüber, neblichter Tag« (S. 108), der 22. Dezember (Winteranfang), ist für ihn der letzte.

Unterrichtsverlauf

Phase 1:
Schöne Stellen zum Thema »Natur« im »Werther«

Da sowohl im Alltagsbewusstsein als auch im »Werther« der Begriff der Natur häufig mit Stimmung, Gefühl usw. verbunden wird, bietet es sich an, dem analytischen Teil der Doppelstunde eine Einstimmungsphase voranzustellen. – Mit ihrer Auswahl haben die Schüler zu Hause bereits eine Entscheidung darüber getroffen, was sie als »schöne« Stellen zum Thema »Natur« im »Werther« ansehen. Bei der Besprechung sollte dabei zwischen der »schönen Natur« als Gegenstand der poetischen Beschreibung und den »schönen«, d. h. sprachlich beeindruckenden, stimmungsvollen Schilderungen (auch der zerstörerischen, feindlichen Natur) unterschieden werden.

Phase 2:
Bedeutung der Natur
im 18. Jahrhundert und heute

Die Beschäftigung mit Naturbeschreibungen in Goethes Roman und ihrer Wirkung auf uns als Leser führt direkt zu der Frage, was uns heutzutage Natur bedeutet. Kaum eine andere Frage bewegt die Industriegesellschaft seit einer Reihe von Jahren so nachhaltig, wie die nach dem Verhältnis des Menschen zu seiner natürlichen Umwelt. Obwohl diese Problematik inzwischen bis zur Phrasenhaftigkeit Allgemeingut geworden ist (Stichworte: Gefährdung des Ökosystems, natürliches Leben, Wachstumsgrenzen und Fortschrittsskeptizismus), sollte sie kurz aufgegriffen werden. Das Unterrichtsgespräch liefert dem Lehrer einen Einstieg in einen knappen Vortrag zum Naturbegriff im 18. Jahrhundert, der notwendigerweise nur die groben Linien aufzeigen kann. Unterschieden wird zwischen dem durch die Aufklärung beflügelten Drang, die Gesetze der Natur mit wissenschaftlichen Methoden zu erforschen und zu nutzen, und einem neuen Natur-Empfinden bzw. Natur-Enthusiasmus, als dessen Begründer vor allem Rousseau gilt. Dessen apodiktische Forderung »Zurück zur Natur!« ist ihrem Wesen nach zivilisations- und gesellschaftskritisch, insofern er Natur mit Natürlichkeit, und das heißt: Ursprünglichkeit und Unverfälschtheit, gleichsetzt.

Falls dies im Zusammenhang der 9./10. Stunde »Zwei Briefe« noch nicht geschehen ist, verweist der Lehrer auf die kurze Passage im Brief vom 4. Mai, in dem Werther von dem Unterschied zwischen dem »einfache[n]« Garten, den »ein fühlendes Herz« angelegt hat, und dem Garten des »wissenschaftliche[n] Gärtner[s]« schreibt. Hierzu werden auf Folie gezogene Abbildungen eines Barock-Gartens und eines englischen Gartens gezeigt, um den Gegensatz zwischen zugerichteter, beschnittener Natur einerseits und gefälliger, (scheinbar) urwüchsiger Natur andererseits zu veranschaulichen (vgl. S. 119 und 120).

Phase 3:
Werthers Naturbegeisterung

Aufgrund der vielfältigen Bedeutung von »Natur« im »Werther« ist es unbedingt notwendig, dass der Lehrer die Aufgabenstellung dieser Phase präzise formuliert und erläutert, damit es nicht zu Vorgriffen auf die Thematik von Phase 4 (Natursymbolik) kommt. Das Zusammentragen sowie die Auswertung von Textstellen zu »Werthers Naturbegeisterung« sollte in Arbeitsgruppen erfolgen. Die Schüler erhalten so Gelegenheit, ihr Verständnis von bestimmten Passagen in einer kleineren Gesprächsrunde zu artikulieren und gemeinsam vorzuklären, ehe die Arbeitsresultate im Kurs miteinander verglichen und diskutiert werden. Der Lehrer trägt die Ergebnisse in einem Tafelanschrieb zusammen – Anhaltspunkte und Brief- sowie Seitenangaben finden sich auf dem Stundenblatt. Es sollte dabei beachtet werden, dass die drei genannten Komplexe »Geborgenheit im Kosmischen«, »Refugium und Kompensation« sowie »Religionsersatz« nicht ganz scharf voneinander zu trennen sind.

Henry Brian Ziegler: Ansicht von Bedgebury Park, o. J. → *CD-ROM / Datei: Bild_4.pdf*

Schleißheim (Oberbayern), Neues Schloss, Kupferstich, um 1722,   → CD-ROM / Datei: Bild_5.pdf
von Johann August Corvinus nach Zeichnung von Matthias Diesel

Phase 4:
Natursymbolik

Während es in Phase 3 um Werthers Liebe zur Natur ging, soll nun die poetische Bedeutung der Natur, d. h. ihre erzählerische Funktion im Roman, näher untersucht werden. Da es hier stark auf die Strukturierung der Ergebnisse durch den Lehrer ankommt, empfiehlt sich als Verfahren das Unterrichtsgespräch. Die Ergebnissicherung wird durch den Tafelanschrieb unterstützt.

Mit einem Vergleich der deutlich aufeinander bezogenen Briefe vom 10. Mai und vom 18. August unter formalem und inhaltlichem Aspekt wird das Thema »Naturerfahrung und Naturdarstellung im ›Werther‹« abgeschlossen. Die Schüler erkennen unschwer die sprachlichen Gemeinsamkeiten in beiden Briefen: Ähnlichkeit der Satzstruktur (Wenn-Periode, Schachtelsätze) sowie Übereinstimmungen in der Wortwahl. Subjektives Naturerleben und pathetische Naturdarstellung sind gleich, im Brief vom 18. August aber in der Rückschau (Imperfekt) melancholisch gefiltert.

Durch die sprachlichen Anklänge wird der innere Wandel von hoher Erwartung und »Glückseligkeit« zu Resignation und »Elend« besonders betont – die Komposition zeigt, dass Werthers Naturerfahrung einer Entwicklung unterliegt, die geprägt ist durch den jeweiligen Zustand seines Herzens, sie ist der »Spiegel [seiner] Seele« (S. 6). Konnte Werther noch im Mai das Erwachen der Natur genießen, sieht er nun in ihr das »Ungeheuer«, die »verzehrende Kraft«, ja, das »Grab« (S. 48). Während im Brief vom 10. Mai das Todesmotiv kaum hörbar angeschlagen wurde und in der Begeisterung unterging (»Aber ich gehe darüber zugrunde, ich erliege unter der Gewalt der Herrlichkeit dieser Erscheinungen.« [S. 6] wird im Brief vom 18. August der Gedanke an den Tod gegen Ende hin fast übermächtig. Obwohl Lotte in beiden Briefen mit keinem Wort erwähnt wird, ist sie doch zwischen den Zeilen präsent: Die als Wenn-Periode gestaltete Naturbegeisterung im Brief vom 10. Mai schließt mit dem Vergleich »wie die Gestalt einer Geliebten – «: die Natur ist gleichsam erotisch aufgeladen. Ursache seines »Elendes« (S. 48) im August ist hingegen die Notwendigkeit, auf jene »Geliebte«, nämlich Lotte, verzichten zu müssen. Die früher gehegten Erwartungen und Wünsche haben sich zerschlagen, die Natur ist Werther nunmehr ein »Grab« – vorerst noch als Vorstellung, am Schluss dann, im Zyklus der Jahreszeiten, im Winter, als Realität.

Diese Aufgabe erfordert intensive Textarbeit; sie hat sich auch als Klausurthema (vgl. S. 155) bewährt.

Bei leistungsstarken Lerngruppen können die Themen von Phase 3 und Phase 4 im arbeitsteiligen Gruppenunterricht besprochen werden (je nach Teilnehmerzahl des Kurses vier oder sechs Gruppen), und die Gruppensprecher stellen anschließend ihre Ergebnisse vor. Dem Lehrer kommt bei diesem methodischen Vorgehen neben der exakten Aufgabenbeschreibung die Funktion zu, die Resultate zu koordinieren, korrigierend zu hinterfragen und an der Tafel festzuhalten.

Exkurs:

Auf den im Roman an vielen Stellen genannten »Strom« in seiner vielfältigen Bedeutung sind die Schüler womöglich schon bei der Erschließung der »Natur-Symbolik« gestoßen. Der Strom als bekanntes Symbol und als Metapher der »Werther«-Epoche kann ergänzend entweder im Unterrichtsgespräch oder (bei Zeitknappheit) als Hausaufgabe behandelt werden. Voraussetzung ist, dass den Schülern die Begriffe »Symbol« und »Metapher« hinreichend geläufig sind; als Nachschlagewerke können vom Lehrer verschiedene Handbücher oder Lexika bereitgehalten oder empfohlen werden (v. Wilpert: Sachwörterbuch der Literatur; Schülerduden. Die Literatur; Braak: Poetik in Stichworten u. a.).

In Still-, Partner- oder Hausarbeit suchen die Schüler die entsprechenden Textstellen zur Strom-Symbolik und -Metaphorik auf und interpretieren sie; zum Symbol: Briefe vom 10. August (S. 40) und vom 12. Dezember (S. 92); zur Metapher: Briefe vom 26. Mai (S. 11), vom 16. Junius (S. 23), vom 21. August (S. 48), S. 106 u. a.

Hausaufgabe:

Die Hausaufgabe bereitet die folgende Doppelstunde zum Thema »Gesellschaftskritik im ›Werther‹« vor. Da die Schüler in der Regel nur sehr ungenaue oder keine Kenntnisse über die politischen, gesellschaftlichen und wirtschaftlichen Zustände im 18. Jahrhundert in Deutschland besitzen, sollen sie sich die nötigen Informationen mithilfe eines Arbeitsblattes (vgl. S. 126 f.) beschaffen. Schüler, die besonders geschichtlich interessiert sind, können aufgefordert werden, geeignete Literatur nach zusätzlichen, vertiefenden Informationen durchzusehen. (Die Ausführungen auf dem Arbeitsblatt beruhen u. a. auf dem sehr empfehlenswerten Band von Walter H. Bruford »Die gesellschaftlichen Grundlagen der Goethezeit.« Frankfurt – Berlin – Wien 1975, Ullstein Verlag)

Die zweite Hausaufgabe erfordert das nochmalige Durchblättern des Romans unter dem Gesichtspunkt der sozialen Stellung der Figuren. Auch dies soll den Einstieg in das Thema der Folgestunden erleichtern.

Stundenziele zur 22./23. Stunde

Die Schüler sollen:

*   die unterschiedlichen Auffassungen zum Begriff und zur Bedeutung der Natur im 18. Jahrhundert und heute kennen;
*   die Gründe für Werthers Naturbegeisterung benennen und voneinander unterscheiden können;
*   die erzählerische Funktion der Natur in ihren verschiedenen Formen aufzeigen;
*   den »Strom« in seiner metaphorischen und symbolischen Verwendung analysieren und deuten.

24./25. Stunde:
Gesellschaftskritik im »Werther«

Sachanalyse

Davon, dass Werther an der immer wieder erfahrenen Einsamkeit als Folge seiner Außenseiterstellung leidet, war schon die Rede. Zu untersuchen ist nun, welche Anstrengungen er unternimmt, um seine gesellschaftliche Isolation zu überwinden, und weshalb er bei diesem Versuch scheitert. Die sich hieran anschließende Frage wird sein, ob »Die Leiden des jungen Werther« als gesellschaftskritischer Roman aufzufassen sind.

In seinen Briefen berichtet Werther von seinen vielfältigen Begegnungen mit Vertretern aller Stände und Schichten der Gesellschaft des 18. Jahrhunderts. Zu Beginn beschreibt er sein Verhältnis zu den »geringen Leute[n] des Ortes« (15. Mai; S. 7), die ihn »lieben«. Werther möchte sich ihnen gegenüber ungezwungen und freundlich geben und muss dabei feststellen, dass seine »Annäherung« (ebenda) als Spott missverstanden wird. Die einfachen Dorfbewohner sind es nicht gewohnt, dass »Leute von einigem Stand« (ebenda), zu denen auch der der gehobenen Bürgerschicht zuzuordnende Werther zählt, so mit ihnen verkehren. Hier zeigt sich, dass Werther die Standesunterschiede als Hemmnis für einen natürlichen zwischenmenschlichen Umgang erfährt und deshalb gesellschaftliche Konventionen durchbricht. So nimmt er in Kauf, dass die Magd, der er am Brunnen behilflich ist, »rot über und über« (ebenda) wird.

Werthers Sympathie für das einfache Volk, die für die jungen Leute des Sturm und Drang typisch ist, darf dabei aber nicht missgedeutet werden. Keineswegs will er, wie später noch deutlicher gezeigt wird, die gesellschaftlichen Verhältnisse insgesamt ändern, denn er »weiß wohl, dass wir nicht gleich sind, noch sein können« (ebenda). Soziale Unterschiede lehnt er nicht prinzipiell ab, wohl aber deren äußere Erscheinungsformen, insbesondere das dünkelhafte, überhebliche Auftreten der höheren Stände.

Trotz seiner vielen Kontakte bleibt Werther einsam: »Ich habe allerlei Bekanntschaft gemacht, Gesellschaft habe ich noch keine gefunden.« (17. Mai; S. 8) Seine »Kräfte« nämlich, schreibt er, muss er »sorgfältig verbergen« (17. Mai; S. 8), um die einfachen Leute, mit denen er zu tun hat, nicht zu irritieren – sie würden ihn nicht verstehen und für überspannt oder arrogant halten. Werther möchte also volkstümlich sein und soziale Schranken überwinden, um einen unmittelbaren, offenen Zugang zu den Menschen zu gewinnen. Dies aber misslingt, weil er sich aufgrund seiner »Kräfte« und seines Herzens als etwas Herausgehobenes, Einmaliges, eben als »Genie« definiert, das sich nicht adäquat mitteilen kann und deshalb keinen Weg zum Herzen seiner Mitmenschen findet: »missverstanden zu werden, ist das Schicksal von unsereinem.« (17. Mai; S. 8) An die Stelle eines sozialen Elitedenkens, von dem Werther sich distanziert, ist bei ihm das Selbstverständnis als Herzenselite getreten, mit dem er sich selbst innerlich isoliert.

Während Werther mit den einfachen Leuten nur über Alltägliches, »dies und das« (15. Mai; S. 7), redet und die Beziehungen schon von daher reduziert sind, kann er mit Leuten seines Standes, sofern sie über Bildung verfügen, gelehrte Gespräche führen. Es zeigt sich aber, dass er dadurch keineswegs seine innere Einsamkeit überwinden kann. Als intellektueller Bürger schließt Werther sich vom Bildungsbürgertum sowie vom akademischen Betrieb ab, da er die dort vertretenen Anschauungen entschieden ablehnt (vgl. die entsprechenden Ausführungen zur Doppelstunde »Freiheit und Regeln«). Dies gilt für den »jungen V..« (17. Mai; S. 8) ebenso wie für den Medikus (29. Junius; S. 26), den Fürsten, Albert und die neue Pfarrersfrau. Doch nicht nur im Bereich der Wissenschaft und Kunst stößt Werther auf Unverständnis und Ablehnung innerhalb des Standes, dem er zugehört. Seine Mutter und Wilhelm beobachten missbilligend bzw. besorgt, wie er sich dem Müßiggang überlässt und seine Zeit einzig seinen Neigungen und seiner Innerlichkeit widmet. Die dem Bürgertum eigenen Tugenden und Werte des Fleißes, der Strebsamkeit, Ordnung usw. sind ihm zutiefst fremd, wie seine bereits erwähnte Philisterkritik (26. Mai; S. 12) beweist. Als er gegen seine inneren Vorbehalte auf Drängen der Mutter die Stellung bei dem Gesandten annimmt, spürt er schon bald das »Joch« seiner »Aktivität« (24. Dezember; S. 57) und den »Käfig« (20. Januar; S. 60), in den er sich gesperrt sieht. Werther ist für eine auf Broterwerb gerichtete, am Nützlichkeitsprinzip orientierte Arbeit nicht geeignet, da diese ihn seiner Freiheit beraubt, die er zu seiner Selbstverwirklichung notwendig braucht. Im Gegensatz zu vielen studierten Bürgern seiner Zeit, die im Dienste eines Hofes zu einem wichtigen Stützpfeiler der absolutistischen Bürokratie wurden und dadurch eine, wenngleich nicht politisch wirksame, Aufwertung erfuhren, lehnt Werther die »Subordination« (20. Julius; S. 36) als unwürdig ab.

Unfähig, sich dem Zwang einer bürgerlichen Berufstätigkeit zu unterwerfen, strebt Werther im Grunde eine Existenzweise an, die der aristokratischen ähnelt. Gleichwohl erfährt er gerade im Kreise des Adels seine schmerzlichste Enttäuschung. Seine Ausweisung aus der Abendgesellschaft des Grafen ist der Höhepunkt eines Unbehagens, das Werther schon zu Beginn seines Aufenthaltes am Hofe angesichts der starren Standesschranken empfindet. Er verurteilt die »Rangsucht« (24. Dezember; S. 57), die er um sich herum beobachtet, die lediglich von »Zeremoniell« (8. Januar; S. 59) und Etikette, d. h. von Äußerlichkeiten, bestimmten Beziehungen zwischen den Menschen. Der Adel des Herzens, der allein für ihn Bedeutung hat, spielt allenfalls im privaten, nicht aber im gesell-

schaftlichen Verkehr eine Rolle. Die meisten Adligen sind zu hohlen Repräsentationsfiguren verkommen und werden von Werther wie Karikaturen beschrieben: (die Tante des Fräuleins von B..., der Baron F..., die »übergnädige Dame von S... mit ihrem Herrn Gemahl und wohl ausgebrüteten Gänslein Tochter mit der flachen Brust und niedlichem Schnürleibe« (15. März; S. 62), der Hofrat R... usw. Andere, wie der Graf C... und das Fräulein von B..., schätzen Werther, ohne ihm deshalb die demütigende Ausweisung aus der Adelsgesellschaft zu ersparen. Seine inneren Werte und Verdienste bleiben für seine soziale Stellung unerheblich, sein Gefühl der Überlegenheit über die meisten Adligen steht im Widerspruch zu der geschlossenen Gesellschaft des Feudalsystems, in dem es für ihn, den Bürger, keinen Aufstieg geben kann. Als Werther sich in naiver Verkennung dieser ihm vorgegebenen gesellschaftlichen Situation dennoch als Gleicher unter Gleichen fühlt und in der ausschließlich von Adligen besuchten Abendgesellschaft bleibt (»Ich denke, Gott weiß, an nichts.« [15. März; S. 62]), wird ihm durch den Grafen C... sein Verstoß gegen herrschende Normen deutlich gemacht: »›Sie wissen‹, sagt er, ›unsere wunderbaren Verhältnisse; die Gesellschaft ist unzufrieden, merke ich, Sie hier zu sehn.‹« (15. März; S. 63) Tief verletzt flieht Werther in die Einsamkeit der Natur und der Literatur, um darauf den Dienst bei Hofe zu quittieren.

Angesichts der erlittenen Kränkung muss ihm das Angebot des Fürsten, ihn auf seine Güter zu begleiten, als besondere Auszeichnung seiner Person und seiner Fähigkeiten erscheinen. Werther soll nicht als »Subalterne[r]« (15. März; S. 62), sondern als Gesprächspartner mitreisen und »ganz mir selbst gelassen sein« (24. März; S. 66), was ihm eigentlich entgegenkommt. Der gelehrte, aufgeklärte Fürst bietet Werther indes nicht, was er sucht: »sein Umgang unterhält mich nicht mehr, als wenn ich ein wohl geschriebenes Buch lese.« (11. Junius; S. 69) Ihm fehlt das, was Werther bei den Menschen sucht und was er im Grunde nie (auch bei Lotte nicht) findet: ein fühlendes Herz, das ihn ganz versteht: »Auch schätzt er meinen Verstand und meine Talente mehr als dies Herz, das doch mein einziger Stolz ist [...].« (9. Mai; S. 68) Bemerkenswert ist, dass Werther den Fürsten nicht in seiner politischen Funktion als höchsten Repräsentanten des feudalabsolutistischen Staates kritisiert, sondern als trockenen, nüchternen Verstandesmenschen, dem es an Gefühl mangelt. Als Werther die von ihm so geliebten Nussbäume im Pfarrhof umgehauen vorfindet, wiederholt er diesen Vorwurf: »O, wenn ich Fürst wäre! [...] Fürst! – Ja wenn ich Fürst wäre, was kümmerten mich die Bäume in meinem Lande!« (15. September; S. 76) Auch nach seiner Rückkehr nach Wahlheim gelingt es Werther nicht, sich zu integrieren:

Die Kollision mit Normen der feudalen Gesellschaftsordnung wiederholt sich auf einer neuen Ebene und in einem neuen Zusammenhang: Mit seinem leidenschaftlichen Bemühen um Lotte verletzt Werther diesmal bürgerliche Wertvorstellungen und Normen und treibt weiter in die Isolierung. (Stephan, Arndt u. Inge: Werther und Werther-Rezeption, S. 155.)

Immer wieder stößt Werther auf gesellschaftliche Grenzen, die die Entfaltung seiner Persönlichkeit behindern bzw. unmöglich machen. Individualität, Spontaneität und Gefühl sieht er stets dem Zwang von außen gesetzter Ansprüche unterworfen, wobei es keine Rolle spielt, mit welcher sozialen Schicht Werther jeweils konfrontiert ist. Seine »Leiden« stellen sich auf allen Ebenen neu ein, und immer führt die darauf folgende Flucht in die Innerlichkeit: »Ich kehre in mich selbst zurück und finde eine Welt!« (22. Mai; S. 10) Werthers Klagen sind jedoch nicht als radikale Kritik der Gesellschaft gemeint, wie folgende Bemerkung verrät:

Was mich am meisten neckt, sind die fatalen bürgerlichen [gemeint sind die im absolutistischen Ständestaat bestehenden, R. K] Verhältnisse. Zwar weiß ich so gut als einer, wie nötig der Unterschied der Stände ist, wie viel Vorteile er mir selbst verschafft [...]. (24. Dezember; S. 58)

Werther ist also bewusst, dass eine Abschaffung der Ständeordnung, gegen deren Prinzipien er sowohl in der Adelsgesellschaft als auch im Umgang mit den Dorfbewohnern verstößt, ihm selbst schaden würde. Ohne die ihm zuteil werdenden »Vorteile« könnte er sich schwerlich einen »Diener« (18. Julius; S. 35, u. a. auch erwähnt auf S. 108, S. 110 und S. 112) halten und sich einem Brotberuf entziehen.

Wo die Ständeunterschiede ihm nützen, begrüßt er sie; wo sie ihm schaden, wendet er sich gegen sie. Die hemmungslose Selbstverwirklichung, wie sie der Sturm und Drang fordert, erhält hier einen negativen, egoistischen Zug. (Höllerer-März u.a.: Die großen Klassiker, Bd. 2, S. 343.)

Werther ist also keineswegs revolutionär, denn er »reflektiert nicht auf das Ganze der Gesellschaft um ihrer selbst willen, sondern immer nur auf seine individuelle Einschränkung durch sie«. (Assling, S. 223) Im Unterschied zu Werther kann der Roman hingegen durchaus als gesellschaftskritisch bezeichnet werden, denn er weist eine »doppelte Stoßrichtung gegen die Prinzipien der feudalen wie gegen die der sich herausbildenden bürgerlichen Gesellschaftsordnung« auf (Stephan, S. 149). Während bürgerliche Rezensenten sich bereits bei Erscheinen des Romans heftig gegen die Infragestellung bürgerlicher Wertvorstellungen wandten, wurde die Kritik am Feudalsystem merkwürdigerweise kaum beachtet, wie Heinrich Heine 1828 bemerkte:

Es liegt aber noch ein Element im Werther, welches nur die kleinere Menge angezogen hat, ich meine nämlich die Erzählung, wie der junge

Werther aus der hochadligen Gesellschaft höflichst hinausgewiesen wird. Wäre der Werther in unseren Tagen erschienen, so hätte diese Partie des Buches weit bedeutsamer die Gemüter aufgeregt, als der ganze Pistolenknalleffekt. [...] Die Idee der Menschengleichheit durchwärmt unsere Zeit [...]. (Editionen »Werther«, S. 144)

Während die Adelskritik, anders als zu Heines Zeiten, heute weniger brisant ist, hat die Kritik an den Werten der bürgerlichen Gesellschaft ihre Gültigkeit nicht eingebüßt. Dass Werthers Klagen sich sogar noch gegen die im realen Sozialismus übernommenen Tugenden und Normen richten, hat Ulrich Plenzdorf mit seinem Erfolgsroman »Die neuen Leiden des jungen W.« aus dem Jahre 1973 gezeigt: Der junge Edgar setzt sich mehrfach gegen die, die ihn (wie Werther) in »Aktivität« einbinden wollen, mit Zitaten aus dem »Werther« zur Wehr.

Unterrichtsverlauf

Phase: 1
Gesellschaftsstruktur und Romanfiguren

Die von den Schülern mithilfe des Arbeitsblattes zusammengetragenen Informationen zur politischen, sozialen und ökonomischen Situation in Deutschland im 18. Jahrhundert sollen, nach diesen drei Teilbereichen getrennt, an der Tafel oder besser noch auf einer Folie stichpunktartig festgehalten werden. Der Lehrer gibt die aus seiner Sicht nötigen Ergänzungen und Erläuterungen. An der Tafel sollte außerdem die Gesellschaftspyramide erscheinen; die Unterscheidung nach Ständen erfasst die sozialen Verhältnisse zwar insgesamt etwas grob, eine genauere Differenzierung ist aber für den unterrichtlichen Zusammenhang nicht erforderlich. – Die Zuordnung der Romanfiguren zu den genannten Ständen (Hausaufgabe) dürfte den Schülern keine Probleme bereitet haben; es sollte erkannt werden, dass alle Stände durch Figuren im Roman vertreten sind.

Phase 2:
Werthers Verhältnis zu den kleinen Leuten

Da Werther zuerst von seinen Begegnungen mit Menschen aus den unteren Schichten berichtet (er ist aus der Stadt geflohen und trifft auf dem Lande auf bäuerliche Bevölkerung), bietet es sich an, mit diesem Bereich der Gesellschaftspyramide zu beginnen. Im Unterrichtsgespräch erarbeiten die Schüler, dass Werthers Wunsch nach Kontakt mit den »geringen Leute[n] des Ortes« (15. Mai; S. 7) den Vorstellungen von Volkstümlichkeit, wie sie im Sturm und Drang vertreten wurden, entspricht. Dass dabei gesellschaftliche Konventionen durchbrochen, aber gesellschaftliche Schranken deshalb noch nicht aufgehoben werden sollen, müsste hier schon angesprochen werden (vgl. Phase 5). Werthers Selbstverständnis als »Genie« und sein übersteigertes Ich-Gefühl lassen eine wirkliche Nähe zum »gemeinen Volke« (ebenda) gar nicht zu, was aus seiner Klage, »missverstanden zu werden« (17. Mai; S. 8), herausklingt. – Die Ergebnisse sollten durch genaue Textarbeit abgesichert und kurz schriftlich fixiert werden.

Phase 3:
Das Dilemma des unbürgerlichen Bürgers Werther

Fragen, die in Partnerarbeit beantwortet werden sollen, zielen darauf ab, Werthers ambivalente Position als Bürger mit unbürgerlichen Eigenschaften und Anschauungen herauszustellen. Bei der ersten Frage sollten die Schüler auf die entsprechenden Inhalte der Vorphase zurückgreifen, bei der zweiten werden sie die Ergebnisse des ganzen bisherigen Verlaufs berücksichtigen müssen, insbesondere natürlich die zum Thema »Freiheit und Regeln«. Ggf. sind die Briefe vom 17. und 26. Mai noch einmal nachzulesen.

Politische, soziale und ökonomische Situation in Deutschland im 18. Jahrhundert

Staat

In der zweiten Hälfte des 18. Jahrhunderts bestand das Heilige Römische Reich Deutscher Nation aus mehr als 300 souveränen Staaten; darunter waren große Flächenstaaten wie Preußen und Österreich, kleinere und mittlere Fürstentümer sowie die freien Reichsstädte und daneben noch viele winzige Reichsrittergüter. Die meisten dieser Staaten wurden von einem weltlichen oder geistlichen Fürsten nach den Grundsätzen des aus Frankreich übernommenen *Absolutismus* geführt. Eine Zentralgewalt wie in England und Frankreich gab es aufgrund dieser *Kleinstaaterei* (Partikularismus) nicht; der Kaiser verfügte weder über ein Heer noch über eigene Einkünfte, eine Staatskirche gab es seit dem Dreißigjährigen Krieg nicht mehr, ebensowenig eine Reichsverfassung. Der *Reichsrat* in Regensburg war lediglich eine Versammlung von ohne Vollmacht ausgestatteten Gesandten der Partikularstaaten; das *Reichskammergericht* in Wetzlar, an dem Goethe zeitweise tätig war, hatte zwar den Rang eines obersten Appellationsgerichtes im Reich, besaß aber faktisch keine Autorität, um die Macht der Fürsten in ihrem eigenen Land einzuschränken.

Zur Bewältigung der staatlichen Aufgaben (Heer, Rechtsprechung, Finanzen, Bewirtschaftung der Domänen, Polizei, Zensur usw.) bedurften die Fürsten einer leistungsfähigen Verwaltung; der *Beamtenapparat* wurde immer größer und in den unteren und mittleren Rängen von Bürgern besetzt.

Landtage (»Stände«), die die unbeschränkte Macht der absoluten Fürsten mildern konnten (etwa durch das Steuerbewilligungsrecht), gab es nur in wenigen Staaten (u. a. Württemberg). Kennzeichnend für die Hofhaltung in den Kleinstaaten waren die Verschwendungssucht und die damit einhergehende *Verschuldung* der Fürstenhäuser. Als besonders skandalös wurden der Verkauf bzw. Verleih von Landeskindern als Soldaten nach Amerika sowie die Mätressenwirtschaft am Hofe empfunden.

Gesellschaft

In den kleinen wie in den großen Staaten gab es den gleichen Pyramidenaufbau der Stände, an dessen Spitze der Landesherr stand. Den untersten Teil dieser Pyramide bildeten als ein relativ einheitlicher Stand die Bauern. Den oberen Teil stellte die Aristokratie mit ihrer Abstufung vom Fürsten bis hinab zum einfachen Landjunker dar, dessen Lebensführung sich nicht selten kaum mehr von der des Bauern unterschied. Zwischen Adel und Bauern stand als eine sehr differenzierte Schicht das Bürgertum der Städte. Dieses gewann gegen Ende des Jahrhunderts zunehmend an Bedeutung für den Staat.

a) Die Fürsten

orientierten sich in ihrer Lebensführung zumeist am französischen Vorbild und übten eine autokratische Herrschaft aus, die sie in der Regel zu ihrem eigenen Vorteil nutzten. Nur einige aufgeklärte Fürsten wie Friedrich II. betrachteten sich als erste Diener ihres Staates und handelten gemäß der Staatsraison (aufgeklärter Absolutismus).

b) Der Adel

nahm für sich ganz selbstverständlich in Anspruch, eine Sonderstellung innezuhaben. Vom Bürgertum unterschied er sich durch seine rechtliche Stellung, Lebensweise, ethischen Anschauungen, durch Erziehung, Geschmack an Kunst und Literatur und nicht zuletzt durch seine Ausdrucksweise und seine Sprache. Obwohl der Adel eine in sich sehr uneinheitliche Gruppe bildete, war allen Angehörigen dieses Standes der gleiche Dünkel eigen, mit dem man sich über die gewöhnlichen Menschen ohne Adelstitel erhob. Seine Einkünfte bezog dieser Stand als Land- oder als Hof- bzw. Dienstadel.

c) Die Bürger

bildeten den wohl heterogensten Stand: Zu ihnen gehörten die Kaufleute, Manufaktur-besitzer, Beamten, Handwerker, Intellektuellen, Pfarrer, Schulmeister, Ärzte. Durch seine Werte und Normen unterschied sich das Bürgertum deutlich von der Anmaßung und Sittenlosigkeit des Adels. Bescheidenheit, Ehrlichkeit und Fleiß galten als Tugenden. Eine ordentliche Lebensführung, Genügsamkeit und Sparsamkeit zierten den Bürger, der sich dem Adligen zwar standesmäßig unterlegen, moralisch aber überlegen fühlte und hie-raus sein ganz besonderes Selbstbewusstsein bezog. Der zunehmenden sozialen Bedeu-tung und der ökonomischen Macht widersprach die politische Ohnmacht des Bürger-tums. Vor allem in den größeren Städten begann das Bürgertum gegen Ende des 18. Jahrhunderts politische Ansprüche anzumelden.

d) Die Bauern

stellten wenigstens drei Viertel der Bevölkerung und standen, von wenigen freien Bau-ern abgesehen, in Abhängigkeit zum Adel, wobei der Grad der Abhängigkeit durchaus unterschiedlich war. Üblich waren die Schollenbindung, der Abgabenzwang, Frondieste (Hand- und Spanndienste), Heiratsbeschränkungen, Unterstellung unter die gutsherrli-che Gerichtsbarkeit. Die Lage der meisten Bauern war schlecht, wie ein zeitgenössischer Bericht zeigt: »Der Bauer wird wie das tumme Vieh in aller Unwissenheit erzogen; er wird unaufhörlich mit Frondiensten, Boten-Laufen, Treib-Jagen, Schanzen-Graben, und dergleichen geängstiget; er muss von Morgen bis Abend die Äcker durchwühlen; es mag ihn die Hitze brennen, oder die Kälte starr machen. Des Nachts liegt er im Felde, und wird schier zu einem Wild, um das Wild zu scheuen, dass es nicht die Saat plünde-re. Was dem Wild-Zahn entrissen wird, nimmt hernach ein rauer Beamter auf Abtrag der noch rückständigen Schoß- und Steuer-Gelder weg. Heut zu Tage ist der Landmann die armseligste unter allen Creaturen. Die Bauren sind Sklaven, und ihre Knechte sind von dem Vieh, das sie hüten, kaum noch zu unterscheiden.« *(von Loen, J. M. – In: Bruford, Walter H.: Die gesellschaftlichen Grundlagen der Goethezeit. – Frankfurt, Berlin, Wien: Ullstein, 1975. – S. 120.)*

Wirtschaft

Im 18. Jahrhundert war Deutschland vorwiegend agrarisch strukturiert; Handwerk und Handel, in Zünften bzw. in Gilden organisiert, waren in den Städten zu Hause. Für den Absolutismus typisch war die Wirtschaftsform des *Merkantilismus*: Der Staat förderte zur Steigerung seiner Steuereinnahmen durch Privilegien und Einfuhrzölle bestimmte Betriebe, vor allem die *Manufakturen*, die zunehmend an Bedeutung gewannen. Diese beruhten auf dem Prinzip der Massenproduktion durch Arbeitsteilung sowie auf der Lohnarbeit. Daneben entwickelte sich das auf Heimarbeit basierende *Verlagssystem*. Obwohl der absolutistische Staat den wirtschaftlichen Interessen des aufsteigenden Bürgertums zunächst entgegenkam, wurde er allmählich als Fessel empfunden, da er den freien Handel ebenso wie den Zugang des Bürgertums zu politischer Mitwirkung begrenzte. Liberale und demokratische Ideen gewannen deshalb an Bedeutung.

Rainer Könecke

Phase 4:
Die Kritik am Adel

Grundlage für die Erörterung von Werthers Kritik am Adel sind im Wesentlichen die Briefe vom 24. Dezember bis zum 16. März (S. 56–65). Sollten diese Passagen den Schülern nicht mehr hinreichend vertraut sein, empfiehlt es sich, eine kurze Lesephase zur Textsicherung voranzustellen. Im Unterrichtsgespräch wird dann schrittweise der Grund für Werthers Ausweisung aus der adligen Abendgesellschaft sowie für den »Verdruss« (15. März; S. 62), den er darüber empfindet, herausgestellt. Die aus den gesellschaftlichen Verhältnissen resultierenden unterschiedlichen Positionen und Ansprüche (bürgerlicher Gleichheitsgedanke und feudale Standesschranken) treffen hier aufgrund der Eigenart Werthers besonders scharf aufeinander. Werthers Reaktion (Flucht in die Einsamkeit der Natur und der Lektüre) sollte angesprochen werden, wobei u. U. kurz auf die entsprechenden Doppelstunden zurückgegriffen werden kann.

Wenn genügend Zeit zur Verfügung steht, wird in einem kurzen Zusatz Werthers Verhältnis zum Fürsten erwähnt. Entscheidendes Resultat ist hier, dass keineswegs alle absolutistischen Fürsten Despoten waren, die nur an der Auspressung ihrer Untertanen Interesse besaßen. Der Fürst erscheint im Roman als ein liberaler Kopf, der sich (zumindest in seinen Anschauungen, weniger wohl in seiner praktischen Ausübung der Staatsgewalt) als Anhänger der Aufklärung erweist. Er hat viel mit den Gebildeten des Bürgerstandes gemein, zu denen Werther bereits keinen Zugang fand. Lange hält dieser es deshalb – trotz der ihm eingeräumten Freiheit und der erwiesenen Großzügigkeiten – nicht bei dem Fürsten aus. Der Lehrer sollte darauf hinweisen, dass eine wesentlich ungünstigere Darstellung der Figur des Fürsten in den »Leiden des jungen Werther« wohl die Zensur auf den Plan gerufen hätte.

Phase 5:
Werther – ein Revolutionär?

Nachdem Werthers Verhältnis zu Vertretern aller Stände der feudalen Gesellschaftspyramide behandelt worden ist, sollte hinsichtlich seiner gesellschaftspolitischen Position ein Fazit gezogen werden. Der Lehrer leitet diese Phase durch die provozierende Frage ein, ob Werther als Sozialrevolutionär bezeichnet werden kann. Die (vermutlich konträren) Thesen dazu sollten zunächst klar formuliert und anschließend auf der Basis möglichst enger Textarbeit diskutiert werden. Als Impuls erinnert der Lehrer an die Aussagen in den Briefen vom 15. Mai und vom 24. Dezember. Er sollte jedoch nicht zu stark in das Schülergespräch eingreifen; die im Stundenblatt angeführten Punkte sind als Ergebnisvorschläge zu verstehen. Zum Abschluss der Diskussion wird hinsichtlich der Frage der Gesellschaftskritik der prinzipielle Unterschied zwischen der subjektivbeschränkten Perspektive einer Romanfigur (Werther) und dem Roman als Produkt eines Autors (Goethe) festgehalten. Die Frage, ob der Roman sozialkritisch ist, ist also gesondert zu stellen.

Hausaufgabe:
Die Wahl der Hausaufgabe richtet sich danach, wie die Unterrichtseinheit weitergeführt werden soll. Wenn eine Wiederholungs- und Vertiefungsphase zur Sicherung und Strukturierung bisher erarbeiteter Ergebnisse zweckmäßig erscheint, lässt der Lehrer die Schüler die Gründe zusammenstellen, die Werthers Scheitern und sein Ende herbeiführen (Hausaufgabe A). Ist hingegen als Nächstes das Thema »Romanstruktur/Nebensachen und -figuren« vorgesehen, wählt er Hausaufgabe B. Der Lehrer diktiert die Aufgabenstellung und erläutert die den Schülern unklaren Begriffe. Die beiden letzten Punkte (Bauernbursche und armer Schreiber/Blumensucher) entfallen, wenn als Klausurthema Vorschlag 11 (vgl. S. 161) eingeplant ist.

Stundenziele zur 24./25. Stunde

Die Schüler sollen:

- Grundzüge der Gesellschaftsstruktur in Deutschland im 18. Jahrhundert kennen und die Figuren des »Werther« den Ständen und Schichten zuordnen;
- Werthers Verhältnis zu den unteren Schichten kennen und problematisieren;
- begründen können, weshalb Werther auch in seinem eigenen, dem bürgerlichen Stand isoliert bleibt;
- Werthers Adels-Kritik herleiten und einordnen können;
- die Figur des Fürsten näher untersuchen und die Ursachen für Werthers Abreise benennen;
- kritisch die Frage erörtern, ob Werther als Revolutionär zu bezeichnen und ob der Roman als gesellschaftskritisch einzustufen ist.

26./27. Stunde:
Romanstruktur/Nebensachen und -figuren

Sachanalyse

Nachdem die Hauptlinien der »Leiden des jungen Werther« durch die Behandlung der Schwerpunktthemen deutlich geworden sind, lohnt es sich, den Blick auf die weniger auffälligen Motive, Symbole und Figuren zu lenken, um an ihnen als den feinen Verästelungen der ästhetischen Struktur den Romanschreiber Goethe als Meister der Kleinigkeiten zu entdecken. Die im Grunde nebensächlichen *Nussbäume*, von denen an zwei Stellen im Roman die Rede ist, eignen sich gut zur Demonstration des Goethe'schen Verfahrens, Haupthandlung und Nebenhandlung miteinander zu verknüpfen. Die erste Erwähnung der Bäume findet sich im Brief vom 1. Julius im Zusammenhang mit dem Bericht über den Besuch beim alten Pfarrer. Wer-

ther ist voller Bewunderung für die Schatten spendenden Nussbäume im Pfarrhof, was den Alten dazu anregt, »wiewohl mit einiger Beschwerlichkeit, die Geschichte davon zu geben« (S. 27), u. a. von der ersten Begegnung mit seiner späteren Frau. Unterbrochen wird der Pfarrer dabei von Lottes Frage nach seiner Tochter, die zu der Erzählung nicht im Geringsten passt. Offenbar hat sie gar nicht zugehört und nicht erfasst, was in dem Alten durch Werthers Interesse für die Bäume bewegt wird. – An diesem wie beiläufig vermerkten Einschub zeigt sich, wie der Erzähler Lottes Idealisierung durch den verliebten Werther ironisch infrage stellt. Dem aufmerksamen Leser wird – anders als Werther – an dieser Nebensächlichkeit auffallen, dass Lotte wenig einfühlend und unhöflich sein kann.

Die zweite Erwähnung der Nussbäume erfolgt im Brief vom 15. September, zu einem Zeitpunkt also, da Werthers Leiden sich bereits ihrem Ende entgegenneigen. Nach dem Tod des alten Pfarrerehepaares sind die Bäume »abgehauen worden abgehauen!« (S. 75), was den gefühlvollen Werther aufs Schärfste empört. Wie für den Pfarrer, der durch sie an seine Liebes- und Ehegeschichte erinnert wurde, sind sie auch für Werther Zeugen einer zwar nicht unbeschwerten, aber doch glücklicheren Vergangenheit. Voll Wut und Trauer schaut er nun auf »meine [!] Nussbäume« (ebenda) zurück, deren Fall nicht nur dem Tod der beiden alten Leute folgt, sondern auch seinen eigenen gleichsam vorwegnimmt.

Die Bäume, die als Relikte und Zeugen einer besseren Zeit dem Pfarrer und Werther »Seelenvergnügen« (S. 74) bereiteten, werden nun, als Bau- oder Brennholz verkauft, einem ganz und gar unsentimentalen Nützlichkeitsdenken unterworfen. An dieser kleinen Episode wird deutlich, dass für die Naturschwärmerei Werthers in einer auf Rationalität und Naturausbeutung ausgerichteten Wirklichkeit kein Platz ist. Der herrschende Zeitgeist wird durch die Frau des neuen Pfarrers repräsentiert, die, um mehr »Tageslicht« (S. 75) für ihre gelehrte Lektüre zu erhalten, das Abschlagen der Bäume angeordnet hat (die metaphorische Kritik an den Auswüchsen der Aufklärung ist hier unübersehbar). Sie ist ein »hageres, kränkliches Geschöpf« (ebenda), deren »zerrüttete Gesundheit« (ebenda) zu der Beseitigung der kraftvollen, »herrlichen Nussbäume« (S. 74) in direkter Beziehung steht. Hier offenbart sich einmal mehr der Gegensatz zwischen Rationalismus und Sturm und Drang, zwischen trocken-gefühlloser, »neumodische[r], moralisch-kritische[r]« (S. 75) Gelehrsamkeit einerseits und Gefühlsüberschwang, Empfindsamkeit und Schwärmerei andererseits.

Mit dem Abholzen der Nussbäume wird erkennbar, wer den Sieg in dieser Auseinandersetzung davontragen wird. Darüber hinaus spiegelt es Werthers innere Verfassung wider. Das im Brief vom 1. Julius nur kurz erwähnte »Siechbette« (S. 27) wird Werther nun nicht mehr verlassen: »[...] die heilige, belebende Kraft, mit der ich Welten um mich schuf; sie ist dahin!« (3. November; S. 79)

Die »*blassroten Schleifen an Arm und Brust*«, die Lotte an einem »simple[n] weiße[n] Kleid« (16. Junius; S. 17) trägt, als Werther sie zum Ball abholt, wären der Erwähnung im Roman nicht wert, wenn nicht in einem späteren Zusammenhang an sie erinnert und dabei ihre wahre (u.a. auch erotische) Bedeutung offenbart würde: Zu seinem Geburtstag empfängt Werther ein Päckchen von Albert, und ihm »fällt beim Eröffnen sogleich eine der blassroten Schleifen in die Augen, die Lotte vor sich hatte, als ich sie kennen lernte, und um die ich sie seither etlichemal gebeten hatte.« (28. August; S. 49) Die Schleife ist ein gutes Beispiel für den von Heinz Schlaffer so bezeichneten Unterschied zwischen »Exoterik und Esoterik in Goethes Romanen«, für den »Gegensatz von offenem und verstecktem Sinn« (Schlaffer, S. 215). Vordergrün-

dig stellen die Schleifen nicht mehr dar als beliebigen Zierrat an ihrem Kleid, und wenn Werther sie sich von Lotte erbittet, so deshalb, weil er, der Sentimentale, ein Erinnerungszeichen an eine vergleichsweise unbeschwerte Begebenheit besitzen möchte. Als er nun eine der Schleifen an seinem Geburtstag erhält, ist seine Freude groß, und der Leser kann sie nur allzu leicht nachempfinden. Dabei aber übersehen beide etwas Wesentliches. Der Umstand, dass nicht Lotte, sondern Albert die Schleife verschenkt, scheint zunächst belanglos, ist jedoch für die Aufdeckung der esoterischen Schicht, des verborgenen Sinns, von entscheidender Bedeutung. Albert präsentiert sich durch seine Freigiebigkeit als Sieger im Werben um Lotte, und als solcher reicht er die Trophäe weiter, denn die Schleifen, »die das jungfräulich-weiße Kleid Lottes verzierten und [...] den Zugang zum weiblichen Körper verschlossen [...], haben ihre reale Funktion verloren« (Assling, S. 168) und auch ihre Bedeutung als Band gemeinsamer Gefühle Lottes und Werthers eingebüßt. Albert, der sich Lottes ganz gewiss sein darf, kann über die Schleifen wie über sie selbst verfügen und damit auch eine an Werther verschenken, womit er diesem die Aussichtslosigkeit seiner Hoffnungen demonstriert.

Gegen Werthers eigene Interpretation (großzügiges Geschenk, Anlass zur Freude usw.) erhebt der Erzähler Einspruch, indem er dem Vorgang einen tieferen Sinn gibt, der sich erst durch die Beachtung des scheinbar Nebensächlichen im Zusammenhang des Ganzen auftut.

Es ist nur konsequent, dass Werther die rosa Schleife mit ins Grab nimmt (S. 115), nicht nur, weil die unglückliche Liebe zu Lotte ihm nach seinem eigenen Empfinden den Todesstoß versetzt hat, sondern auch, weil die durch die Schleifen symbolisierte sentimentalische Verklärung Lottes, Werthers »Traum einer ästhetischen Existenz« (Assling, S. 198), mit beiden zugleich begraben wird.

Nicht nur Nebensachen, sondern auch Nebenfiguren besitzen in den »Leiden des jungen Werther« eine Funktion, die über die des üblicherweise Nebensächlichen hinausweist. Die Figuren des Bauernburschen und des armen Schreibers z. B. »sind lehrreiche Beispiele der echt Goethischen Methode der Vervielfältigung von Hauptmotiven«. (Pniower, S. 35)

Die *Bauernburschen-Episode* hat Goethe erst in der Zweitfassung des Romans von 1787 eingefügt. Bereits durch die Platzierung des ersten Briefes, in dem Werther von dem Burschen berichtet, wird der Zusammenhang zwischen dessen und seinem eigenen Schicksal angedeutet. Werther trifft ihn noch vor seiner ersten Begegnung mit Lotte, und er ist gerührt angesichts der »reine[n] Neigung, [der] Liebe und Treue dieses Menschen« (30. Mai; S. 15) zu einer wohlhabenden Bauernwitwe. Werther ist zugleich beeindruckt von der »Zartheit«, »die in seinem ganzen Wesen und Ausdruck« ist (ebenda) Er schwärmt von diesem einfachen Knecht so sehr, dass er sich für unfähig hält, seine Eindrücke in Worte zu fassen. Hier wird das Motiv der Sprachlosigkeit aufgegriffen; vgl. die Anmerkungen zum Brief vom 10. Mai (9./10. Stunde).

Durch die Leidenschaft des Bauernburschen wird Werthers Phantasie angeregt, und er schildert, wie er, »wie selbst davon entzündet, lechz[t] und schmachte[t].« (30. Mai; S. 15) Damit kündigt sich zum einen Werthers Liebe zu Lotte an (von deren Beginn schon im folgenden Brief berichtet wird), zum anderen wird bereits vorweggenommen, wie er Lotte sehen wird. Um nämlich nicht sein idealisiertes Bild von der Bauernwitwe zu zerstören, will er sie lieber nicht selbst, sondern nur »durch die Augen ihres Liebhabers« sehen (ebenda) – schon hier erhebt Werther die Illusion zum Programm seines Umgangs mit der Wirklichkeit.

Werther betont, dass er in seinem »Leben die dringende Begierde und das heiße, sehnliche Verlangen nicht in dieser Reinheit gesehen« hat (ebenda). Sein Verhältnis zu Lotte wird von anderer Art sein: »Alle Begier schweigt in ihrer Gegenwart.« (16. Julius; S. 34) Der Bauernbursche hat zu seiner Angebeteten ein zwar ›reines‹, aber gleichwohl sinnliches »Verlangen«, während Werthers Liebe sich, wie erwähnt, auf das Platonische beschränkt. Er sublimiert sein sinnliches Begehren durch Sehnen und durch die Stilisierung Lottes zur Heiligen.

Vom weiteren Schicksal des Bauernburschen erfährt Werther erst nach seiner Rückkehr zu Lotte, und er ist betroffen von den Parallelen, die er zwischen seinem und dem Elend des Burschen erkennt: »Könnt' ich dir alles recht sagen, damit du fühltest, wie ich an seinem Schicksale teilnehme, teilnehmen muss!« (4. September; S. 72) Der Knecht hat inzwischen versucht, seine Bäuerin zu vergewaltigen, weshalb er durch ihren Bruder, der bereits um seine Erbschaft fürchtete, vom Hof gejagt worden ist. Die Bäuerin aber steht im Begriff, ihren neuen Burschen zu heiraten. Düster verkündet der Bauernbursche, »er sei fest entschlossen, das nicht zu erleben.« (4. September; S. 73) Werther, der Wilhelm darauf hinweist, »dass es auch die Geschichte deines Freundes ist« (ebenda), glaubt, dass der Knecht Selbstmord begehen wolle, und bezeichnet sich noch als »nicht halb so entschlossen als der arme Unglückliche« (ebenda). Dass dieser auf ganz andere Weise mit seiner Eifersucht umgehen wird, zeigt wie sehr ihn Werther missversteht. Der Bauernbursche erschlägt seinen Nebenbuhler: »Keiner wird sie haben, sie wird keinen haben.« (S. 90) Werther, der in seinem Abschiedsbrief an Lotte gesteht, selbst Mordpläne gegen Albert gehegt zu haben (S. 98), begreift, dass die Worte des Amtmannes über den verhafteten Burschen sein eigenes Schicksal vorwegnehmen: »Nein, er ist nicht zu retten!« (S. 91) Der Bauernbursche leitet seine Wut, Eifersucht und Enttäuschung nach außen und setzt sie in Gewalt um, indem er einen Mord begeht. Werther hingegen bereitet seinem Leiden durch die Zerstörung seiner selbst ein Ende. Während der Bauernbusche von Mal zu Mal stummer wird, kann sich Werther an seinem Unglück schreibend berauschen.

In gewisser Weise trägt die Aufnahme der Bauernburschen-Episode in den Roman didaktische Züge, die ihm ansonsten fremd sind. Mit der furchtbaren Tat des Burschen zeigt der Erzähler eine andere mögliche Folge übersteigerter Leidenschaft, durch die Werthers Selbstmord in den Augen der Zeitgenossen moralisch entschärft wird: Indem er die Gewalt gegen sich selbst richtet, schont er das Leben der anderen Beteiligten und übernimmt die Verantwortung für seine Kompromisslosigkeit. Vor dem Hintergrund des Mordes an einem Unschuldigen erscheint der Selbstmord nun in einem milderen Licht. Zugleich wird deutlich, dass Leidenschaft nicht ein Privileg des Genies ist, sondern auch im einfachen Volk ihren Platz hat, vor allem aber, dass sie stets den Keim der Zerstörung in sich birgt. Der Ausgang der Episode zeigt überdies, wie falsch Werthers anfängliche Idealisierung des Bauernburschen, seiner naiven »Zärtlichkeit« (30. Mai; S. 15) usw. war – er sieht die Menschen nicht, wie sie wirklich sind, sondern nach Maßgabe seiner Illusionen.

Die Nebenfiguren und -handlungen haben aber noch eine weitere Funktion: In einem – ebenfalls in der Ausgabe von 1787 neu aufgenommenen – Brief stellt Werther die Frage nach der Einzigartigkeit seines Schicksals: »Ach, sind denn Menschen vor mir schon so elend gewesen?« (26. November 1772; S. 82) Die Antwort findet sich in den beiden folgenden Briefen, die von dem *unglücklichen Schreiber* erzählen, der an seiner Liebe zu Lotte wahnsinnig geworden ist (30. November; S. 82 f.; 1. Dezember; S. 85). Werthers Los ist entgegen seiner eigenen, Mitleid erheischenden Deutung kein vereinzeltes oder gar herausgehobenes, das einen Selbstmord begründen könnte. Werthers Absolutheitsanspruch, den er auch hinsichtlich seines ›Elends‹ geltend macht und den die Leser

vielfach akzeptiert haben, wird durch den Erzähler zurückgedrängt; seine Leiden werden durch diese beiden Nebenhandlungen also poetisch relativiert (statt durch moralische Sentenzen, wie Lessing sie verlangte; vgl. Editionen »Werther«, S. 137).

Unterrichtsverlauf

Phase 1:
Strukturanalyse
(äußere und innere Struktur, Zeitstruktur)

Aus der für den »Werther« spezifischen Verschränkung von Form und Inhalt ergab sich für die Einstiegsphase die Notwendigkeit, die Bedeutung des Brief-Romans zu erarbeiten (Doppelstunde »Briefroman«, besonders Phase 3). Nachdem in den vorangegangenen Stunden die wichtigsten Themen (Regeln; Literatur; Natur; Liebe; Selbstmord; Gesellschaft) bearbeitet worden sind, kann der Roman auf seine äußere und innere Struktur und (als Wiederholung zur Doppelstunde »Naturerfahrung und Naturdarstellung«) der Zeitstruktur (Zuordnung der Jahreszeiten zur Handlungskurve) hin untersucht werden.

Die Ergebnisse der Hausaufgabe werden zu Beginn vorgestellt, verglichen und gemeinsam diskutiert. Als zeitsparende Alternative bietet sich an, dass der Lehrer einen eigenen Entwurf (evtl. in Anlehnung an den hier vorgeschlagenen) den Schülern an die Hand gibt (als Folie oder Arbeitsblatt) und zur Diskussion stellt. Ein solches Verfahren motiviert Schüler erfahrungsgemäß besonders, da sie sich als »Experten« kritisch mit ihren eigenen, abweichenden Vorstellungen einbringen können.

Die Auswertung der Strukturanalyse kann dazu beitragen, offen gebliebene Fragen zu den bereits behandelten Themen zu klären und Einzelnes ins Gedächtnis zurückzurufen. Dass der Roman analog zu den zwei Büchern zwei Handlungskurven aufweist, deren erste einen vorläufigen, deren zweite einen endgültigen Abschied (Flucht) am Schluss aufweist, sollte ebenso deutlich werden wie die zunehmende Unübersichtlichkeit in der äußeren Struktur am Ende des zweiten Buches – das Ineinander und Durcheinander von Briefen, Notizen, Herausgeber-Bericht ist als Spiegel von Werthers innerer Situation, als Zeichen zunehmender Auflösung und als Vorzeichen von Chaos und Katastrophe zu sehen (Form–Inhalt–Entsprechung).

Da auf der Handlungskurve die in der Aufgabenstellung genannten Nebensachen und -figuren markiert sind, ist von hier aus der Übergang zum zweiten Teil der Doppelstunde möglich.

Phase 2:
Die Bedeutung der Nussbäume

setzt mit der Betrachtung der Briefauszüge zu den Nussbäumen ein. Die Schüler erhalten in einer kurzen Stillarbeitsphase Gelegenheit, sich den genauen Wortlaut von Werthers Briefauszügen über die Nussbäume in Erinnerung zu rufen (1. Julius; S. 27; 15. September; S. 74 ff.). In der sich daran anschließenden Besprechung (im fragend-entwickelnden Verfahren) sollen die kompositorische und die inhaltliche Bedeutung dieser Nebensache erschlossen werden. Es muss deutlich werden, wie auch Kleinigkeiten ihre Funktion im Romanganzen besitzen, indem sie auf die Hauptthemen verweisen (im vorliegenden Fall auf den Gegensatz von Naturschwärmerei und Naturausbeutung, von Gefühl/Schönheit und Nützlichkeit/Gelehrsamkeit als extremen Positionen von Sturm und Drang und Aufklärung). Sie können zudem der Charakterisierung von Figuren und Figurenkonstellationen dienen (ironische Brechung von Werthers Idealisierung Lottes und ihrer beider Beziehung) und die Handlung symbolisch vorwegnehmen (Vorausdeutung auf Werthers Tod).

Phase 3:
Die Bedeutung der rosa Schleifen

Der Lehrer wird hier, um die Parallelität und zugleich den Gegensatz von exoterischer und esoterischer Sinnschicht aufzudecken, das Gespräch geschickt lenken müssen; die vorgegebenen zwei Fragen sind in der konkreten Unterrichtssituation ggf. kleinschrittiger zu formulieren und zu modifizieren. – Den Schülern sollte anhand der (u. U. überraschenden) Ergebnisse einsichtig werden, dass die Beachtung von Details, wie sie hier exemplarisch demonstriert wird, für eine angemessene, d. h. alle Aspekte berücksichtigende Interpretation unerlässlich ist.

Anknüpfend an die Differenzierung zwischen exoterischer und esoterischer Sinnschicht am Beispiel der Schleife wird die Frage geklärt, weshalb Werther sie mit ins Grab gelegt haben möchte (S. 115). Die Schüler werden voraussichtlich zunächst die vordergründige Ebene ansprechen und erst bei weiterem Nachfragen auf die verborgene Sinnebene stoßen. Der Lehrer sollte den Schülern ihren eigenen Erkenntnisprozess nach Möglichkeit bewusst machen und zusammenfassend festhalten, dass Werthers Wunsch als Romanfigur nicht mit der Intention des Erzählers gleichgesetzt bzw. verwechselt werden darf. Der Leser sollte die Bedeutung dieses Details nicht nur mit Werthers Augen sehen, um der identifikatorischen Lektüre, von der bereits mehrfach die Rede war und noch die Rede sein wird, zu entgehen.

Phase 4:
Zweck und Bedeutung der Bauernburschen-Episode

Sofern erforderlich, lesen die Schüler die für die Besprechung nötigen Passagen noch einmal nach (Brief vom 30. Mai, S. 14 f.; vom 4. September, S. 71 ff.; S. 89 ff.). Das nachfolgende Unterrichtsgespräch hat zwei Schwerpunkte: 1) den inhaltlich–motivischen Vergleich, der Gemeinsamkeiten und Unterschiede zwischen Werther und dem Bauernburschen zutage fördert und in dem sich die Bauernburschen-Episode als Spiegelung der Haupthandlung erweist, und 2) die Frage nach dem Kompositionsprinzip und der Deutung, die den Zusammenhang zwischen der Rezeption des Romans 1774 und der späteren Hinzufügung der Episode aufzeigt: Diese Ergänzung stellt eine poetische Relativierung von Werthers Leiden dar und kann als Zugeständnis an die Kritiker, die eine unkontrollierte Identifizierung der jungen Leser mit dem Helden befürchteten, sowie als Reaktion auf das »Werther-Fieber« verstanden werden.

Phase 5:
Das Motiv der Flucht/des Reisens

Zum Abschluss der Doppelstunde wird noch einmal auf die Strukturskizze zurückgegriffen. Der Lehrer ruft den lakonischen Brief vom 16. Junius 1772 in Erinnerung, in dem sich nur die zwei trotzig klingenden Sätze finden: »Ja wohl bin ich nur ein Wandrer, ein Waller auf der Erde! Seid ihr denn mehr?« (S. 69) Die Schüler stellen in Partnerarbeit die verschiedenen, im zweiten Buch gehäuft auftretenden Wanderungen bzw. Reisen, die im Grunde Fluchten sind, zusammen und beziehen sie anschließend auf Werthers Wesen. Der (für die Ausgabe von 1787 nachträglich eingefügte) Brief stellt zwar aus Werthers Sicht eine Rechtfertigung seiner Unstetigkeit dar (als Antwort offenbar auf eine entsprechende Vorhaltung Wilhelms), problematisiert aber, vom Standpunkt des Erzählers aus, Werthers Lebensweise des Sichtreibenlassens von den spontanen Eingebungen seines Herzens.

Hausaufgabe:

Die Aufgabe dient der gedanklichen Vorstrukturierung der folgenden Stunde (»Die Gründe für Werthers Scheitern«). In den letzten Jahren hat die Arbeitstechnik der Mindmap in vielen Bereichen des Berufslebens und immer mehr auch in der Schule Einzug gehalten.

Erfahrungsgemäß haben Schüler Freude daran, zu Themen des Unterrichts Mindmaps zu generieren, die es ermöglichen, komplexe Zusammenhänge wie auf einer »Landkarte für das Gedächtnis« (so die sinngemäße Übersetzung) festzuhalten und für längere Zeit zu speichern. Die Erstellung einer Mindmap erfordert gleichsam den ganzen Kopf, denn es handelt sich dabei sowohl um eine analytische als auch um eine kreative Leistung. Ziel ist es, ein Bild herzustellen, in dem, ausgehend von einem Thema, die möglichen Unterthemen (Zweige) und deren Untergliederungen usw. (Äste) dargestellt werden. Dabei wird nach dem Brainstorming-Verfahren vorgegangen, wobei das generelle Gliederungsprinzip lediglich vorgibt, dass bei der Verzweigung und Verästelung vom Abstrakten zum Konkreten fortgeschritten werden soll. In der Mitte stehen also die allgemeineren Bestimmungen, die Oberbegriffe, an den Rändern dagegen die besonderen Ausführungen, die Beispiele. Mindmaps sollte man auf einen großen Bogen (mindesten DIN A3) und mit Bleistift anfertigen, damit man bei neuen und weiterführenden Einfällen das Bild immer wieder verändern bzw. erweitern kann. Um die Überschaubarkeit zu erleichtern, empfiehlt es sich, nach Möglichkeit nur Substantive als Einträge zu verwenden.

Die Aufgabenstellung der Hausaufgabe könnte lauten: Erstellen Sie eine Mindmap zu den »Leiden des jungen Werther«, in der möglichst viele Unterrichtsergebnisse zu inhaltlichen Zusammenhängen aufgenommen werden. Gehen Sie von dem Thema »Werthers Leiden« aus und beginnen Sie mit den drei Hauptästen »Leiden an sich selbst«, »Leiden an Beziehungen« und »Leiden an der Gesellschaft«, die sich jeweils weiter verzweigen sollen. (Die Hauptäste sollten, um eine Vergleichbarkeit der Ergebnisse zu erleichtern, vorgegeben werden. Natürlich kann der Lehrer auch andere Hauptäste wählen.)

In der folgenden Stunde werden die unterschiedlichen Mindmaps vorgestellt und miteinander verglichen. Auf diese Weise kommen die Schüler zum Abschluss noch einmal intensiv über das Gelesene und Gelernte ins Gespräch, was u. a. für die Vorbereitung einer Klausur nützlich sein kann. Jeder Schüler sollte im Anschluss daran seine eigene Mindmap und damit seine eigene Orientierung zum Thema »Werther« im Kopf verankert haben.

Stundenziele zur 26./27. Stunde

Die Schüler sollen:

- »Die Leiden des jungen Werther« auf die äußere, die innere sowie die Zeitstruktur hin analysieren;
- die motivischen Bezüge der Nussbäume im Hinblick auf Handlung und Aussage des Romans aufzeigen;
- die Bedeutung der rosa Schleifen von Lotte herausarbeiten;
- das Motiv der Flucht und des Reisens in Bezug auf Werthers Wesen und Schicksal deuten;
- Funktion und Bedeutung der Bauernburschen-Episode ermitteln und darstellen können.

28. Stunde:
Die Gründe für Werthers Scheitern

Unterrichtsverlauf

Da diese Stunde im Wesentlichen auf die Auswertung der Hausaufgabe beschränkt ist, erübrigt sich eine detaillierte Verlaufsbeschreibung. Der erste Teil der Stunde wird darauf verwandt, die von den Schülern vorgetragenen Überlegungen zu besprechen. Eventuell lässt sich eine idealtypische Mindmap in Form einer Folie präsentieren. Im zweiten Teil soll, vor allem im Rückgriff auf die Stunden »Werther – Lotte – Albert« und »Gesellschaftskritik im Werther« die Frage aufgeworfen werden, wem Werthers Leiden hauptsächlich anzulasten sind. Sind sie in erster Linie Folge individuellen Fehlverhaltens und übersteigerten Selbstverwirklichungsdranges usw., oder sind sie

vor allem durch äußere Bedingungen (Mitmenschen oder Gesellschaft) hervorgerufen? An dieser Stelle sollte dann der Lehrer die durch die Mindmap vorbereiteten Erkenntnisse in Form eines Tafelanschriebs systematisieren.

Diese Frage führt erfahrungsgemäß zu kontroversen und sehr interessanten Diskussionen, in denen die Schüler nicht nur über Werther und sein Verhältnis zur Realität, sondern darüber hinaus, vermittelt über die Romanfigur, auch über sich selbst reflektieren und ihre eigenen Vorstellungen und Erwartungen an sich und an das Leben einbringen. Es ist hier also durchaus abzusehen und auch angebracht, dass das Gespräch sich einmal von der Romanvorlage löst und man zu einer verallgemeinernden Erörterung des Problems gelangt, in der die Schüler sich als Betroffene äußern. Die abschließende Frage zielt auf die Intention Goethes, die er mit der Abfassung und der Herausgabe des »Werther« verfolgt haben mag. Die von den Schülern hierzu vorgetragenen Vermutungen bereiten auf die 29./30. Stunde (»Werther ist nicht Goethe – Wirklichkeit und Poesie«) vor.

Stundenziele zur 28. Stunde

Die Schüler sollen:

- zeigen, dass sie einen umfassenden Überblick über Inhalt und Gehalt der »Leiden des jungen Werther« gewonnen haben;
- die verschiedenen Gründe für Werthers Scheitern kennen und nach übergreifenden Gesichtspunkten ordnen können;
- über die moralische Verantwortung für Werthers Ende nachdenken und darüber diskutieren;
- Mutmaßungen über die Intention Goethes bei der Abfassung des Romans anstellen.

29./30. Stunde:
Werther ist nicht Goethe –
Wirklichkeit und Poesie

Sachanalyse

Nur wenige Romane sind schon gleich nach ihrem Erscheinen so sehr unter die biographische Lupe genommen worden wie Goethes »Werther«. Von Anfang an war dem Publikum klar, dass es bei der Beschreibung der »Leiden« einen engen Zusammenhang zwischen Erlebtem und Gedichtetem gab, und ein Gutteil des Interesses an diesem Werk verdankte sich – sehr zum Leidwesen des Verfassers – gerade diesem Umstand. In seinen Erinnerungen »Dichtung und Wahrheit« beklagt sich Goethe fast vierzig Jahre nach Erscheinen des »Werther«: »[...] so wollten sie [die Leser des Romans, R. K.] sämtlich ein für allemal wissen, was denn eigentlich an der Sache [der Handlung im »Werther«; R. K.] wahr sei?« (Editionen »Werther«, S. 128).

Das schon vom Autor gescholtene Interesse an den biographischen Vorlagen und Hintergründen besteht natürlich auch bei heutigen Lesern. Die Frage nach den realen Vorbildern ist indes von keinem literaturwissenschaftlichen Interesse, sondern befriedigt (zumindest zunächst) lediglich die vordergründige Neugier der Leser an der Person des Autors. Diese Vermengung von realen und poetischen Fakten aber gilt es zu problematisieren. Goethe selbst weist schon darauf hin, dass der Roman als »poetische Einheit« zu betrachten sei, in der sich die einzelnen »Elemente« einer »Form« unterordnen (ebenda).

Im Anschluss an die 20./21 Stunde (»Literatur in der Literatur – Werther als Leser«) soll hier noch einmal gezeigt werden, dass das Ineinssetzen von Leben und Poesie beiden wenig nützlich ist.

Stundenverlauf

Phase 1:
Hinweise zu Vorlagen des »Werther« –
Stoffes

Zu Beginn gibt der Lehrer ein paar Informationen zur Entstehung des »Werther«, wobei er sich auf folgende Punkte beschränkt:

I.
- Mai bis September 1772: Goethes Tätigkeit als Referendar am Reichskammergericht in Wetzlar;
- Bekanntschaft mit Johann Georg Christian Kestner und dessen Verlobter Charlotte Buff auf einem Ball im Juni in Volpertshausen;
- Bekanntschaft mit Lottes Vater, dem Amtmann Henrich Adam Buff;
- Goethes starke Zuneigung zu Lotte und Zurückweisung;
- 11. September: Fluchtartige Abreise Goethes aus Wetzlar ohne Vorankündigung.

II.
- Unerwiderte Zuneigung von Goethes Studienfreund, dem Gesandtschaftssekretär Karl Wilhelm Jerusalem, zur Gattin eines anderen Gesandtschaftssekretärs;
- Kleidung Jerusalems: Vorbild für Werthers Kleidung;
- demütigende Behandlung Jerusalems durch Vorgesetzte;
- Selbstmord Jerusalems in der Nacht vom 29. auf den 30. Oktober 1772.

III.
- Seit April 1772 mehrere Besuche Goethes in Ehrenbreitstein bei Sophie von La Roche;
- Zuneigung zu deren 16-jähriger Tochter Maximiliane (»Maxe«);
- Januar 1774: Heirat Maximilianes mit

dem viel älteren Peter Anton Brentano;

- Ende der Verbindung Goethes mit Maxe wegen deren eifersüchtigen Gatten;
- Februar/März 1774: Niederschrift des »Werther« in wenigen Wochen.

Phase 2:
Vorüberlegungen zum Verhältnis von Wirklichkeit und Dichtung bei Goethe

Zu Beginn der Stunde wird Goethes »unleidliche Qual« angesichts der immer wieder an ihn gerichteten Frage, »was denn eigentlich an der Sache wahr sei«, als Problemstellung in den Mittelpunkt der gemeinsamen Überlegungen gestellt. Die Schülerinnen und Schüler stellen zunächst einige Vermutungen an, die an der Tafel festgehalten werden, z. B.:

- Goethe war der persönliche Bezug zu den Geschehnissen im »Werther« nachträglich, d. h. aus der Sicht des gereiften Mannes, peinlich.
- Er hatte sich gedanklich und weltanschaulich so weit von der Lebenseinstellung, die im »Werther« deutlich wird, gelöst, dass er auf Distanz zu seinem Frühwerk gegangen war.
- Er hielt andere, spätere Werke für bedeutender und wäre lieber auf diese angesprochen worden.
- Er wollte die anderen Beteiligten (Kestner, Charlotte Buff) vor dem öffentlichen Interesse schützen.

Dass von den Schülerinnen und Schülern hier bereits das von Goethe beklagte falsche Verständnis vom Wesen des Poetischen genannt wird, ist eher unwahrscheinlich.

Phase 3:
Annäherungen an reale Hintergründe des »Werther«

Der Lehrer bietet drei Möglichkeiten der Annäherung an die konkreten Voraussetzungen, die Goethe zugrunde gelegen haben, an. Die Schüler wählen zwischen einer textvergleichend-analytischen, einer produktionsorientierten und einer erörternden Arbeitsform und bilden entsprechende Gruppen.

Die erste Gruppe sichtet den Bericht Kestners über den Tod Jerusalems (Editionen »Werther«, S. 123–125) unter der Fragestellung: Welche inhaltlichen und sprachlichen Elemente hat Goethe bei der Niederschrift des »Werther« direkt aus dem Brief übernommen? Welche Elemente hat er hingegen unberücksichtigt gelassen? Welche Gründe könnte er dafür gehabt haben? Zur Präsentation ihrer Ergebnisse bereiten die Schüler eine Folie mit einer Gegenüberstellung von zueinander passenden Textstellen vor.

Die zweite Gruppe studiert zunächst sehr gründlich Kestners 1772 entstandenen Bericht an seinen Freund August von Hennigs über den jungen Goethe in Wetzlar (Editionen, S. 120). Der Brief wird dann gemeinsam so bearbeitet und umgeschrieben, dass es sich um einen Brief Alberts an einen Freund handeln könnte, in dem von Werther die Rede ist. Der Brief soll nach Ende des ersten Buches, d. h. der Abreise Werthers, abgefasst sein. Die Schüler werden schreibend die Erfahrung machen, dass der im Brief geschilderte Goethe mit Werther zwar einige Gemeinsamkeiten aufweist, mit ihm aber keineswegs identisch ist. Diese Punkte werden später herausgestellt.

Die dritte Gruppe stellt zunächst Thesen des älteren Goethe zur Entstehung und zur Aufnahme des »Werther« zusammen, die sich aus zwei Textpassagen in »Dichtung und Wahrheit« (Editionen, S. 126–128; S. 130f.) sowie aus einem Gespräch mit Eckermann von 1824 (Editionen, S. 119) herauslösen lassen. Die Thesen könnten sinngemäß folgendermaßen lauten:

- Schreiben über eigene schlimme Erlebnisse entlastet, befreit und vermag vor dem psychischen Zusammenbruch zu bewahren (Schreiben als Selbst-Therapie);

- Dichtung und Wirklichkeit sind deutlich auseinander zu halten;
- der Dichter verwandelt Wirklichkeit in Poesie, das Publikum hingegen will Poesie in Wirklichkeit zurückverwandeln und missversteht den Dichter;
- ein Roman hat eine eigenständige »poetische Einheit« aufzuweisen und ist als Ganzes zu sehen und zu verstehen;
- den Dichter interessiert sein »Stoff« nur in poetischer Hinsicht, nicht als Bestandteil der Wirklichkeit;
- das Interesse des Publikums richtet sich auf den Inhalt des Romans und dessen realen Hintergrund, weil es nach Identifikation sucht und keinen Begriff vom Wesen des Poetischen als einer eigenen Wirklichkeit hat;
- Dichter und Publikum sind ebenso »getrennt« wie Dichtung und Wirklichkeit;
- der Roman hat keine didaktische Aufgabe zu erfüllen.

Die Gruppe erörtert die Thesen unter den Gesichtspunkten »Zustimmung«, »bedingte Zustimmung« und »Ablehnung«. Eigene Positionen werden erarbeitet und für den Vortrag schriftlich festgehalten.

Phase 4
Goethe und Werther – Wirklichkeit und Poesie

Die Gruppen tragen ihre Ergebnisse in der angegebenen Reihenfolge vor, wobei den Schülern die dabei zugrunde liegende methodische Struktur des Unterrichtsablaufs deutlich werden sollte: Zunächst wird in einer Sichtungs-Phase an einem Beispiel der Nachweis erbracht, dass sich Goethe wirklich sehr eng an Fakten gehalten bzw. diese zur inhaltlichen Grundlage seines Romans gemacht hat. Die Arbeitsgruppe demonstriert dies mit Hilfe einer Folie, in der die Zuordnung zwischen dem Brief Kestners einerseits und Textstellen im »Werther« andererseits im Überblick vor-

liegt. Abweichungen des Romans von der Vorlage werden nach ihrer poetischen Funktion befragt.

Anschließend stellt die zweite Gruppe ihren Text vor und berichtet von ihren Überlegungen bei der Umarbeitung des Kestner-Briefes. Welche Punkte konnten übernommen werden, in welchen Punkten musste mit Blick auf den Roman eine Abänderung erfolgen? Welche Perspektive des Schreibers wird jeweils deutlich? Welche Wertung geht in den Bericht jeweils ein? Diese Gruppe bietet einen vergleichenden Einblick in die Werkstatt des Schreibers Goethe.

Die letzte Gruppe schließlich stellt zunächst die Thesen Goethes knapp und prägnant vor (Tafelanschrieb bzw. Folie) und bezieht dann Stellung dazu. Im Sinne einer Vorstrukturierung wird differenziert nach Zustimmung, bedingter Zustimmung und Ablehnung der Thesen. Durch ihren Vortrag leitet die Gruppe eine Diskussion mit den übrigen Kursteilnehmern ein, die von der Sache her folgende drei Leitfragen beinhalten sollte:
- Kann Schreiben eine Entlastung, eine Befreiung bedeuten?
- Ist das Interesse des Lesers an den realen Hintergründen eines Romans wirklich a-poetisch, d. h., zielt es am Wesen des Literarischen vorbei?
- Kann/soll das literarische Werk auf eine didaktische Intention verzichten?

Die kontroversen Standpunkte der Diskussion werden durch den Lehrer an der Tafel festgehalten; ob es zu einer inhaltlichen Einigung kommt, ist natürlich nicht absehbar. Wichtiger als ein allseits konsensfähiges Ergebnis ist indes, dass das Problembewusstsein für die Bewertung von und für den Umgang mit Literatur geschärft wird.

Hausaufgabe:
Auch wenn die Form des Essays im Unterricht bisher noch nicht besprochen wurde, können Schüler sich als gedankliche Nach-

bereitung des Stundeninhalts mit der Frage beschäftigen, welche Bedeutung literarische Figuren für sie selbst als Leser haben. Dabei kann das Thema unter verschiedenen (z. B. den unten genannten) Fragestellungen bearbeitet werden:

- Inwiefern kann ich mich mit Lotte, Albert und Werther identifizieren? (Hierbei werden die fiktiven Figuren betrachtet, als wären es lebende Menschen.)
- Inwiefern überzeugt die künstlerische Gestaltung, die Anlage, die Wirklichkeitsnähe der Figuren im »Werther«? (literarische Kritik)
- Welche Beziehung nehme ich als Leser allgemein zu literarischen Figuren ein? (Bedeutung des Lesens für das Leben: Sinnstiftung, Unterhaltung, Ablenkung usw.).

Stundenziele zur 29./30. Stunde

Die Schüler sollen:

- die wichtigsten biographischen Hintergründe des »Werther« kennen;
- den Unterschied zwischen faktischer und poetischer Wirklichkeit, zwischen Goethe und Werther, erkennen und dazu Einblick in die Werkstatt des Romanautors erhalten, indem sie:

  a) einen Textvergleich zwischen einem realen Bericht und den darauf beruhenden Romanausschnitten vornehmen;

  b) einen realen Bericht in einen fiktiven Roman-Bericht umarbeiten;

  c) Goethes Thesen zum Verhältnis von Erlebtem und Gedichtetem reflektieren und diskutieren.

1. Wertheriaden:
Der »Werther«-Stoff in der Literatur

Die Rezeption des »Werther« vollzog sich zu einem Teil literarisch-produktiv, indem Autoren mit unterschiedlicher Absicht auf verschiedene Weise an den Stoff des Romans anknüpften und ihn neu gestalteten. Goethes Werther hat auf diese Art eine Reihe von Brüdern erhalten, von denen die Schüler am Schluss der Unterrichtseinheit einige kennen lernen sollten. Um den dafür vorgesehenen Zeitraum von zwei, maximal drei Stunden nicht zu überschreiten, ist eine Beschränkung notwendig. Vorgestellt werden eine bitterböse gemeinte, im Grunde aber flache Parodie (Nicolai), eine Persiflage (Kleist) sowie eine aktualisierte Neuschöpfung (Plenzdorf); hiermit sind die drei vorherrschenden Arten der Wertheriaden erfasst.

Ob diese alle im Unterricht vorgestellt oder ob nur eine oder zwei näher betrachtet werden sollen, wird u. a. davon abhängen, wie stark das Interesse der Schülerinnen und Schüler am »Werther«-Stoff noch ist und was die weitere Kursplanung vorsieht.

Friedrich Nicolais »Werther«-Parodie

Für die Beschäftigung mit Friedrich Nicolais »Werther«-Parodie ist die Lektüre eines Ausschnittes hinreichend. Die ersten Teile können den Schülerinnen und Schülern durch eine knapp gehaltene Inhaltsangabe vermittelt werden (vgl. Arbeitsblatt S. 141), und in häuslicher Lektüre wird dann die Besprechung des Textauszuges vorbereitet. Die in parodistischer Absicht verwendeten Zitate aus Goethes »Werther« wurden, um Zeit zu sparen, durch entsprechende Anmerkungen kenntlich gemacht. Für einige Kurse könnte es allerdings eine durchaus reizvolle Aufgabe sein, diese Stellen selbst ausfindig zu machen und zu diesem Zweck noch einmal in Goethes Roman zu blättern. Der Lehrer mag also entscheiden, ob er die Anmerkungen auf dem Arbeitsblatt unkenntlich macht. Die möglichen Antworten auf die Fragen zum Text finden sich auf S. 146 f.

Heinrich von Kleists
»Der neuere (glücklichere) Werther«

Im Anschluss lesen die Schüler Heinrich von Kleists Anekdote aus dem Jahre 1811 »Der neuere (glücklichere) Werther« (Editionen »Werther«, S. 147 f.). Der Lehrer sollte kurz darüber informieren, dass Kleist Goethe seit der missratenen Aufführung des »Zerbrochenen Krugs« am Weimarer Hoftheater (1808) hasste. – Im Unterrichtsgespräch werden folgende Fragen erörtert:

- Welche Handlungs- und motivischen Elemente übernimmt Kleist?
- Welchen Eindruck vermittelt der Schluss der Handlung?
- Welchen Eindruck will dagegen ganz offenbar der Erzähler erwecken?
- Welche typisch Kleistschen Stilmerkmale erkennen Sie?
- Beschreiben Sie die Verknüpfung von Stil und Inhalt, und geben Sie an, welche Wirkung von ihr ausgeht!
- Ist die Anekdote eher als eigenständige Erzählung oder primär als Persiflage auf Goethes »Werther« zu verstehen?

Zu Ulrich Plenzdorfs »Die neuen Leiden des jungen W.«

Für diesen Teil ist ein Referat zu Plenzdorfs »Die neuen Leiden des jungen W.« (1972) einzuplanen. Dabei ist selbstverständlich, dass das Referat nur auf das Wesentliche eingehen kann. Folgende Themenbereiche, die wohl nicht alle abgedeckt werden können, geben den Referenten einen »roten Faden« vor; fortgeschrittene (Leistungskurs-)schüler sollten sich dagegen ihre inhaltlichen Schwerpunkte selbst suchen.

- Inhaltsangabe/Vorstellung der Figuren/ Vorlesen von Textauszügen;
- Formbeschreibung (Handlungsstruktur, Perspektiven, Schnitttechnik usw. im Unterschied zum »Werther«);
- Gemeinsamkeiten und Unterschiede zwischen Edgar und Werther sowie weitere Entsprechungen auf der Ebene der Figuren;
- Bedeutung der »Werther«-Zitate für Edgar und den Handlungsverlauf;
- Bedeutung der Arbeit und der Kunst für Edgar und Werther;
- Vergleich der Romanausgänge (Edgars Tod ein Unglücksfall??);

- Aktualität der Sozialkritik im »Werther« für den real existierenden Sozialismus (Konflikt zwischen Individualität und Kollektiv, Regeln, Anpassungsdruck usw.);
- Parallelen in der Rezeption der beiden Romane 1774 und 1972.

Sofern die Möglichkeit dazu besteht, sollte der Film zu den »Neuen Leiden des jungen W.« (unter der Regie von Eberhard Itzenplitz mit Klaus Hoffman in der Hauptrolle, 1976) vorgeführt werden (vgl. Szenenausschnitt in Editionen »Werther«, S. 153). Dies scheint mir auch dann legitim, wenn die meisten Schüler den Roman nur durch das Referat kennen; Anknüpfungspunkte für eine nicht notwendig vorstrukturierte Nachbesprechung gibt es genug.

1. Arbeitsblatt → CD-ROM / Datei: AB_Erweiterung_1.doc

Christoph Friedrich Nicolai: Freuden Werthers des Mannes

Zur Biographie Nicolais

Ch. F. Nicolai, Aufklärer, geboren am 18. März 1733 in Berlin. 1749 Buchhändlerlehre in Frankfurt/Oder, ab 1752 Mitarbeit in der Buchhandlung des Vaters in Berlin. Zusammen mit Moses Mendelssohn und Lessing seit 1757 Herausgeber der einflussreichen literaturkritischen Zeitschrift »Bibliothek der schönen Wissenschaften und der freien Künste«, seit 1758 der »Briefe, die neueste Literatur betreffend«. Zwischen 1765 und 1806 Herausgeber der Zeitschrift »Allgemeine Deutsche Bibliothek«. Daneben Verfasser von Literaturkritiken, aufklärerischen Aufsätzen und Romanen. Am bekanntesten geblieben ist sein gegen Goethes Roman gerichtetes schmales Werk »Freuden des jungen Werthers – Leiden und Freuden Werthers des Mannes« (1775). – Nicolai starb 1811 in Berlin.

Zum Roman

Nicolais Roman wird eingerahmt durch einen *Dialog*, den zwei Männer unterschiedlichen Alters führen, nachdem sie Goethes Roman gelesen haben: Martin, ein Vertreter der Vernunft, ist 42 Jahre alt, Hanns, ein Verfechter des Genie-Gedankens und Verehrer der Gestalt Werthers, ist 21. Martin lobt den Dichter, aber nicht die Handlungen des jungen Werther. Weil Hanns den Selbstmord Werthers als notwendig und unabwendbar betrachtet, will Martin ihm zeigen, dass schon die »geringste Veränderung« der Handlung eine andere Wendung geben könnte. Unter der gedachten Voraussetzung, dass Lotte und Albert noch nicht verheiratet sind, erfindet er zunächst einen anderen Schluss zu Goethes Roman, und zwar die »Freuden des jungen Werthers«: Nach der Ossian-Episode beichtet Lotte dem zurückgekehrten Albert den ganzen Vorgang. Dieser reagiert unerwartet verständnisvoll und gibt Lotte frei. Werther schickt er die verlangten Pistolen, die er aber mit Hühnerblut gefüllt hat. Werthers Selbstmordversuch misslingt. Werther und Lotte können nun heiraten und werden zehn Monate später Eltern. Darauf allerdings beginnen die »Leiden [...] Werthers des Mannes«: Lotte überlebt die Geburt des Kindes nur knapp und wird schwer krank, das Kind stirbt. Werther ist mittellos und muss nun »ein Amt übernehmen« und sich auf die bürgerlichen Verhältnisse einlassen. Da er deshalb oft schlecht gelaunt und zudem häufig auf Reisen ist, lässt sich Lotte, um Werther eifersüchtig zu machen, mit einem jungen »Laffe[n]« ein. Das Ehepaar trennt sich, woraufhin Albert auf den Plan tritt, um die »Freuden Werthers des Mannes« einzuleiten.

Textauszug

Albert war in Geschäften seines Fürsten acht Monden in Wien gewesen und kam zurück, kurz drauf, als Werther und Lotte sich getrennt hatten.
Er traf Werthern, mit dem Gesicht auf demselben Kanapee liegen, worauf er ehmals mit Lotten den Ossian las.[1]
Und nun? wie ist's mit deiner Frau? sagt' Albert.
Ha! rief Werther, als er ihn sah, 's mit den Weibsen nichts, alle sind falsch, wankelmütig! – und biss sich die Nägel.
ALBERT: Nur wieder fein mit dem Kopf durch die Wand, Werther! Als wenn's nicht von dir selber käme! bist'n Thor Werther, und hast die arme Lotte bethört. Ich hab' sie gekannt, ein gutes Landmädchen, lustig und fromm, konnte kleine Spiele spielen, konnte frohen Muts tanzen, aber auch den Kindern Brot schneidern[2], liebte herzlich häusliches Leben[3], ob's gleich wusste, dass's kein Paradies, aber doch im Ganzen eine Quelle unsäglicher Glückseligkeit ist. Da liebt' ich's Mädchen, und wollt' sie haben, denn solche Frau braucht' ich. Drauf kamst du und stimmtest die Weise viel Töne höher: Da sollt's lauter innige Empfindung sein, lauter starke Anspannung, keine Einschränkung, keine Überlegung, wir hielten's Herzchen wie ein krankes Kind, gestatteten ihm all seinen Willen[4], lebten immer in der Zukunft, wo ein großes dämmerndes Ganze vor unserer Seele ruhte, wo wir unser ganzes Wesen hingeben mochten, uns mit der Wonne eines einzigen großen herrlichen Gefühls ausfüllen zu lassen.[5] Dies verschluckte das weibliche zärtliche Geschöpf begierig, und hielt sich am glücklichsten, wenn's im freundlichen Wahne so hintaumeln konnte.[6] Ja wohl, guter Werther, wär' der Wahn besser als die Wahrheit, wenn er nur nicht aufhören müsste. Nun hat er bei dir aufgehört, das gute Weibchen taumelt noch drin fort, und du wunderst dich, dass ihr nicht zusammen kommen könnt? Hohe überschweifende Empfindung, lieber Werther, steht gut im Gedicht, aber macht schlechte Haushaltung. Feiner junger Herr! Lieben ist menschlich, nur müsst ihr menschlich lieben[7], berechnet euer Vermögen zu lieben und haltet die güldene Mittelstraße, sonst wenn ihr's Mädchen gierig macht, so wird sie mitten im Genusse darben! Wer hätte dir das vor zwei Jahren sagen dürfen, und doch ist's itzt nicht anders.

---

1. S. 101, 7
2. S. 17, 19 f.
3. S. 19, 14
4. S. 7, 11 f.
5. S. 25, 9 f.
6. S. 32, 7 f.
7. S. 12, 12 f.

WERTHER: Geh zum Teufel mit deinen unbedeutenden Gemeinsprüchen![8]
ALBERT: Wenn sie nicht wahr wären, schickt' ich sie auch dahin.

Albert reiste zu Lotten; die weinte bitterlich und rief: Alle Mannsen sind treulos, hätte ich je gedacht, dass mich Werther verlassen könnte!!!!

Bis gesetzt gutes Kind, sagte Albert, und denk' ob du nicht auch dran Schuld bist. Werther wollt' keinen Geelschnabel um dich leiden; weist noch, ob's mir auch behaglich war, da Werther so um dich buhlte? Und doch war Werther ein ehrlicher guter Kerl und dein Lecker ist'n Popanz. Hast Unrecht gehabt, Lottchen. Necken geht wider'n Mann, und gerümpfte Nase bringt nicht verlorne Liebe zurück. Wär's nicht besser, du liebtest Werther wie zuvor, und er dich auch? Liebst'n noch? Lottchen weinte abermals bitterlich: Ob ich ihn liebe? Gott! –

Albert holte Werthern auf den Jagdhof, der alte Amtmann hieß Werthern kurz und lang, Lotte weinte und entschuldigte ihn. Werther umarmte Lotten, und sie reiseten völlig versöhnt zurück.

Itzt, durch kleine Übereilungen vorsichtiger gemacht, genossen sie in reichem Maße die Vergnügungen des häuslichen Lebens, die sich so tief empfinden und so wenig beschreiben lassen. Wechselseitige Liebe und Zutrauen beseligte sie. Werther hing wieder mit Gott weiß wie viel Wonne an dem Arme und Auge seiner Frau, das voll vom wahrsten Ausdrucke des offensten reinsten Vergnügens war.[9] Er wartete seine Geschäfte ab, sie erzog ihre Kinder, und so floss ihr Leben wie ein stiller Bach dahin, – ein nicht so poetisches Bild, als reißende Ströme, aber deshalb Glücklichen nicht weniger angemessen.

Durch Fleiß und Sparsamkeit wurden sie nach etwa sechzehn Jahren wohlhabend. Werther konnte nun wieder des mühsamen Arbeitens entbehren, und so kauft er sich ein klein Bauergütchen. Am Abhang eines Berges mit hohen Ulmen und bejahrten Eichen besetzt lag es. Nur ein kleines Häuschen war da, aber fruchtbare Äcker und ein Garten ums Haus, darin unter hohen Bäumen ein Brunn', wohl zwanzig Stufen tief in den Felsen gehauen[10], wie ihn Werther liebte. Hier ließ er sich nieder, und genoss abermals die simple harmlose Wonne eines Menschen, der ein Krauthaupt auf seinen Tisch bringt, das er selbst gezogen, und nun nicht den Kohl allein, sondern all die guten Tage, den schönen Morgen, da er ihn pflanzte, die lieblichen Abende, da er ihn begoss, und da er an dem fortschreitenden Wachstume seine Freude hatte, alle in einem Augenblicke wieder mit genießt.[11] Denn Lotte zog auf den Krautfeldern Gemüse und Wurzeln, die den unbescholtenen ländlichen Tisch füllen. Der Obstgarten war Werthers Besorgung, und die Kinder pflanzten sich Beeten voll Tulpen und lieblicher Anemonen.

Das war all gut, bis'n Kerl kam, der war in England gewest, hatte des Herzogs vom Bridgewater Kanal befahren, unterm Berg weg uns über'n Irwell, hatte die Gärten zu Stowe gesehn, und hatte sich von Chambers erzählen lassen, was der Kaiser von China für Gärten habe, wunderbar und schrecklich, dass's ne Lust ist. Sonst war der Kerl nicht klüger wieder kommen, als er war weggereist, hatt' aber Geld wie Heu, wollt' was Originales haben, bauen 'nen orientalischen Garten, wo kein Orient ist, hätt' er bei Dsjidda gewohnt, würd' er ein Versailles angelegt haben, nach le Notres Rissen. Der kauft' den Berg über Werthers Hüttchen, legt' darauf große Dinge an, sonderlich und wunderlich, Schlangengänge, Abgründe, Tempel, Pagoden und Wildnisse. Als er fertig war, wollt'

8. S. 43, 6f.
9. S. 21, 21f.
10. S. 6, 21f.
11. S. 25, 30ff.

er den Garten auch bevölkern, wie der Kaiser von China, dass's recht natürlich wär'. Da schafft' er sich Hunde, die verkleidet' er in Wölfe, Cyperkatzen in Tiger, Lämmer gelb und braun gefärbt in Leoparden, und Spitzmäuse in Hermeline. Das Vieh lief über in Werthers Obstgarten und streifte sich zwischen den Bäumen die hölzernen wilden Larven ab, die ihm vorgebunden waren. Doch weil sich's noch scheuchen ließ, achtet's Werther nicht. Aber nun wollte der reiche Fratz was Großes beginnen. Er hatte jenseits des Berges einen ziemlichen Fluss, den leitet' er mit Mühlen in die Höhe, dass er diesseits einen Wasserfall haben wollte, am gähen Absturz des Berges. Da frohlockte das Kerlchen, und seine Seele ward erschüttert, wie das Wasser in hohen Fluten herabbrauste zwischen den hundertjährigen Eichen, und über die Felsenstücken weg schäumte, aber eh' man's sich versah, war's in Werthers Garten, spült' die Bäume aus, riss das kleine Gartenhäuschen um und verheert' die fruchtbaren Krautfelder und die lieblichen Tulpenbeete.[12]

Lotte raufte sich die Haare, die Kinder weinten, aber Werther war durch Erfahrung gelassen geworden. Er staunte eine Weile und sagte zu sich selbst:
Der Kerl ist traun 'n Genie, aber 'ch merks wohl, ein Genie ist ein schlechter Nachbar. Wenn's einem selbst auch wohl thut, als ein Genie sprechen, so thut's andern oft schier übel, wenn man als ein Genie handelt. Der Wasserfall ist wahrlich keck, aber das kleine Häuschen, in dem ich mit meinen Lieben mein fröhliches Butterbrot aß, meine Krautfelder, meine Obstbäume, meine Tulpenbeete waren gut. Sonst wohl war mir die Losung: Keckheit ohne Grenzen, Schwingen bis in den Äther, Anspannung ohne Erschlaffung, Brauchen der Kräfte ohne Einschränkung. Alles schön! Wir wollens Genie auch nicht einschränken, denn der Kerl, der sein'm Geck so Zucker giebt, ist reich und mächtig, und Klagen thut's nicht. Aber wenn wir dem Genie aus dem Wege gehen könnten!
Er ging zum reichen Nachbar, führt' ihn an der Hand herab und sagte ganz gelassen:
Hier seht Nachbar, was euer Wasserfall in meinem Garten angericht't hat. Ich könnt' euch verklagen, aber was hilft's; wollt ihr mir's Gütchen abkaufen, so zieh' ich weg, und so mögt ihr fallen und laufen lassen, wie's euch deucht.
's 'n Wort, schrie der Nachbar, 'ch seh' 'r seid 'n Kerl der's Große liebt. Schaut wie die Bäume mit'n Wurzeln empor liegen, und wie's Dach vom Häuschen auf d' Seite hängt, und die Krautköpfe drüber rollen! He! Nachbar! Natur im Garten geht weit über die verdammte Kunst, solch 'ne Ansicht, hätte mir nun keine Theorie, wie s' den Quark nennen, aussinnen können. Und so gab er Werthern, ungefodert, mehr, als's Gütchen wert war. Werther nahm's Geld, dacht' in sich: 's doch auch Natur, wenn Wurzeln in der Erde stehen, und Äpfel an 'n Bäumen hängen. So kauft' er sich ein anderes Gütchen, ein wohlgebaut Haus, vorm Hause ein Platz mit zwo Linden, wie zu Wahlheim[13] vor der Kirche. Hier lebt er noch, glücklich und vergnügt, mit Lotten und seinen acht Kindern. Erfahrung und kalte gelass'ne Überlegung hat ihn gelehrt, ferner nicht, das bisschen Übel, das das Schicksal ihm vorlegte, zu wiederkäuen[14], dagegen aber, die Wonne, die Gott über ihn ausgoss, mit ganzem, innig dankbarem Herzen aufzunehmen.[15] Nachdenken über die Wege der Vorsehung, die kein blindes Schicksal[16], sonder Güte und Gerechtigkeit sind, hat seine ausgetrocknete Sinnen wieder heiter gemacht, die überspannten Nerven abgespannt, ihm die Fülle des Herzens[17] zurückgegeben, die er vormals genoss.

---

12. S. 12, 24f.
13. S. 11, 16
14. S. 4, 16
15.. S. 79, 18f.

16. S. 80, 16ff.
17. S. 59, 34

Er kann wieder, im hohen Grase am fallenden Bache liegen, und näher an der Erde, zwischen Halmen und tausend mannigfaltigen Gräschen, die unzähligen, unergründlichen Gestalten, all der Würmchen, der Mückchen, näher an seinem Herzen fühlen, fühlen die Gegenwart des Allmächtigen, der uns all nach seinem Bilde schuf, das Wehen des Allliebenden, der uns in ewiger Wonne schwebend trägt und erhält[18] Und was noch mehr, er geht nicht darüber zu Grunde, erliegt nicht unter der Herrlichkeit dieser Erscheinungen[19]; denn Lotte und seine acht Kinder, die besten Gaben, die ihm Gott gegeben hat, liegen neben ihm, und fühlen gesellig, was er fühlt. Wenn je in seinem feurigen Gemüte ein Tumult aufsteigen will, so lindert ihn, unverzüglich, der Anblick der glücklichen Gelassenheit[20] dieser gesunden liebenswürdigen Geschöpfe, der Abdrücke der Stärke und Edelmut des Vaters, und der Munterkeit und Schönheit der Mutter. Sie haben schon wieder andere Beeten gepflanzt, wo Tulpen mit Narcissen und Hyacinthen abwechseln, und durch ihre arbeitsamen Spiele, werden die Krautfelder umfasst, mit Rosenhecken und Jasmingängen, das Gartenhäuschen mit duftendem Geißblatt, des Wohnhauses Mitagsseite mit Traubengeländern.

Hm! sagte Hanns, hol' mich 'r Henker, 's hätte doch auch so kommen können.

Ei freilich wohl! sprach Martin, auch noch auf hundertlei andere Art. Erschießt man sich aber einmal im Ernst, weg sind sie.

Hanns: Hast traun Recht, 'ch schieß mich nicht.

(1775)

Nicolai, Christoph Friedrich: Vertraute Briefe. Freuden Werther des Mannes. – Leipzig: Interdruck, 1982. – S. 174ff.

---

18. S. 5, 35 – 6, 6
19. S. 6, 14f.
20. S. 13, 28

Arbeitsaufträge:

- Welche Funktion als Handlungsträger erhält Albert in Goethes, welche in Nicolais Fassung?
- Wie gelingt es Nicolais Albert, Werther und Lotte zu versöhnen?
- Worin bestehen vor der Begegnung mit dem »Genie« die »Freuden Werthers des Mannes«?
- Welche Absicht steht offensichtlich dahinter?
- Welche Rolle kommt dem Nachbarn (dem »Genie«) zu?
- Wie wirkt – vor dem Hintergrund von Goethes Roman – der Schluss in Nicolais Version?
- Mit welcher Absicht werden Bilder und Motive aus Goethes »Werther« als Zitat eingearbeitet? (Detailanalyse an Textausschnitten)
- Welche für den Sturm und Drang typischen sprachlichen Elemente (genialischer Stil) werden im Text verwendet? Welche Wirkung will Nicolai damit erzielen?
- (Inwiefern) kann Nicolais Text als Parodie bezeichnet werden?
- Verfassen Sie einen an Nicolai gerichteten Brief Goethes, in dem dieser sich kritisch mit dessen Wertheriade auseinander setzt. Gehen Sie dabei auf inhaltliche, weltanschauliche und sprachliche Aspekte ein.

Arbeitsaufträge	Mögliche Antworten
• Welche Funktion als Handlungsträger erhält Albert in Goethes, welche in Nicolais Fassung?	Während Albert in Goethes »Werther« ein ebenso lästiges wie unüberwindbaren Hindernis für Werthers Verlangen nach Lotte darstellt, wird er in Nicolais Fassung ironischerweise gleich mehrfach zum Garanten für Werthers Glück. So vereitelt er nicht nur dessen Selbstmordversuch und gibt Lotte für ihn frei, sondern schaltet sich später sogar noch vermittelnd ein, als Lottes und Werthers Ehe zu scheitern droht.
• Wie gelingt es Nicolais Albert, Werther und Lotte zu versöhnen?	Er setzt auf die Vernunft und Einsicht der beiden und geht ruhig, aber kritisch auf ihr Verhalten ein. Werther hält er einen Spiegel vor und konfrontiert ihn, aus Werthers Briefen zitierend, mit dessen überspannten Gedanken zum Thema Liebe. Stattdessen hätte er sich lieber verhalten sollen wie jener »Philister«, den Werther früher so verachtet habe. – Lotte wirft er vor, ihren Mann allzu leichtfertig eifersüchtig gemacht zu haben.
• Worin bestehen vor der Begegnung mit dem »Genie« die »Freuden Werthers des Mannes«?	Werther führt mit Lotte und seinen Kindern ein »Leben wie ein stiller Bach«, d. h. eine ruhige bürgerliche, fast spießbürgerliche Existenz. Er geht seinen »Geschäften« im Dienste des Fürsten nach, und »Fleiß und Sparsamkeit« gewähren ihm einen gewissen Wohlstand, so dass er »ein klein Häuschen« mit einem Garten erwerben und damit die Idylle vervollständigen kann.
• Welche Absicht steht offensichtlich dahinter?	Nicolai will die hochgespannten Erwartungen des Goethe'schen Werther an das Leben durch die positive Beschreibung einer kleinbürgerlichen Idylle relativieren. Er zeigt, dass Naturverbundenheit, wie Werther sie in seinen Briefen zum Ausdruck bringt, auch in der Beschränkung möglich ist.
• Welche Rolle kommt dem Nachbarn (dem »Genie«) zu?	In dem »Genie«, der im Grunde nur ein »Kerl« bzw. ein »Kerlchen« ist, begegnet Werther ein *alter ego* aus früheren Tagen. An ihm werden die unangenehmen Konsequenzen (Egoismus, Rücksichtslosigkeit usw.) eines geniehaft geführten Lebens für die Mitmenschen, die »Nachbar[n]«, demonstriert. Zugleich wird gezeigt, wie Werther sich zum Positiven hin gewandelt hat, insofern er vernünftig und »gelassen« (mehrmals im Text) auf die Begegnung mit dem Genie reagiert.

- Wie wirkt – vor dem Hintergrund von Goethes Roman – der Schluss in Nicolais Version?

Im Schlussteil wird mit Hilfe vieler Zitate (vor allem aus dem Brief vom 10. Mai) noch einmal an das Pathos und die großen Empfindungen des Genies erinnert. Nicolai rettet sie in Werthers bürgerliche Existenz hinüber, die beiden Phasen in Werthers Leben werden versöhnt. Dies wirkt komisch, da Werther mit seinen großen Gefühlen ursprünglich gerade gegen das Philistertum angetreten war. Werthers Naturempfindungen früherer Tage können nur noch als Zitate überleben und sind dadurch schal geworden. Indem das Unvereinbare scheinbar vereint wird, verliert der Roman seine Sprengkraft. Die »Brandraketen« (Goethe 1824 zu Eckermann) in den »Leiden des jungen Werther« werden entschärft. Nicht die Aufgeklärtheit holt Werther ein, sondern die Abgeklärtheit. Ein solcher Schluss ist – entgegen Nicolais Absicht – kein Happy End und wirkt vor allem auf junge Leser ernüchternd.

- Mit welcher Absicht werden Bilder und Motive aus Goethes »Werther« als Zitat eingearbeitet? (Detailanalyse an Textausschnitten)

Viele Zitate verweisen unmittelbar auf zentrale Aussagen des Goethe'schen »Werther« und werden vom Leser als solche wiedererkannt. Die Absicht ist offensichtlich: Nicolais Werther-Figur revidiert nach und nach alle falschen Ansichten, Grundsätze und Ziele des »jungen Werther«. Das Bild des »stille[n] Bach[es]« zum Beispiel, mit dem »Werthers des Mannes« Leben beschrieben wird, stellt einen Kontrast zu dem zerstörerischen Wasserfall und den Fluten dar, die das Genie zum Schaden seiner Nachbarn hervorruft.

- Welche für den Sturm und Drang typischen sprachlichen Elemente (genialischer Stil) werden im Text verwendet? Welche Wirkung will Nicolai damit erzielen?

Gehäufte *Elisionen* sowie einzelne *Ausrufe* prägen den Stil der Dialoge und gelegentlich (in gemäßigter Form) des Erzählerberichts in Nicolais »Werther«-Parodie, so z. B., wenn von dem unleidlichen Nachbarn (»'n Kerl«) die Rede ist. Imitiert wird hier die Sprache des Genies, das seine eigene, vom Gefühl her bestimmte Ausdrucksform sucht (vgl. Werthers Stil und seine Klagen über die Stil-Vorschriften des Gesandten im Brief vom 24. Dezember 1771). Bei Nicolai wirkt der Stil aufgrund der übertriebenen Häufung gekünstelt und damit lächerlich und wirft ein entsprechendes Licht auf die Figuren.

Der geniehafte Stil ist zur Masche verkommen und hat seine ursprüngliche Bedeutung eingebüßt. Dass auch der bodenständige Albert sich im Gespräch mit Werther dieses Stiles befleißigt, lässt diesen als von der Person des Sprechers losgelöst erscheinen und entlarvt ihn endgültig als ihrer eigentlichen Funktion entleerte, alberne Modeerscheinung.

• (Inwiefern) kann Nicolais Text als Parodie bezeichnet werden?	Als Parodie wird ein (in der Regel literarischer) Text bezeichnet, der auf gleichzeitige Wiedererkennung und Verfremdung einer Textvorlage abzielt. In der Parodie werden formale Merkmale einer Vorlage adaptiert, aber mit einem gegen das Original gewendeten neuen Inhalt verknüpft. Die Parodie kritisiert und belustigt zugleich. – Als Form-Elemente übernimmt Nicolai neben stilistischen Eigenarten insbesondere Zitate des »Werther«, mit deren Hilfe er eine vollständige Revision des Inhalts vornimmt.

2. Klopstock und Morrissey zum Beispiel – Fans in der Literatur

Mag die berühmte Klopstock-Episode in der Vergangenheit den meisten jugendlichen Lesern des »Werther« als überaus kitschig, übertrieben, sentimental oder als unzeitgemäß gegolten haben, muss diese Einschätzung heute überprüft werden. Veröffentlichungen aus dem Genre der so genannten Adoleszenz-Literatur seit Beginn der neunziger Jahre des letzten Jahrhunderts legen nahe, dass der Prozess der Selbstfindung Jugendlicher wieder stärker dadurch bestimmt wird, ob bzw. wie sie sich mit Vorbildern aus den Bereichen der Literatur und der Unterhaltungsmusik identifizieren. Ein Beispiel dafür ist der Roman »The Wrong Boy« aus dem Jahre 2000 von Willy Russell, der in deutscher Übersetzung unter dem Titel »Der Fliegenfänger« vorliegt. Raymond Marks, Briefe schreibender Ich-Erzähler und Hauptfigur, wurde als Kind aufgrund einer Bagatelle von der Schule verwiesen und in der Folge immer mehr in die Rolle eines Außenseiters gedrängt. Raymond schwärmt für den (realen) Musiker Bill Morrissey. Unterwegs auf dem Weg zu einem Baustellenjob in Nordengland erinnert sich der inzwischen Neunzehnjährige in Briefen, die er an sein Idol richtet, an die Stationen seines Lebens: Er berichtet von sich und seiner Familie, seinen aktuellen und früheren Erlebnissen, seinen Gedanken und Gefühlen. Anders als im »Werther« werden diese Briefe aber nie abge-

schickt. Aufgrund seiner monologischen Struktur ist »Der Fliegenfänger« also eher ein Tagebuch als ein Briefroman.

Die im Folgenden abgedruckte Passage lässt gleich mehrere Parallelen zum »Werther« erkennen:

Die zentrale Figur, ein junger Mann:

- ist ein Briefschreiber, der seinen Adressaten (statt eines realen Freundes hier einen Star) in erster Linie dazu benötigt, sich schreibend über sich selbst klar zu werden;
- ist ein Konsument von Literatur (Oscar Wilde) und Musik (Morrissey, The Smith);
- findet im Schreiben, das ihm als eine Art Ersatzhandlung dient, eine vorübergehende Erfüllung;
- findet in der Übereinstimmung des poetischen und musikalischen Geschmacks einen unmittelbaren, gefühlsmäßig intensiven Zugang zu bestimmten Menschen;
- verliebt sich wie Werther in ein Mädchen mit dunklen Augen (hier »Kastanienaugen«).

[16. Juni 1991]

Später,
hinten im Lastwagen
eines Teppichlegers,
irgendwo in den Penninen
(wie mir scheint)

Lieber Morrissey,

(…) Als ich dann den Kopfhörer abnahm, *schrie* er: »Hey! Schau mal! Schau mal!«
Mein Blick folgte seinem ausgestreckten Zeigefinger. Und da sah ich sie an der Selbst-
bedienungsmüslitheke stehen. Sie lächelte mich an und winkte mir kurz zu. Und obwohl
ich normalerweise nicht so leicht lächle, konnte ich einfach nicht anders und lächelte
zurück; denn ich war ihr zwar erst ein einziges Mal am Altglasbehälter an der Bushaltestelle Failsworth Boulevard begegnet, aber ich hatte es nie vergessen, das Mädchen mit
den Kastanienaugen. Ich kannte sie nicht und sie kannte mich nicht. Wir standen da in
der Schlange, die auf den Bus wartete – sie fast ganz vorn und ich ganz hinten. Erst war
ich ein bisschen geschockt, als sie mir einfach so zunickte. Ich muss wohl ziemlich ratlos
ausgesehen haben, denn sie lächelte erneut und machte ihre Jeansjacke auf, damit ich
ihr T-Shirt sehen konnte. Und jetzt begriff ich. Und lächelte zurück. Sie trug genau das
gleiche T-Shirt wie ich! das gleiche, das ich auch heute trage, das, wo man vorn das Bild
von Edith Sitwell sieht und hinten Morrissey draufsteht. Es ist immer toll, wenn man
einem anderen Morrissey-Fan begegnet. Auch wenn man die Person noch nie gesehen
hat, weiß man doch, es gibt etwas Wichtiges, das man mit ihr teilt. Sie rief mir vom vor-
deren Ende der Schlange etwas zu und zwar: »Wo hat Morrissey seine Tasche verloren?«
Ich lachte. Und sagte: »Das ist ganz leicht: Newport Pagnell!«
Da lachte sie auch und alle Leute in der Schlange starrten uns an, als seien wir bescheu-
ert oder gehörten zu diesen dekadenten, drogenbenebelten Randalierern, über die
ständig in der *Failsworth Fanfare* berichtet wird. Aber das ließ mich kalt. Ließ uns kalt.
Wir waren Morrissey-Fans!
Ich sagte: »Für welchen Job hat er sich beim CVJM beworben?«
Sie lachte wieder und sagte: »Das ist doch kinderleicht! Als Rückenschrubber.«
Wir amüsierten uns prächtig an der Bushaltestelle, ich und das Mädchen mit den Kastanienaugen.
»Was hatte Morrissey bei sich«, fragte sie, »als er ins Palace einbrach?«
Wir riefen die Antwort gleichzeitig: »Einen Schwamm! Und einen rostigen Schrauben-
schlüssel!«
Und dann lachten wir beide. Und da sah ich ihre Augen, sah, dass sie dunkel glänzten
wie Kastanien, die man gerade aus der Schale gepellt hat. Ich glaube, ich hab sie ange-
starrt, denn plötzlich zuckte sie die Achseln. Und dann fragte sie mich: »Hast du zufällig
den New-York-Mix von ›This Charming Man‹, den mit dem verdruckten Cover?«
Ich nickte. Und sie sah mich an, als sei sie wirklich tief beeindruckt. Aber dann kam der
Bus und irgendjemand hinter ihr meinte, sie solle nicht die ganze Schlange aufhalten.
Also ging sie und stieg ein. Hoffentlich hielt sie mich jetzt nicht für eingebildet oder
selbstgefällig, weil ich gesagt hatte, dass ich den New-York-Mix von ›This Charming
Man‹ mit dem verdruckten Cover besitze. Ich wollte nicht, dass sie mich für einen Wich-
tigtuer hielt. Als ich in der Schlange weiterrückte, nahm ich mir vor, falls sich im Bus
noch ein Gespräch ergab, keinesfalls zu erwähnen, dass ich auch das verdruckte New

Yorker Cover von ›Hand in Glove‹ besitze. Vielleicht hätte sie es wirklich protzig oder sogar ein bisschen ordinär gefunden, dass jemand nicht nur eins, sondern gleich *zwei* der begehrtesten Morrissey-Sammlerstücke besitzt.

Doch es kam zu keinem Gespräch mehr im Bus. Ich kam gar nicht erst rein! Denn als ich endlich beim Fahrer angekommen war, sagte der: »Schluss, wir sind voll!«, und als ich protestieren wollte, drückte er einfach auf den Hebel und die Türen knallten mir vor der Nase zu.

Danach habe ich es nie mehr gesehen, das Mädchen mit den Kastanienaugen. Nirgends.

(…)

So ist das eben. Wasser ist nass. Gras ist grün. Raymond ist zölibatär. Und da dies eine unbestreitbare Tatsache ist, kann ich genauso gut so etwas wie eine Tugend draus machen. Einmal war ich samstags in der Stadt und da hab ich an der Wand von Kentucky Fried Chicken dieses Graffiti gesehen. Es lautete: »Raymond Marks hat es noch nie getan!« In der gleichen Nacht kam ich mit einer Spraydose zurück und schrieb: »Raymond Marks will es auch gar nicht tun!«

Da hatte ich gerade den Artikel über dich gelesen, Morrissey, wo du dem Interviewer sagst, dass du ein »abgefallener Zölibatär« bist. Das fand ich klasse. Ich wünschte, ich könnte von mir das Gleiche sagen, doch bisher fällt mir der Teil mit dem »zölibatär« leichter als der mit dem »abfallen«. Aber ich mache mir nicht allzu viele Gedanken drüber. Ich habe meine Morrissey-Platten und meine Smiths-Platten und mein Buch mit Oscar-Wilde-Zitaten. Und ich schreib meine Texte und das ist mir total wichtig. Und weißt du, was mir aufgefallen ist, Morrissey, wenn ich was über andere Schriftsteller gelesen oder mir Interviews angehört hab? Viele von ihnen sagen das Gleiche – dass Schreiben letzten Endes besser ist als Sex. Also, wenn das stimmt, geht's mir super.

Mit freundlichen Grüßen
Raymond Marks

Russell, Willy: Der Fliegenfänger/aus dem Englischen v. Sabine Hübner. – München und Zürich: Diana Verlag, 2001. – S. 13–19.

Arbeitsaufträge:

* Finden Sie formale und inhaltliche Parallelen zwischen dem Textauszug aus »Der Fliegenfänger« und »Die Leiden des jungen Werther« (Brief vom 16. Junius 1771).
* Betrachten Sie die Begegnungs-Episode zwischen Lotte und Werther und die zwischen Raymond und dem »Mädchen mit den Kastanienaugen« unter folgenden Aspekten:
  – Sind die Schwärmereien für Klopstock bzw. Bill Morrissey in der geschilderten Situation aus Ihrer Sicht (und Erfahrung) nachvollziehbar oder lediglich literarisch konstruiert, d.h. künstlich?
  – Gibt es Beispiele aus Ihrem Freundes- und Bekanntenkreis für diese Art von Begeisterung für einen Schriftsteller oder Songschreiber?
  – Welche Motive können für eine solche Schwärmerei, wenn es sie denn gibt, vermutet werden?

Arbeitsaufträge	Mögliche Antworten
• Finden Sie formale und inhaltliche Parallelen zwischen dem Textauszug aus »Der Fliegenfänger« und »Die Leiden des jungen Werther« (Brief vom 16. Juni 1771).	– Die Hauptfigur, ein junger Mann, ist ein fleißiger Briefschreiber mit einem starken Mitteilungsbedürfnis. – Der Adressat ist ebenfalls männlich (Wilhelm bzw. Bill Morrissey; Bill ist die englische Kurzform von William: Zufall?? – Der Adressat wird als Vertrauensperson gesehen, der aufgebürdet wird, alles verstehen zu müssen. – Das Datum ist – wie im »Werther« – der 16.Juni: Zufall? – Schreiben ist eher ein Selbstgespräch (Monolog) als ein echtes Zwiegespräch. – Schreiben ist für Werther ebenso wie für Raymond eine Art Kompensation und Selbsttherapie. – Die Hauptfigur hat ein enges Verhältnis zu literarischen Texten: Homer und Ossian u. a. bzw. Oscar Wilde und Morrissey. – Im Zentrum steht die Begegnung mit einer jungen Frau (Lotte bzw. das »Mädchen mit den Kastanienaugen«). – Der Ich-Erzähler und die Frau sind zwar nicht allein, beziehen sich aber so aufeinander, als wären sie es. – Kennwort ihrer gefühlsmäßigen Übereinstimmung ist ein emotional aufgeladenes Signal (der ausgesprochene Name »Klopstock« bzw. der Schriftzug »Morrissey« auf der Rückseite eines T-Shirts, das beide tragen). – Dieses Signal löst gemeinsame Empfindungen und Assoziationen aus: den Bezug zur Ode »Frühlingsfeier« bzw. zu biographischen Details und Produktionen des Song-Schreibers.
• Betrachten Sie die Begegnungs-Episode zwischen Lotte und Werther und die zwischen Raymond und dem »Mädchen mit den Kastanienaugen« unter folgenden Aspekten: (…)	Die Ergebnisse der Aussprache werden von den Teilnehmern bestimmt und sind nicht prognostizierbar.

4 Vorschläge für informelle Tests

Die Durchführung eines informellen Tests vor Beginn der Besprechung eines literarischen Werkes ist nicht unumstritten: Obwohl davon ausgegangen werden kann, dass die Schüler bei vorheriger Ankündigung eines solches Tests sorgfältiger lesen, werden manche Lehrer sich scheuen, diesen Druck auszuüben, weil sie befürchten, die Motivation der Schüler zu beeinträchtigen.

Auf jeden Fall dürfen die Schüler während des Tests im Text nachlesen, und die erzielte Note sollte insgesamt ein nicht zu großes Gewicht erhalten.

Vorschlag 1 → CD-ROM / Datei: Informeller_Test_1.doc

1. Werther bricht im Hochsommer nach Wahlheim auf.
2. Er sucht den Kontakt zu den einfachen Leuten des Ortes und freundet sich mit ihnen an.
3. Um sich ganz den Natureindrücken hingeben zu können, hat Werther keine Lektüre mitgenommen.
4. Seit ihre Mutter gestorben ist, kümmert sich Lotte um ihre Geschwister.
5. Erst nach dem Ball muss Werther erfahren, dass Lotte bereits verlobt ist.
6. Zwei große, Schatten spendende Apfelbäume im Pfarrhof haben es Werther besonders angetan.
7. Ohne sich richtig von Lotte und Albert verabschiedet zu haben, reist Werther ab.
8. Der Gesandte, für den Werther arbeitet, ist pedantisch und bereitet ihm deshalb viel Ärger.
9. Nachdem Werther aus der Adelsgesellschaft ausgewiesen worden ist, zieht er sich an einen einsamen Platz zurück und liest im »Ossian«.
10. Als Werther zu ihnen zurückkehrt, sind Albert und Lotte bereits verheiratet.
11. Mit Bestürzung nimmt Werther zur Kenntnis, dass sich der Bauernbursche aus verschmähter Liebe das Leben genommen hat.
12. Sein Versprechen, Lotte bis zum Weihnachtstag nicht aufzusuchen, kann Werther nicht halten.
13. Werther versucht Lotte nach gemeinsamer Ossian-Lektüre zu küssen.
14. Lotte ist nicht einverstanden damit, dass Albert Werther seine Pistolen für eine Reise ausleiht.
15. Lotte und Albert können über ihre Beziehung zu Werther offen miteinander reden.
16. Werther wünscht sich, mit einer blassrosa Schleife, die er früher einmal von Lotte erhalten hat, begraben zu werden.
17. Der Amtmann veranlasst, dass Werther ein würdiges Begräbnis erhält.

Arbeitsauftrag:
- Welche der Aussagen sind korrekt, welche nicht?

Lösung: Richtig sind die Aussagen 2, 4, 7, 8, 10, 12, 13, 16

[   ] »Ich muss fort! Ich danke dir, Wilhelm, dass du meinen wankenden Entschluss bestimmt hast. Schon vierzehn Tage gehe ich mit dem Gedanken um, sie zu verlassen. Ich muss fort. Sie ist wieder in der Stadt bei einer Freundin. Und Albert – und – ich muss fort!«

[   ] »Wie froh bin ich, dass ich weg bin! Bester Freund, was ist das Herz des Menschen! Dich zu verlassen, den ich so liebe, von dem ich unzertrennlich war, und froh zu sein! Ich weiß, du verzeihst mir's.«

[   ] »Nein, ich betriege mich nicht! Ich lese in ihren schwarzen Augen wahre Teilnehmung an mir und meinem Schicksal. Ja ich fühle, und darin darf ich meinem Herzen trauen, dass sie – o darf ich, kann ich den Himmel in diesen Worten aussprechen? – dass sie mich liebt!«

[   ] »Sie stand auf ihren Ellenbogen gestützt, ihr Blick durchdrang die Gegend, sie sah gen Himmel und auf mich, ich sah ihr Auge tränenvoll, sie legte ihre Hand auf die meinige und sagte: ›Klopstock!‹«

[   ] »Ich fange an, mich insofern ganz leidlich hier zu befinden. Das Beste ist, dass es genug zu tun gibt; und dann die vielerlei Menschen, die allerlei neuen Gestalten machen mir ein buntes Schauspiel vor meiner Seele. Ich habe den Grafen C... kennen lernen [...].«

[   ] »Sie sieht nicht, sie fühlt nicht, dass sie ein Gift bereitet, das mich und sie zugrunde richten wird; und ich mit voller Wollust schlürfe den Becher aus, den sie mir zu meinem Verderben reicht.«

[   ] »Alles ist so still um mich her, und so ruhig meine Seele. Ich danke dir, Gott, der du diesen letzten Augenblicken diese Wärme, diese Kraft schenkest.«

[   ] »Wenn ich nur ihre schwarzen Augen sehe, ist es mir schon wohl! Sieh, und was mich verdrießt, ist, dass Albert nicht so beglückt zu sein scheint, als er – hoffte – als ich – zu sein glaubte – wenn – Ich mache nicht gern Gedankenstriche, aber hier kann ich mich nicht anders ausdrücken – und mich dünkt deutlich genug.«

[   ] »Du kennst von alters her meine Art, mich anzubauen, mir irgend an einem vertraulichen Orte ein Hüttchen aufzuschlagen und da mit aller Einschränkung zu herbergen. Auch hier habe ich wieder ein Plätzchen angetroffen, das mich angezogen hat.«

[   ] »Es ist beschlossen, Lotte, ich will sterben, und das schreibe ich dir ohne romantische Überspannung, gelassen, an dem Morgen des Tages, an dem ich dich zum letzten Male sehen werde.«

Arbeitsauftrag:

- Bringen Sie die 10 Zitate aus den »Leiden des jungen Werther« in die richtige Reihenfolge. Bis auf ein Zitat handelt es sich jeweils um den Anfang eines Briefes.

Lösung: Die richtige Reihenfolge der Zitate lautet: 5, 1, 4, 3, 6, 8, 10, 7, 2, 9

Kommentar zu den 10 Zitaten:

Erstes Buch:

[1] Erster Satz des Romans; Thema: Abschied und Neubeginn, Zustand der *Erleichterung* (zweimal »froh«). *4. Mai 1771 (S. 4)*

[2] Einrichtung in dem neuen Wohn- bzw. Aufenthaltsort; *Freude* über die glückliche Wahl. *26. Mai (S. 11)*

[3] Höhepunkt der Kennenlern-Episode: Gefühl der inneren Verbundenheit durch literarische Reminiszenzen *(Glück)*. *16. Juni (S. 23)*

[4] Einbildung der Liebe Lottes; gesteigertes Glücksgefühl, aber schon vermischt mit leisen Anklängen des *Zweifels*: »Nein, ich betriege mich nicht! [...] darin darf ich meinem Herzen trauen [...]«. *13. Julius (S. 34)*

[5] Einsicht in die Notwendigkeit und Entschluss, sich von Lotte fortzureißen: Unruhe und *Selbstüberwindung* (dreimalige Bekräftigung des Fortmüssens). *3. September (S. 50 f.)*

Zweites Buch:

[6] Einrichtung in der neuen Wohnstätte; Bemühen um *Ablenkung* durch Arbeit und den Bezug zu »vielerlei Menschen«. *26. November (S. 56)*

[7] Nach der Rückkehr zu Lotte *Verdruss* darüber, dass Albert sein Glück offenbar nicht genügend zu schätzen weiß; Überzeugung, ein besserer Ehemann für Lotte zu sein. *10. Oktober 1772 (S. 76)*

[8] Innerer Zwiespalt: Zusammensein mit Lotte »Wollust« und »Gift« zugleich; *Todeserwartung* (»Abgrund«). *21. November (S. 80)*

[9] Abschiedsbrief an Lotte mit *Selbstmordankündigung*. *21. Dezember (S. 97)*

[10] Letzte Notizen und Vorbereitung auf den *Selbstmord*. »Nach eilfe. [...]« *(S. 114)*

5 Vorschläge für Klausuren

Textinterpretation

Vorschlag 1

(Das Thema enspricht Phase 4 der 9./10. Stunde [Einstieg in die Textbesprechung].)

→ CD-ROM / Datei: Klausur_01.doc

- Belegen Sie bitte anhand einer inhaltlichen Detailanalyse, dass der Brief vom 4. Mai eine Art Exposition des Romans darstellt.

Vorschlag 2

(Das Thema deckt sich mit Phase 4 der 22./23. Stunde [»Naturerfahrung und Naturdarstellung im ›Werther‹«].)

→ CD-ROM / Datei: Klausur_02.doc

Vergleichen Sie die Briefe vom 10. Mai und vom 18. August miteinander.

Arbeitsaufträge:
- Stellen Sie formale und inhaltliche Übereinstimmungen und Unterschiede heraus; beachten Sie dabei besonders die Rolle der Natur.
- Beziehen Sie die inhaltlichen Unterschiede auf den Gang der Handlung und die innere Entwicklung Werthers.

Textvergleichende Interpretationen

Vorschlag 3

(Voraussetzung: Die erste Erweiterungsmöglichkeit [»Wertheriaden – Der ›Werther‹-Stoff in der Literatur«] wurde im Unterricht nicht behandelt.)

→ CD-ROM / Datei: Klausur_03.doc

Die »Werther«-Parodie »Freuden des jungen Werthers. Leiden und Freuden Werthers des Mannes« von Friedrich Nicolai (1775) endet glücklich für Werther:
[...] Nach Hin- und Widerreden gestand Lotte, aufrichtig wie ein edles deutsches Mädchen, den ganzen Vorgang des gestrigen Abends [gemeint ist die letzte Begegnung zwischen Werther und Lotte; R.K.]. [...] Albert erklärte ihr nun weitläufig, er gebe nach reifer Überlegung alle Ansprüche an sie auf. Er wolle eine zärtliche wechselseitige Liebe nicht stören. Er wolle sie beide und sich selbst nicht unglücklich machen. Aber er wolle ihr Freund bleiben. [...]

Arbeitsauftrag:
- Führen Sie aus, weshalb eine solche Lösung für Goethe nicht akzeptabel ist. Überlegen Sie sich bitte einen sinnvollen Aufbau für Ihre Begründung, die mehrere Aspekte enthalten sollte.

Thomas Mann: Lotte in Weimar (Auszug)

Im September und Oktober 1816 wird Goethe mehrfach von der inzwischen 63-jährigen Charlotte Kestner, geborene Buff, besucht. Deren Mann, Johann Georg Christian Kestner, ist schon seit langem verstorben. Thomas Mann hat diese Begebenheit zum Thema seines Romans »Lotte in Weimar« (1939) gemacht. – Der Roman beginnt damit, dass Charlotte mit ihrer 29-jährigen, noch unverheirateten Tochter gleichen Namens im »Elephanten« zu Weimar absteigt. Lotte führt ein weißes Ballkleid mit blassroten Schleifen mit sich. Als die darüber peinlich berührte Tochter vorschlägt, dass die Mutter »die ein wenig lichten Brust- und Ärmelschleifen durch etwas dunklere, sagen wir: solche in schönem Lila« ersetzt, kommt es zu einer kleinen Verstimmung zwischen den beiden Frauen.

Zweites Kapitel

[...] Lottchens ablehnende Kälte, – nun, auch sie mochte ein boshafter Scharfblick durchschauen, auch sie bot zu Einblicken Anlass, und nicht zu sonderlich gewinnenden. Erlebnisse, wie sie ihr, der Mutter, zuteil geworden, waren diesem hochachtenswerten Kinde nun einmal nicht beschieden gewesen, noch würden sie ihm seiner Natur nach je beschieden sein: ein Erlebnis wie das berühmte zu dritt, welches so fröhlich, so friedlich begonnen hatte, dann aber dank der Tollheit des einen Teiles ins Quälend-Verwirrende ausgeartet und zu einer großen, redlich überwundenen Versuchung für ein wohlschaffen Herz geworden war, – um eines Tages, o stolzes Entsetzen, aller Welt kundzuwerden, ins Überwirkliche aufzusteigen, ein höheres Leben zu gewinnen und so die Menschen aufzuwühlen und zu verwirren wie einst ein Mädchenherz, ja, eine Welt in ein oft gefährlich gescholtenes Entzücken zu versetzen. [...] Nein, das gestrenge Lottchen hatte so furchtbar Schönes und schuldhaft Todsüßes nie erfahren wie ihre Mutter an dem Abend, als der Mann in Geschäften verritten gewesen und Jener gekommen war, obgleich er vor Weihnachtsabend nicht mehr hatte kommen sollen; als sie vergeblich zu Freundinnen geschickt und allein mit ihm hatte bleiben müssen, der ihr aus dem Ossian vorgelesen hatte und beim Schmerze der Helden überwältigt worden war von seinem eigenen allerdüstersten Jammer; als der liebe Verzweifelte zu ihren Füßen hingesunken war und ihre Hände an seine Augen, seine arme Stirn gedrückt hatte, da denn sie sich von innigstem Mitleid hatte bewegen lassen, auch seine Hände zu drücken, unversehens, ihre glühenden Wangen sich berührt hatten und die Welt ihnen hatte vergehen wollen unter den wütenden Küssen, mit denen sein Mund auf einmal ihre stammelnd widerstrebenden Lippen verbrannt hatte ...

Da fiel ihr ein, dass sie es auch nicht erfahren hatte. Es war die große Wirklichkeit, und unterm Tüchlein brachte sie sie mit der kleinen durcheinander, in der es so stürmisch nicht zugegangen war. Der tolle Junge hatte ihr eben nur einen Kuss geraubt – oder, wenn dieser Ausdruck zu ihrer beider Stimmung von damals nicht passen wollte: er hatte sie von Herzen geküsst, halb Wirbelwind, halb Melancholicus, beim Himbeersammeln, in der Sonne, – sie geküsst rasch und innig, begeistert und zärtlich begierig, und sie hatt' es geschehen lassen. Dann aber hatte sie sich hienieden geradeso vortrefflich benommen wie droben im Schönen, [...] es war in aller Herzlichkeit ein wirrer und sinnloser, ein unerlaubter, unzuverlässiger und wie aus einer anderen Welt kommender Kuss gewesen, ein Prinzen- und Vagabundenkuss, für den sie zu schlecht und zu gut war;

und hatte der arme Prinz aus Vagabundenland auch Tränen danach in den Augen gehabt und sie ebenfalls, so hatte sie doch in ehrlich untadeligem Unwillen zu ihm gesagt: »Pfui, schäm' Er sich! Dass Er sich so etwas nicht noch einmal beikommen lässt, sonst sind wir geschiedene Leute! Dies bleibt nicht zwischen uns, dass Er's weiß. Noch heute sag' ich es Kestnern.« Und wie er auch gebeten hatte, es nicht anzusagen, so hatte sie es doch an dem Tage noch ihrem Guten redlich gemeldet, weil er's wissen musste: nicht sowohl, dass jener es getan, als dass sie es hatte geschehen lassen; worauf sich denn Albert doch recht peinlich berührt gezeigt hatte und sie im Lauf des Gesprächs, auf Grund ihrer vernünftig-unverbrüchlichen Zusammengehörigkeit, zu dem Beschlusse gelangt waren, den lieben Dritten nun denn doch etwas kürzer zu halten und ihm die wahre Sachlage entschieden bemerklich zu machen. [...]

Charlotte errötete unter dem Tüchlein, und der Schlag ihres dreiundsechzigjährigen Schulmädelherzens verstärkte, beschleunigte sich wieder. Dies wusste Lottchen, die Jüngere, noch nicht, dass ihre Mutter in der Sinnigkeit so weit gegangen war, an der Brust des vorbereiteten Kleides, der Nachahmung des Lottekleides, die fehlende Schleife auszusparen. Sie fehlte, ihr Platz war leer, denn Jener besaß sie, der Entbehrende, dem sie sie im Einvernehmen mit ihrem Verlobten zum Trost hatte zukommen lassen und der das gutmütig gespendete Andenken mit tausend ekstatischen Küssen bedeckt hatte... [...].

(1939)

Mann, Thomas: Lotte in Weimar. Roman
Copyright 1939 by Bermann-Fischer AB, Stockholm
© 1967 Katia Mann

Arbeitsaufträge

* Vergleichen Sie den vorliegenden Textausschnitt aus »Lotte in Weimar« mit Goethes »Die Leiden des jungen Werther« (u. a. dem Brief vom 20. Dezember und dem anschließenden Herausgeber-Bericht). Wie wird Lotte jeweils charakterisiert, und wie wird ihr Verhältnis zu Goethe bzw. Werther dargestellt?
* Arbeiten Sie heraus, wie Thomas Mann das Verhältnis zwischen der kleinen und der »große[n] Wirklichkeit« behandelt.

Vorschlag 5

(Mittlerer Schwierigkeitsgrad; Bezug vor allem: Doppelstunden 11/12 [»Freiheit und Regeln«] und 24/25 [»Gesellschaftskritik im ›Werther‹«].)

→ CD-ROM / Datei: Klausur_05.doc

Der junge Goethe hatte sich vor der Niederschrift des »Werther« mit Gedanken des Schweizer Philosophen Jean Jacques Rousseau vertraut gemacht.

Jean Jacques Rousseau: Erste Preisschrift. Abhandlung über die von der Akademie gestellte Frage: Ob die Neubelebung der Wissenschaften und Künste dazu beigetragen habe, die Sitten zu läutern

[...] Während Regierung und Gesetze für die Sicherheit und das Wohl der in einem Gemeinwesen zusammengeschlossenen Menschen sorgen, fügen die Wissenschaften, die Künste und die Literatur, weniger gebieterisch, aber vielleicht um so mächtiger, den eisernen Ketten, mit denen diese Menschen gefesselt sind, Blütenbande hinzu, ersticken in ihnen das Gefühl für jene ursprüngliche Freiheit, zu der sie geboren schienen, lassen sie Gefallen an ihrer Knechtschaft finden und machen aus ihnen das, was man zivilisierte Völker nennt. (S. 27)

Bevor die Kunst unsere Umgangsformen geschliffen und unsere Leidenschaften eine glatte Sprache zu sprechen gelehrt hatte, waren unsere Sitten einfach, aber unverfälscht; und der Unterschied im Verhalten verriet auf den ersten Blick den Unterschied im Charakter. Die menschliche Natur war im Grund nicht besser; aber die Leichtigkeit, mit der man sich gegenseitig durchschaute, gab den Menschen ihre innere Sicherheit; und dieser Vorteil, von dessen Wert wir uns keine Vorstellung mehr machen, bewahrte sie vor vielen Lastern.

Heute, wo ein gewähltes Benehmen und ein verfeinerter Geschmack die Kunst zu gefallen auf Regeln reduziert haben, sind unsere Sitten von einer erbärmlichen und trügerischen Gleichförmigkeit, und die Geister scheinen alle nach dem gleichen Muster gebildet: Immerzu fordert die Höflichkeit, gebietet die Schicklichkeit; immerzu folgt man der Konvention, niemals dem eigenen Wesen. Man wagt nicht mehr, sich so zu zeigen wie man ist; und unter diesem ständigen Zwang werden die Menschen dieser ‚Gesellschaft‘ genannten Herde in gleichen Situationen alle das Gleiche tun, wenn nicht stärkere Beweggründe sie davon abhalten. Man wird daher nie genau wissen, wen man vor sich hat: Um seinen Freund kennen zulernen, wird man also die bedeutsamen Gelegenheiten abwarten müssen, das heißt abwarten, bis es dafür zu spät ist, denn gerade dieser Gelegenheiten wegen wäre es wichtig gewesen, ihn zu kennen. (S. 28 f.)

(1750)

In: ders.: Preisschriften und Erziehungsplan/hrsg. von Hermann Röhrs. – Bad Heilbrunn: Verlag Julius Klinkhardt, 1967.

Arbeitsaufträge:

- Weisen Sie Bezüge zwischen dem vorliegenden Textausschnitt und Goethes Jugendroman nach.
- Beziehen Sie Stellung zu der Frage, ob die von Rousseau vorgetragene Kritik heute noch Gültigkeit besitzt.

Vorschlag 6
(Mittlerer Schwierigkeitsgrad)

→ *CD-ROM / Datei: Klausur_06.doc*

G. W. F. Hegel: Vorlesungen über die Ästhetik
(Auszug zum Thema »Helden im Roman«)

[...] Mag einer auch noch so viel sich mit der Welt herumgezankt haben, umhergeschoben worden sein, zuletzt bekommt er meistens doch sein Mädchen und irgendeine Stellung, heiratet und wird Philister so gut wie die anderen auch. [...] Das Ende solcher Lehrjahre besteht darin, dass sich das Subjekt die Hörner abläuft, mit seinen Wünschen und Meinen sich in die bestehenden Verhältnisse und die Vernünftigkeit derselben hineinbildet, in die Verkettung der Welt eintritt und in ihr sich einen angemessenen Standpunkt erwirbt. [...].

(1835–1838)

Hegel, G. W. F.: Vorlesungen über die Ästhetik II. – In: ders.: Werke in zwanzig Bände. – Bd. 14. – Frankfurt a. M.: Suhrkamp, 1970. – S. 219 f.

Arbeitsaufträge:

* Zeigen Sie auf, inwieweit die Romanfigur Werther in diese Bestimmung eines Romanhelden nicht eingepasst werden kann.
* Stellen Sie auf der Grundlage des Textauszuges Vermutungen zu der Frage an, wie Hegel Goethes Roman »Die Leiden des jungen Werther« beurteilt haben könnte.

Vorschlag 7
(Mittlerer Schwierigkeitsgrad)

→ CD-ROM / Datei: Klausur_07.doc

Johann Wolfgang Goethe: Ganymed[1]

Wie im Morgenrot
Du rings mich anglühst,
Frühling, Geliebter!
Mit tausendfacher Liebeswonne
Sich an mein Herz drängt
Deiner ewigen Wärme
Heilig Gefühl,
Unendliche Schöne!

Dass ich dich fassen möcht'
In diesen Arm!

Ach, an deinem Busen
Lieg' ich, schmachte,
Und deine Blumen, dein Gras
Drängen sich an mein Herz.
Du kühlst den brennenden
Durst meines Busens,

Lieblicher Morgenwind,
Ruft drein die Nachtigall
Liebend nach mir aus dem Nebeltal.
Ich komme! Ich komme!
Wohin? Ach, wohin?

Hinauf, hinauf strebt's,
Es schweben die Wolken
Abwärts, die Wolken
Neigen sich der sehnenden Liebe,
Mir, mir!
In eurem Schoße
Aufwärts,
Umfangend umfangen!
Aufwärts
An deinem Busen,
Allliebender Vater!
(1774)

Goethe, Johann Wolfgang: Ganymed. – In. ders.: Goethes Werke. Hamburger Ausgabe in 14 Bänden/ hrsg. von E. Trunz. – Bd. 1. – München: Beck, 12. neubearb. Aufl., 1981. – S. 46 f.

---

1. von Zeus in Gestalt eines Adlers wegen seiner Schönheit entführt und zum Mundschenk gemacht

Arbeitsauftrag:

* Vergleichen Sie Goethes Hymne mit dem Brief vom 10. Mai, und arbeiten Sie die inhaltlichen und formalen Gemeinsamkeiten heraus.

Vorschlag 8
(Mittlerer Schwierigkeitsgrad)

→ CD-ROM / Datei: Klausur_08.doc

Johann Peter Eckermann (1792–1854):
Goethe in einem Gespräch mit Johann Peter Eckermann am 12.3.1828:

[...] Ich brauche nur in unserm lieben Weimar zum Fenster hinauszusehen, um gewahr zu werden, wie es bei uns steht. – Als neulich der Schnee lag und meine Nachbarskinder ihre kleinen Schlitten auf der Straße probieren wollten, sogleich war ein Polizeidiener nahe,

und ich sah die armen Dingerchen fliehen, so schnell sie konnten. Jetzt, wo die Frühlings-
sonne sie aus den Häusern lockt und sie mit ihresgleichen vor ihren Türen gerne ein Spiel-
chen machten, sehe ich sie immer geniert, als wären sie nicht sicher und als fürchteten sie
das Herannahen irgendeines polizeilichen Machthabers. – Es darf kein Bube mit der Peit-
sche knallen oder singen oder rufen, sogleich ist die Polizei da, es ihm zu verbieten. Es
geht bei uns alles dahin, die liebe Jugend frühzeitig zahm zu machen und alle Natur, alle
Originalität und alle Wildheit auszutreiben, sodass am Ende nichts übrig bleibt als der
Philister. [...] Von gesunden Sinnen und Freude am Sinnlichen ist [...] keine Spur, alles Ju-
gendgefühl und alle Jugendlust ist [...] ausgetrieben, und zwar unwiederbringlich [...].

*Eckermann, Johann Peter: Gespräche mit Goethe in den letzten Jahren seines Lebens. – In: Goethe. Ge-
denkausgabe der Werke. Briefe und Gespräche/hrsg. von Ernst Beutler. – Bd. 24. – Zürich: Artemis,
1948. – S. 688 f.*

Arbeitsauftrag:

* Zeigen Sie auf, inwieweit die von Goethe angesprochenen Beobachtungen und
  Gedanken bereits im »Werther« vorliegen.

Vorschlag 9

*(Mittlerer Schwierigkeitsgrad; Bezug: »Freiheit und Re-
geln« [11./12. Stunde] sowie »Kinder und Kindheit«
[13. Stunde].)*

→ CD-ROM / Datei:
Klausur_09.doc

Friedrich Schiller: Über naive und sentimentalische Dichtung (Auszüge)

[...] Nicht weil wir von der Höhe unserer Kraft und Vollkommenheit auf das Kind herab-
sehen, sondern weil wir aus der *Beschränktheit* unsers Zustands, welche von der *Bestimmung*, die wir einmal erlangt haben, unzertrennlich ist, zu der grenzenlosen *Be-
stimmbarkeit* in dem Kinde und zu seiner reinen Unschuld *hinaufsehen*, geraten wir in
Rührung, [...]. In dem Kinde ist die *Anlage* und *Bestimmung*, in uns ist die *Erfüllung* dargestellt, welche immer unendlich weit hinter jener zurückbleibt. Das Kind ist uns daher
eine Vergegenwärtigung des Ideals, nicht zwar des erfüllten, aber des aufgegebenen,
[...]. (S. 697; Hervorhebungen im Original)

Naiv muss jedes wahre Genie sein, oder es ist keines. Seine Naivität allein macht es zum
Genie, und was es im Intellektuellen und Ästhetischen ist, kann es im Moralischen nicht
verleugnen. Unbekannt mit den Regeln, den Krücken der Schwachheit und den Zucht-
meistern der Verkehrtheit, bloß von der Natur oder dem Instinkt, seinem schützenden
Engel, geleitet, geht es ruhig und sicher durch alle Schlingen des falschen Geschmackes,
[...] (S. 704).
(1795)

*Schiller, Friedrich: Über naive und sentimentalische Dichtung. – In: ders.: Sämtliche Werke/hrsg. von G.
Fricke und H. G. Göpfert. – Bd. 5. – München: Hanser, 6. Aufl., 1980.*

Arbeitsaufträge:

* Stellen Sie Zusammenhänge zwischen den Ausführungen Schillers und den im
  »Werther« vorgetragenen Auffassungen her.
* Setzen Sie sich kritisch mit den Thesen Schillers sowie mit den entsprechenden
  Äußerungen Werthers auseinander.

Vorschlag 10

→ CD-ROM / Datei:
Klausur_10.doc

(Mittlerer Schwierigkeitsgrad)

Johann Wolfgang Goethe: Brief an Graf Brühl vom 23.10.1828 (Auszug)

[...] Betrachten wir uns in jeder Lage des Lebens, so finden wir, dass wir äußerlich bedingt sind vom ersten Atemzug bis zum letzten; dass uns aber jedoch die höchste Freiheit übrig geblieben ist, uns innerhalb unsrer selbst dergestalt auszubilden, dass wir uns mit der sittlichen Weltordnung in Einklang setzen und, was auch für Hindernisse sich hervortun, dadurch mit uns selbst zum Frieden gelangen können. Dies ist bald gesagt und geschrieben, steht aber auch nur als Aufgabe vor uns, deren Auflösung wir unsre Tage durchaus zu widmen haben. Jeder Morgen ruft zu: das Gehörige zu tun und das Mögliche zu erwarten. [...]

Goethe, Johann Wolfgang: Briefe der Jahre 1821–1832. – In: ders.: Goethes Briefe in 4 Bänden. Hamburger Ausgabe. – Bd. 4/hrsg. von Karl Robert Mandelkow. – Hamburg: Christian Wegner Verlag, 1967. – S. 306.

Arbeitsaufträge:

* Setzen Sie diese Äußerung des späten Goethe in Beziehung zu seinem frühen Roman »Die Leiden des jungen Werther«.
* Versuchen Sie, unter Berücksichtigung des Romans und des Briefes eine eigene Bestimmung des Verhältnisses von Welt und Individuum zu formulieren, die für Sie Gültigkeit haben könnte.

Freie Texterörterungen

Vorschlag 11

→ CD-ROM / Datei:
Klausur_11.doc

(Mittlerer Schwierigkeitsgrad; für die Bearbeitung ist ausreichend Zeit einzuräumen; Bezug: Doppelstunde »Romanstruktur/Nebensachen und -figuren«. Die Bauernburschen-Episode sollte im Unterricht nicht behandelt worden sein.)

* Geben Sie einen kurzen Vergleich zwischen dem Schicksal Werthers und dem des Bauernburschen.
* Zeigen Sie auf, an welchen Stellen der Werther-Handlung jeweils die Bauernburschen-Episode eingeblendet wird, und geben Sie eine Begründung dafür.
* Stellen Sie Überlegungen zu der Frage an, ob diese von Goethe erst in der Roman-Fassung von 1787 nachträglich hinzugefügte Episode auch verzichtbar wäre.

Vorschlag 12

→ CD-ROM / Datei: Klausur_12.doc

(Einfache Aufgabenstellung; vorwiegend reproduzierend. Bezug: Doppelstunde »Selbstmord und Selbstverwirklichung«; das Thema »Gründe für Werthers Scheitern« [Stunde 28] sollte im Unterricht nicht behandelt worden sein.)

- Zeigen Sie die Gründe auf, die zum Freitod Werthers führen.
- Stellen Sie dar, durch welche sprachlich-stilistischen Mittel Werthers Weg in den Freitod unterstrichen wird.
- Halten Sie Werthers Untergang für unabänderlich? Nehmen Sie Stellung zu seiner Bewältigung der sich ihm stellenden Probleme.

Freie Themen

Vorschlag 13

→ CD-ROM / Datei: Klausur_13.doc

(Mittlerer Schwierigkeitsgrad; Bezug u.a. 14./15. Stunde [»Werther – Lotte – Albert«].)

- Werther, Albert und ich. – Was gehen mich literarische Figuren an?

Vorschlag 14

→ CD-ROM / Datei: Klausur_14.doc

(Die Bearbeitung sollte sowohl den Schreiber Werther als auch dessen Autor Goethe berücksichtigen. – Anspruchsvolle Aufgabenstellung; den Schülern sollten die biographischen Hintergründe der Romanentstehung vertraut sein.)

»Es schreibt keiner wie ein Gott, der nicht gelitten hat wie ein Hund.«
Marie von Ebner-Eschenbach (1830 – 1916)

Arbeitsauftrag:

- Versuchen Sie, einen Zusammenhang zwischen diesem Aphorismus und Goethes »Werther« herzustellen.

Produktionsorientierte Themen

Vorschlag 15

→ CD-ROM / Datei: Klausur_15.doc

Stellen Sie sich vor: Lotte erhält nach dem 12. Dezember 1772 einen Brief von Wilhelm.

Arbeitsaufträge:

- Verfassen Sie diesen Brief.
- Begründen Sie Ihren Entwurf ausführlich unter Berücksichtigung möglichst vieler Aspekte des Romans.

5 Vorschläge für Klausuren

Vorschlag 16
→ CD-ROM / Datei: Klausur_16.doc

Einige Tage nach Werthers nächtlicher Beerdigung sprechen sich Lotte und Albert aus: Im Mittelpunkt des Gespräches stehen die Person Werthers und die Ehe der beiden.

Arbeitsaufträge:

* Entwerfen Sie einen entsprechenden Dialog.
* Begründen Sie Ihren Entwurf ausführlich unter Berücksichtigung des vorliegenden Romans.

Vorschlag 17
→ CD-ROM / Datei: Klausur_17.doc

Stellen Sie sich vor: Im Rahmen der behördlichen Ermittlungen nach Werthers Selbstmord wird Albert aufgefordert, einen ausführlichen Bericht über Werthers Wesen, sein Verhalten während der letzten Monate und die Umstände seines Todes abzugeben. – Albert bemüht sich um einen möglichst objektiven Bericht.

Arbeitsaufträge:

* Verfassen Sie diesen Bericht.
* Reflektieren Sie Ihren Entwurf unter inhaltlichen und stilistischen Gesichtspunkten mit Blick auf den Roman.

Vorschlag 18
→ CD-ROM / Datei: Klausur_18.doc

Jürgen Theobaldy (geb. 1944): Abenteuer mit Dichtung

Als ich Goethe ermunterte einzusteigen
war er sofort dabei
Während wir fuhren
wollte er alles ganz genau wissen
ich ließ ihn mal Gas geben
und er brüllte: »Ins Freie!«
und trommelte auf das Armaturenbrett
Ich drehte das Radio voll auf
er langte vorn herum
brach den Scheibenwischer ab
und dann rasten wir durch das Dorf
über den Steg und in den Acker
wo wir uns lachend und schreiend
aus der Karre wälzten

Theobaldy, Jürgen: Abenteuer mit Dichtung. – In: Blaue Flecken. Gedichte. – Reinbek: Rowohlt, 1974.

Arbeitsaufträge:

* Verfassen Sie unter demselben Titel ein Parallelgedicht, in dem Sie Ihre »Abenteuer mit Dichtung« (hier: die Lektüre der »Leiden des jungen Werther«) zum Ausdruck bringen.
* Begründen Sie Inhalt und Form Ihres Gedichts.

Literaturverzeichnis

Literatur zur Epoche

Autorenkollektiv: *Sturm und Drang: Erläuterungen zur deutschen Literatur.* – Berlin: Volk und Wissen, 1983.

Bruford, Walter H.: *Die gesellschaftlichen Grundlagen der Goethezeit.* – Frankfurt; Berlin; Wien: Ullstein, 1975.

Druvins, Ute: *Lyrik im Sturm und Drang.* – In: Gedichte in ihrer Epoche/hrsg. von Dietrich Steinbach. – Stuttgart: Klett, 1985. – S. 28–46.

Hauser, Arnold: *Sozialgeschichte der Kunst und Literatur.* – München: Beck, 1990.

Herold, Theo; Wittenberg, Hildegard: *Aufklärung. Sturm und Drang.* – In: Geschichte der deutschen Literatur/hrsg. von Joachim Bark u. a. – Bd. 1. – Stuttgart, Klett, 1983.

Karthaus, Ulrich (Hrsg.): *Sturm und Drang und Empfindsamkeit.* – In: Die deutsche Literatur. Ein Abriss in Text und Darstellung. – Bd. 6. – Stuttgart: Reclam, 1976.

Karthaus, Ulrich: *Sturm und Drang. Epoche – Werk – Wirkung.* – München: Beck, 2000.

Kaiser, Gerhard: *Aufklärung. Empfindsamkeit. Sturm und Drang.* – In: Geschichte der deutschen Literatur/hrsg. von Gerhard Kaiser – Bd. 3. – München: Francke, [3]1979.

Kimpel, Dieter; Naumann, Dietrich; Fischer, Jens Malte: *Deutsche Literaturgeschichte. Von der Aufklärung bis zur Romantik.* – Düsseldorf: Schwann, 1981.

Langen, A.: *Deutsche Sprachgeschichte vom Barock bis zur Gegenwart.* – In: Deutsche Philologie im Aufriss/hrsg. von W. Stammler. – Bd. 1. – Berlin: Schmidt,1952. – Sp. 1070 ff. (Irrationalismus).

Pascal, Roy: *Der Sturm und Drang.* – Stuttgart: Kröner, [2]1977.

Ritter, Joachim: *Landschaft.* – In: ders.: Subjektivität. Sechs Aufsätze. – Frankfurt: Suhrkamp, 1974.

Schings, Hans-Jürgen: *Melancholie und Aufklärung. Melancholiker und ihre Kritiker in Erfahrungsseelenkunde und Literatur des 18. Jahrhunderts.* – Stuttgart: Metzler, 1977.

Schlaffer, Hannelore: *Epochen der deutschen Literatur in Bildern: Klassik und Romantik 1770–1830.* – Stuttgart: Kröner, 1986.

Literatur zu Goethe

Boerner, Peter: *Johann Wolfgang von Goethe.* – Reinbek: Rowohlt, [34]2000.

Boyle, Nicholas: *Goethe. Der Dichter in seiner Zeit.* – München: Beck, [3]2000.

Conrady, Karl Otto: *Goethe. Leben und Werk.* – München: Artemis und Winkler, [2]1999.

Friedenthal, Richard: *Goethe. Sein Leben und seine Zeit.* – München: Piper, [14]2000.

Höllerer-März, Hilde; Ottenbreit, Roland; Wetzel, Christoph: *Die großen Klassiker. Literatur der Welt in Bildern, Texten, Daten. Johann Wolfgang Goethe (2 Bände).* – Salzburg: Andreas & Andreas, 1980.

Jeßing, Benedikt: *Johann Wolfgang Goethe.* – Stuttgart; Weimar: Metzler, 1995.

Schulz, Karlheinz: *Goethe. Eine Biographie in 16 Kapiteln.* – Stuttgart: Reclam, 1999.

Seehafer, Klaus: *Mein Leben ein einzig Abenteuer: Johann Wolfgang Goethe. Biografie.* – Berlin: Aufbau, 1998.

Literatur zu »Werther«

a) Gesamtdarstellungen

Assling, Reinhard: *Werthers Leiden. Die ästhetische Rebellion der Innerlichkeit.* – Frankfurt/M.; Bern: Verlag Peter Lang, 1981.

Bernhardt, Rüdiger: *Königs Erläuterungen und Materialien.* – Bd. 79. Erläuterungen zu Johann Wolfgang Goethe, Die Leiden des jungen Werther. – Hollfeld: Bange, 2002.

Blessin, Stefan: *Grundlagen und Gedanken. Erzählende Literatur. Die Leiden des jungen Werther.* – Frankfurt M.: Diesterweg, [6]1998.

Diekhans, Johannes: *Einfach Deutsch. Die Leiden des jungen Werthers.* – Paderborn: Schöningh, 2001.

Hein, Edgar: *Johann Wolfgang von Goethe, Die Leiden des jungen Werther.* – München: Oldenbourg, [2]1997.

Husmann, Ina: *Johann Wolfgang von Goethe, Die Leiden des jungen Werthers: Untersuchungen und Anregungen.* – Hollfeld: Beyer, [3]1996.

Jäger, Georg: *Die Leiden des alten und neuen Werther. Kommentare, Abbildungen, Materialien zu Goethes »Leiden des jungen Werthers« und Plenzdorfs »Neuen Leiden des jungen W.«.* – München; Wien: Hanser, 1984.

Kaschuge, Heidrun: *Goethe; Plenzdorf, Die (neuen) Leiden des jungen (W.) Werthers. Vergleiche und Untersuchungen.* – Hollfeld: Beyer, 1976. *(Analysen und Reflexionen, Band 20)*

Lamberty, Michael: *Literatur-Kartei »Die Leiden des jungen Werther«.* – Mühlheim an der Ruhr: Verlag an der Ruhr 1999.

Müller, Peter: *Zeitkritik und Utopie in Goethes »Werther«.* – Berlin: Rütten & Loening, 1969.

Pniower, Otto: *Werthers Leiden.* – In: ders.: Dichtungen und Dichter, Berlin: Fischer, 1912.

Rothmann, Kurt (Hrsg.): *Erläuterungen und Dokumente zu Johann Wolfgang Goethe: Die Leiden des jungen Werthers.* – Stuttgart: Reclam, 1971.

Rumpf, Michael: *Lektüre-Durchblick. Johann Wolfgang von Goethe, Die Leiden des jungen Werther.* – München: Mentor, 1997.

Scherpe, Klaus: *Werther und Wertherwirkung.* – Bad Homburg v. d. H.; Berlin; Zürich: Verlag Dr. Max Gehlen, 1970.

Siepmann, Thomas: *Lektürehilfen. Johann Wolfgang von Goethe, Die Leiden des jungen Werther.* – Stuttgart; Düsseldorf; Leipzig: Klett, 1991.

Trunz, Erich: *Nachwort und Anmerkungen zu: Goethe, Johann Wolfgang: Die Leiden des jungen Werthers.* – In: Goethes Werke. Hamburger Ausgabe in 14 Bänden/hrsg. von Erich Trunz. – Bd. 6. – München: Beck, [10]1981. – S. 542–605.

b) Einzeluntersuchungen

Butzlaff, Wolfgang: *Die Schlüsselwort-Methode – Grundlagen und Beispiele.* – In: Der Deutschunterricht, 1/1964. – S.93–120.

Finsen, H. C.: *Empfindsamkeit als Raum der Alternative. Untersuchungen am Beispiel von Goethes »Die Leiden des jungen Werthers«.* – In: Der Deutschunterricht 4/1977. – S. 27–38.

Hamacher, Bernd: *»Der unvermeidliche Goethe«: Alexander Lernet-Holenia »Der wahre Werther« im Kontext der neueren »Werther«-Rezeption.* – In: Alexander Lernet-Holenia, Poesie auf dem Boulevard/hrsg. von Thomas Eicher und Bettina Gruber. – Köln; Weimar; Wien: Böhlau, 1999. – S. 65–81.

Hautumm, Hans L.: *Kritische Reflexionen über die Möglichkeit einer Soziologie der Literatur.* – In: Der Deutschunterricht 2/1971. – S. 28–60 (insbes. S.50–54).

Jäger, Georg: *Die Wertherwirkung. Ein rezeptionsästhetischer Modellfall.* – In: Müller-Seidel, Walter u. a. (Hrsg.): Historizität in Sprach- und Literaturwissenschaft. – München: Fink 1974.

Ketzler, Lore: *Die Sprache des jungen Goethe.* – In: Der Deutschunterricht, 2–3/1948,49. – S. 13–22.

Köhnen, Ralph: *Liebe in zwei Jahrhunderten. Briefromane bei Goethe und Barbara Honigmann.* – In: Der Deutschunterricht, 4/2001. – S. 11 ff.

Lange, Victor: *Die Sprache als Erzählform in Goethes Werther.* – In: Formenwandel. Festschrift für Paul Böckmann. – Hamburg, 1964. – S.261–272.

Mattenklott, Gert: *Briefroman.* – In: Deutsche Literatur. Eine Sozialgeschichte/hrsg. von Horst Albert Glaser. – Bd. 4. – Reinbek: Rowohlt, 1980. – S. 185–203.

Nutz, Maximilian: *Die Sprachlosigkeit des erregten Gefühls. Zur Problematik der Verständigung in »Goethes Werther« und seiner Rezeption.* – In: literatur für leser. 82/4. – S. 217–229.

Oettinger, Klaus: *»Eine Krankheit zum Tode«. Zum Skandal um Werthers Selbstmord.* – In: Der Deutschunterricht, 2/1976. – S. 55–74.

Roche, Reinhold: *Skizzen als Unterrichtshilfen.* – In: Der Deutschunterricht 3/1965. – S. 96 ff. (insbes. S. 106–109).

Schlaffer, Heinz: *Exoterik und Esoterik in Goethes Romanen.* – In: Goethe Jahrbuch 95. – Weimar: Böhlau, 1978. – S. 212–226.

Stephan, Arndt und Inge: *Werther und Werther-Rezeption – Ein Unterrichtsmodell zur Aufarbeitung bürgerlichen Selbstverständnisses.* – In: Projekt Deutschunterricht/hrsg. von Bodo Lecke in Verbindung mit dem Bremer Kollektiv. – Bd. 9. – Stuttgart: Metzler, 1975.

Vollprecht, Sabine: *Altes Liebes-Leid in neuer Zeit? Ein Vergleich des modernen Jugendromans* **So lonely** *von Per Nilsson mit Goethes* **Werther**. – In: Praxis Deutsch 173 (29. Jg.), (2002). – S. 33–39.

Ulshöfer, Robert: *Der Wandel des Menschenbildes in der Dichtung des 19. Jahrhunderts.* – In: Der Deutschunterricht 6/1951. – S. 4–43 (insbes. S. 13–15).

Ulshöfer, Robert: *Gesellschaftskritische Literatur – Kritik an der gesellschaftskritischen Literatur im Deutschunterricht – Probleme einer Erziehung zur Kritik.* – In: Der Deutschunterricht 2/1973. – S. 5–30 (insbes. S. 17–19).

Unterrichtsmaterialien zum Thema

Biermann, Heinrich; Schurf, Bernd (Hrsg.): *Texte, Themen und Strukturen. Deutschbuch für die Oberstufe.* – Berlin: Cornelsen, 1999. – S. 216–233.

Bürger, Christa; von der Heide, Herbert: *Vom Sturm und Drang zur Klassik. Materialien zum Funktionswandel der Literatur. Kurs 11.* – Stuttgart: Metzler, 1982.

Hotz, Karl: *»Werther« als Modell für kritisches Lesen. Materialien zur Rezeptionsgeschichte.* – Stuttgart: Klett, 1974.

König, Heinz; Muthmann, Gustav (Hrsg.): *Wort und Sinn. Arbeitsbücher: Deutsch – Sekundarstufe II. Literatur – Struktur und Geschichte.* – Paderborn: Schöningh, 1980. – S. 127–140.

Köpf, Gerhard (Hrsg.): *Erzählen.* – Bd: 3: Roman. – München: Oldenbourg, 1979. – S. 119–132.

Mettenleiter, Peter; Knöbl, Stephan (Hrsg.): *Blickfeld Deutsch. Oberstufe.* – Paderborn: Schöningh, 2003. – S. 177–195.

Spittler, Horst: *Struktur epischer Texte.* – Bamberg: Buchner, 1983. – S. 9 ff.

Ulshöfer, Robert (Hrsg.): *Arbeitsbuch Deutsch. Sekundarstufe II. Begleitband. Unterrichtsmodelle 2. Literatur und Gesellschaft.* – Hannover: Schroedel, 1982. – S. 106–130.

Ulshöfer, Robert (Hrsg.): *Arbeitsbuch Deutsch. Sekundarbereich II. Literatur und Gesellschaft (Neubearbeitung).* – Hannover: Schroedel, 1979. – S. 173–201.

Materialien für den Literaturunterricht

Best, Otto F.: *Handbuch literarischer Fachbegriffe. Definitionen und Beispiele.* – Frankfurt M.: Fischer Taschenbuch Verlag, [5]2000.

Beutin, Wolfgang u. a.: *Deutsche Literaturgeschichte. Von den Anfängen bis zur Gegenwart.* – Stuttgart: Metzler, [5]1994.

Braak, Ivo: *Gattungsgeschichte deutschsprachiger Dichtung in Stichworten, Teil II b Lyrik. Vom Barock bis zur Romanti.* – Kiel: Hirt, 1979.

Frenzel, H. A. und E.: *Daten deutscher Dichtung.* – Bd. 1: Von den Anfängen bis zum Jungen Deutschland. – München: Deutscher Taschenbuch Verlag, [33]2001.

Fütterer, Anton: *Mindmapping im Deutschunterricht.* – In: Deutsch betrifft uns 6/1996. Unterrichtsmaterialien. – Aachen: Bergmöser + Höller.

Huhn, Gerhard; Lindner, Juliane: *Mind Mapping – leicht gemacht.* – Offenbach: Jünger, [2]1995.

Scheller, Ingo: *Wir machen unsere Inszenierung selbst (I). Szenische Interpretation von Dramentexten.* – Oldenburg: Universität Oldenburg, [2]1990.

Schlosser, Horst Dieter: *dtv-Atlas zur deutschen Literatur. Tafeln und Texte.* – München: Deutscher Taschenbuch Verlag, [9]2000.

Wilpert, Gero von: *Sachwörterbuch der Literatur.* – Stuttgart: Kröner, [8]2001.

Schülerduden. *Die Literatur.*/hrsg. von d. Redaktion für Literatur des Bibliographischen Instituts – Mannheim: Bibliographisches Institut, [3]2000.

Hörcassetten und CDs

Johann Wolfgang von Goethe: Die Leiden des jungen Werther. 1996. 4 Cassetten. Gelesen von Hans Kremer (Deutsche Grammophon).

Johann Wolfgang von Goethe: Die Leiden des jungen Werther. 1999. 5 CDs (Reclam).

Johann Wolfgang von Goethe: Die Leiden des jungen Werther. 1999. 1 CD. Gelesen von André Eisermann (BMG Wort).

Johann Wolfgang von Goethe: Die Leiden des jungen Werther. 1997. 2 Cassetten. Sprecher: Rita Russek und Peter Fricke (HörVerlag).

Bildnachweis

Hinweise für die Benutzung der CD-ROM

Die CD-ROM zum Buch enthält die Kurzbeschreibung des Unterrichts in tabellarischer Form, alle für den Unterricht notwendigen Arbeitsblätter, Texte und Abbildungen sowie die Klausurvorschläge im praktischen DIN-A4-Format.

Die Dateien der CD-ROM stehen im Microsoft Word Format zur Verfügung und können somit vor dem Ausdruck nach Bedarf individuell bearbeitet werden.

Systemvoraussetzungen:
Betriebssysteme Windows 95/98/NT, MS-Word ab Version 97

Für die Abbildungen benötigen Sie den Acrobat Reader. Sie finden ihn auf der CD-ROM im Ordner „Reader" oder als Download unter www.adobe.de

Klett-Hotline-Service – So erreichen Sie uns:
Telefon: 0711/6672-1163, E-Mail: klett-hotline@klett-mail.de
oder für allgemeine Fragen: Klett-Kundenservice, Telefon: 0711/6672-1333